Stephanie Haug

Familienleben und Gemeindearbeit

Wie ein neues Verständnis von Gemeinschaft entsteht

Stephanie Haug

FamilienLEBEN & GEMEINDEArbeit

Wie ein neues Verständnis von Gemeinschaft entsteht

Allgemeiner Hinweis:
Im Buch wird in der Regel die männliche und weibliche Form genutzt, um alle einzuschließen. Da, wo das nicht der Fall ist, sind explizit Männer oder Frauen gemeint.

MIX
Papier | Fördert gute Waldnutzung
FSC® C014496

Max-Eyth-Straße 41 · 71088 Holzgerlingen
bornverlag.de

Die Bibelverse sind folgender Ausgabe entnommen:
Neues Leben. Die Bibel, © der deutschen Ausgabe 2002 und 2006 SCM R.Brockhaus in der SCM Verlagsgruppe GmbH, Holzgerlingen

Umschlaggestaltung: Sybille Koschera, Stuttgart
Satz: typoscript GmbH, Walddorfhäslach
Illustrationen: Personengruppe Titel: Stephanie Haug
Druck und Bindung: GGP Media GmbH, Pößneck
Gedruckt in Deutschland
ISBN 978-3-87092-655-7
Bestell-Nr. 182.655

Inhalt

Vorwort von Carola L'hoest 7

Kapitel 1 Familie und Gemeinde: Erzählungen, die es in sich haben 11

Geschichten, Erzählungen und Gespräch 12

Familie, Gemeinde und Gemeinschaft 22

Meine Geschichte – ein Anfang 30

Dein Anfang 34

Kapitel 2 Habe ich hier Platz? 37

Verteilungskampf in der Versorgungsgemeinde 38

Das Verhältnis neu bestimmen 46

Das Bedürfnis nach Gemeinschaft und Teilhabe 55

Konflikte, Schmerzen, Trennungen 57

Freiheit oder Unverbundenheit? 63

Von Familien lernen 65

Wie das Meer 69

Kapitel 3 Was an Vater, Mutter, Kind ungewöhnlich ist 71

Kernfamilie: ein Relikt aus der Vergangenheit? 72

Gar nicht mal so christlich 74

Stabiler als gedacht 82

Eine idealisierte Struktur 88

Ein nachhaltiges Erbe 94

Regenbogen 101

Kapitel 4 Familie als Priorität 103

Die Widersprüchlichkeiten der Emanzipation 104

Stimmen der Frauenbewegungen 115

Familie als Fürsorge 117

Kapitel 5 Familienleben im Alltag herstellen 139

Anders als vor 30 Jahren 140

Unsichtbare Anforderungen 143

Das Öffentliche im Privaten und das Private in der Öffentlichkeit 152

Individualisierte Belastungen 154

Der Wunsch nach einem »Dorf« 172

Kapitel 6 Generationen auf Augenhöhe? 177

Bullerbü: Die Geschichte der glücklichen Kindheit 178

Spannungen zwischen den Generationen 181

Kinder im Fokus 185

Die Entwicklung von Kindern beeinflussen 189

Räume für Kinder 204

Leben im Generationenzusammenhang 215

Die Eltern von heute 224

Kapitel 7 Ein neues Verständnis für Gemeinschaft 227

Ein Anfang 228

Gemeinschaft machen und sein 229

Familiengeschichten statt -ideale 233

Selbstverwirklichung und Selbstverleugnung 239

In Gemeinschaft leiten 245

Familie größer denken 251

Hey! 265

Ich habe einen Traum 266

DANKE 267

Literaturverzeichnis 269

Anmerkungen 275

Vorwort von Carola L'hoest

Liebe Steffi,

Du hast mich um ein Vorwort gebeten und ich fühle mich ganz ehrlich geehrt. Als ich Dein Buch las, dachte ich immer und immer wieder: »Was schreibe ich nur im Vorwort?« Dann entdeckte ich, dass Du uns, die Leser, in Deinem Buch direkt ansprichst. Ich finde, ein Brief ist die direkte Antwort darauf. Alles andere würde Deinem Buch nicht gerecht werden.
Danke für Dein anstößiges Buch! »Anstößig« drückt wirklich am besten aus, was ich meine: In Deinem Buch finden sich sehr viel Anstöße zum Weiterdenken, Hinterfragen, Reflektieren. Man kann es einfach nicht in einem Rutsch durchlesen. Es lädt auch geradezu ein, es mit anderen Menschen zu lesen und darüber zu diskutieren.
Andererseits ging mir beim Lesen auch nicht alles so ganz glatt runter und ich wurde an der einen oder anderen Stelle recht kribbelig. Das meine ich eben auch mit »anstößig«.
Man spürt den Zeilen Deine große Leidenschaft für Familien und Gemeinden ab. Das haben wir gemeinsam!
Dein Buch zeugt von Deiner sozialpädagogischen Kompetenz. Und es beflügelt Dich Dein Glaube an Jesus Christus. Du schaust kritisch auf Gemeinde, beschreibst Familie anders, als ich es tun würde.
Gemeinde und Familie haben etwas gemeinsam und können in dem Punkt sehr gut voneinander lernen und profitieren: Beides ist ein Raum, in dem

ein Mensch einfach sein kann. Bedingungslos. Angenommen. Eingebunden in Gemeinschaft.
Ich hoffe, ich habe Dich mit den wenigen Worten richtig wiedergegeben.
Die Frage kam: Ja, ist es denn nicht gut, wie wir Familien in Gemeinden einbinden? Wir, und da spreche ich für viele Pastorinnen und Pastoren, für Kinderreferentinnen und -referenten, geben wirklich unser Bestes.
Aber wie schreibst Du es an einer Stelle: Manchmal muss man etwas überzeichnen, damit es ankommt.
Da wurde mir klar: Ich gehöre zur Generation Babyboomer. Vor 30 Jahren habe ich mich genauso intensiv für Familien und Gemeinde investiert wie Du heute. Wir wollten das Beste, was in der Zeit damals möglich war. Wir entwickelten neue, attraktive Angebote für Familien in Gemeinden, brachten Erziehungsfragen ins Gespräch, wollten Gemeinden wachrütteln, Kindern und ihren Eltern in der Gemeinde einen Platz zum Leben zu schaffen. Familien sollten überhaupt erst einmal vorkommen dürfen. Das war damals anstößig.
Das war unsere Zeit, unsere gesellschaftliche und gemeindliche Situation. Was Du in Deinem Buch beschreibst, ist nicht anders. Nur, dass Du Dich für die heutige Situation in Gesellschaft, Familie und Gemeinde starkmachst. Glaube, Gemeinde verändern sich permanent. Das liegt nicht nur an der sich verändernden gesellschaftlichen Situation, sondern es ist Kennzeichen eines lebendigen Glaubens.
Deshalb brauchen wir solche Denkanstöße, wie Du sie uns gibst.
Es bleiben eine Menge Fragen, die ich gerne mit Dir durchdenken möchte.
Und ich bin mir sicher: Wir würden gemeinsame Antworten finden.
Deshalb: Danke für Dein Buch. Bleib dran!

Carola L'hoest

Dieses Buch erzählt eine wahre Geschichte.
Die Geschichte handelt von Familien und von Gemeinden. Ich erzähle etwas über Ideale und den Alltag mit seinen Konflikten und ganz normalen Erlebnissen. Und im Kern geht es um Versöhnung und die Sehnsucht nach einer Gemeinschaft, die gemeinsam für eine bessere Zukunft kämpft.

Dieses Buch enthält eine provokante Erzählung.
Während ich erzähle, wie ein neues Verständnis für Gemeinschaft entsteht, stelle ich vieles infrage, was im Hinblick auf das Thema Familien- und Gemeindeleben als selbstverständlich gilt. Ich gehe dabei davon aus, dass du das Buch liest, um andere Perspektiven kennenzulernen. Das ist manchmal herausfordernd!

Dieses Buch lädt zum antwortenden Gespräch ein.
Im Gespräch mit anderen verwandelt ihr eure ersten Reaktionen und verschiedenen Gedanken in gemeinsame Antworten. Das Gelesene und die Reflexionsfragen als Familie oder Gemeinde zu besprechen, stärkt euch als Gemeinschaft.

Dieses Buch ermutigt zu gemeinsamer Verantwortung.
Gemeinsame Verantwortung lebt von Verbundenheit. Für sie braucht es die Bereitschaft zu Versöhnung, es braucht Zutrauen und Zumuten, Aushalten und ganz viel Zuversicht. In aller Veränderung kann immer wieder neu ein gemeinsames Verständnis für Gemeinschaft entstehen.

Kapitel 1

Familie und Gemeinde: Erzählungen, die es in sich haben

Geschichten, Erzählungen und Gespräch

Mensch-Sein heißt, Geschichten zu erzählen.

Frage jemanden, wie es ihm oder ihr geht und dir wird eine Geschichte erzählt – über einen Tag, die Woche, das Jahr oder ihr ganzes Leben: Die Kinder haben schlecht geschlafen, dementsprechend auch die Eltern und deshalb war der Tag schon halb gelaufen, bevor er überhaupt angefangen hat. Überhaupt ist es eine sehr volle und anstrengende Woche, weil die Kita wegen Personalmangels wieder verkürzte Öffnungszeiten hat und neben den ganz normalen Herausforderungen im Alltag auch noch ein wichtiges Projekt auf der Arbeit nach Überstunden verlangt. Doch trotz der Herausforderungen war der Wechsel an diesen Arbeitsplatz im letzten Jahr absolut richtig. Es war einfach ein nächster Schritt auf dem Weg zur Erfüllung des Traums, den man schon als Kind hatte. Und schlechte Tage gehören einfach auch zum Leben dazu, oder? Hauptsache gesund! Ach, und Gemeinde? Ja, da gehört man noch dazu. »Aber regelmäßig in den Gottesdienst schaffen wir es gerade nicht, du hast ja gehört, was bei uns los ist!«

So oder so ähnlich könnte eine Antwort aussehen. Und so ähnlich geht die wahre Geschichte über Familienleben und Gemeindearbeit, die ich in diesem Buch als Antwort auf die Frage »Wie steht es um Familien und Gemeinden?« erzählen möchte. Diese Geschichte beginnt bei Familien, ihrem Alltag, den Idealen und Erwartungen, die an sich gerichtet werden und die sie selbst haben, beim Vergleichen und Bewerten, dem sie ausgesetzt sind und das sie selbst vorantreiben, und bei Konflikten, mit denen sie konfrontiert sind. Der rote Faden, der Familien in all diesen Dingen leitet, ist die Sehnsucht nach einer Gemeinschaft von individuellen Persönlichkeiten, die gemeinsam für eine bessere, versöhnte Zukunft eintreten. Im Buch wird deutlich werden: Viele Familien sind auf einem guten Weg dahin – trotz und inmitten aller Herausforderungen. Und wenn wir auf Gemeinden schauen, sehen wir: Vieles von dem, was für Familienleben gilt, beeinflusst das Gemeindeleben nicht nur, es lässt sich auch auf Gemeindeleben übertragen: Ideale, Erwartungen, Konflikte und die Hoffnung auf Gemeinschaft. Und so verbindet dieses Buch verschiedene Erzählstränge wie bunte Fäden miteinander zu einer Gesamtgeschichte über ein Netzwerk von fürsorglichen Beziehungen in den sehr ähnlichen Herausforderungen von Familien und Gemeinden.

Der erste Erzählstrang ist eine **Geschichte über das, was Familienleben ausmachen soll und welche Familienbilder und -ideale wir haben.** Darin geht es um das, was als typisch für Familie gilt – und zwar für verschiedene Menschen. Wir begegnen diesem Teil der Geschichte im Alltag ständig: auf Flyern zum Beispiel oder in Filmen, in Büchern und in Kommentaren über unsere eigene Familie (oder die der Nachbarn), in Predigten und in verschiedenen Angeboten für Familien. Aber auch in der Gestaltung vom Familienalltag, von Weihnachten, Ferien und Geburtstagsfeiern und sogar in der Butterbrotdose für die Schule! Vieles davon gehört für uns so selbstverständlich zu einem guten und gelingenden Leben und Arbeiten, dass wir es kaum noch als Geschichte wahrnehmen, also als etwas, das wir uns gegenseitig erzählen. Was wir erlebt haben, wie wir durch unsere Erfahrungen in der Familie geprägt wurden, wird zu einem meist unbewussten inneren Bild. Dasselbe gilt auch für Gemeinde. Auch zum Thema Gemeinde gibt es Ideale und Vorstellungen, die sich durch die ersten Erlebnisse mit Gemeinde gebildet haben und für den Einzelnen als selbstverständlich für Gemeindeleben gelten.

Diese Bilder und wie sie sich im Lauf des Lebens verändern, dienen als Vergleichsfolie für alles, was jemand über Familie oder Gemeinde sagt und schreibt. Wir begegnen ihnen in unseren Reaktionen auf das, was wir zu Familie lesen, sehen, hören. Da regt sich dann Widerstand, wenn etwas nicht zusammenpasst. Oder umgekehrt: Es gibt inneren Applaus für ähnliche Ansichten, frei nach dem Motto von Mamas Kühlschrankmagnet: »Wir bewundern die Weisheit derer, die uns zustimmen.« Diese unbewussten Vorstellungen und Ideale bestätigen wir – ohne es zu merken! – in Worten und Taten, weil wir sie in Gesprächen mit uns selbst und anderen wiederholen und entsprechend handeln. Wir sagen oder denken Sachen wie: »So ist das halt in Gemeinde!« oder: »So macht man das in einer Familie!« oder auch: »So geht das nicht, das müssen wir anders machen!« Und so werden diese Geschichten über Familie und Gemeinde auch immer wieder »wahr«: Wir realisieren sie, machen sie zur Realität. Manches davon wird in Bezug auf Familie schon lange als problematisch thematisiert: geschlechterstereotype Rollenaufteilungen zum Beispiel und Machtverhältnisse zwischen Erwachsenen und Kindern. Anderes wird zunehmend zum Thema, weil es zu wirklichen Konflikten zwischen dem Ideal und der Wirklichkeit wird. Ich denke dabei zum Beispiel an Urlaub, Freizeit und Erholung. Die Erwartungen daran werden immer größer und die Wünsche immer unterschiedlicher. Solche Konflikte lassen sich auch für Gemeinden beschreiben. Im idealen Gemeindeleben ist der Gottesdienst die Veranstaltung, in der alle zusammenkommen. Die Realität sieht jedoch zunehmend anders aus, weil manche Teilgruppen sich im Gottesdienst nicht (mehr) wiederfinden. Besonders prägnant drückt das Gordon MacDonald ausgerechnet für die älteren Generationen aus mit seinem Buch: »Who stole my church?« oder auf Deutsch: »Ich will meine Gemeinde zurück«[1].

So treffen in Familien und Gemeinden unterschiedliche Realitäten und Erwartungen aufeinander, die mit den jeweiligen Vorstellungen von Familie und Gemeinde zu tun haben. Sie werfen die Frage auf, wie Gemeinschaft angesichts der vielen Veränderungen in der Gesellschaft funktionieren kann.

Die Suche nach Orientierung durch einen hilfreichen Maßstab und ein klares Ideal von Familie nach dem Motto »Kann mal endlich einer sagen, wie das mit Familie denn gehen kann?« lässt den Markt für Ratgeberliteratur stetig wachsen. Dieser Informationsflut steht jedoch große Skepsis gegenüber. Alles, was man liest, wird mit den Realitäten abgeglichen, die man kennt: Ist das auch unter diesen und jenen Umständen umsetzbar? Sind verschiedene Lebenssituationen mitbedacht? Gilt das Geschriebene/Gesagte? Ist es wahr, also bewährt es sich in der Wirklichkeit? Berücksichtigt es die so unterschiedlichen Erfahrungen, die Menschen im Lauf ihres Lebens in und mit Familie machen?

In diesen Fragen begegnen wir einem zweiten Erzählstrang. Er ist eine **Geschichte über Pluralisierung und unüberbrückbare Polarisierung**. Wenn wir in Gesprächen und beim Lesen von Büchern und Artikeln zwischen den Zeilen abgleichen, ob unser Gegenüber ein ähnliches oder ganz anderes Verständnis von Familie hat, ist uns bewusst, dass Familienrealitäten ganz unterschiedlich sein können. Je nach eigener Persönlichkeit, Kontext und Gegenüber sprechen wir dann unsere eigenen, vielleicht widersprechenden Gedanken und Fragen laut und lauter oder leise bis gar nicht aus. Zwischen der Haltung »(fast) alles ist okay« und der Überzeugung, die eigene Sicht sei »die einzig wahre«, gibt es viele mögliche Positionen, und zwar unabhängig davon, wie genau das eigene Familienbild und die eigenen Ideale zu Gemeinde aussehen. In manchen christlichen Kreisen ist das laute Einstehen für die Wahrheit hoch angesehen, in anderen mehr die Rücksichtnahme auf die Gefühle anderer. Damit direkt verwoben ist die Geschichte über die sogenannte »Cancel Culture«. Dieses Wort unterstellt, dass ein Mensch an sich abgelehnt wird, wenn er oder sie etwas tut oder sagt, das als nicht akzeptabel oder nicht sensibel gegenüber anderen Menschen gilt. Cancel Culture ist dann eine Art »Zensur« durch öffentliche

2 Pluralisierung und Polarisierung

moralisierende Empörung. Das führt manchmal zu vorauseilendem Gehorsam gegenüber dieser öffentlichen Moral und vorsichtigem Sprechen mit dem Gefühl, »man muss aufpassen, was man sagt«. Gleichzeitig gibt es so etwas wie einen rebellischen Missionseifer, bei dem ganz bewusst angeblich Unsagbares gesagt wird, um Werte und Ideale hochzuhalten und zu sagen: »Es ist mir egal, was ihr denkt, ich sehe das so und ich bleibe dabei!« Egal, ob wir sie aussprechen oder nicht: Unsere Ideale sind auf jeden Fall da und je mehr wir uns von anderen Ansichten abgrenzen, umso unterschiedlicher werden in verschiedenen »Bubbles« die Geschichten darüber, was in Bezug auf Familie »normal« und Realität ist. Ich war beim Schreiben dieses Buches versucht, in jedem Satz zu ergänzen: »Mir ist bewusst, dass es auch ganz anders sein kann!« Wir wissen darum, dass Familie nicht nur der Ort ist, an dem wir Nähe, Intimität, Gemeinschaft und Liebe erfahren wollen, sondern auch der Ort, an dem am wahrscheinlichsten Gewalt stattfindet.[2] Ja: Gewaltvolle oder überforderte Familien – und Gemeinden! – sind genauso Realität wie glückliche und harmonische Familien und Gemeinden. Überforderung, Glück und Harmonie finden sich wahrscheinlich in allen Familien und allen Gemeinden mindestens für einzelne Momente, oft aber auch für längere Phasen. In einer Welt der immer stärkeren Polarisierung werden Phasen aber rückblickend zu zusammenfassenden Überschriften: »Ich komme aus einer kaputten Familie« oder »Wir waren mehr so die Abenteuer-Familie«, »Das ist eine total zerstrittene Gemeinde« oder »Meine Gemeinde war eine echte Lobpreis-Gemeinde« sind enorm verkürzte Überschriften. Sie werden dem Gemeinde- und Familienleben in den seltensten Fällen gerecht. Die Komplexität des Alltags und der Beziehungen, der Anspruch der Ideale und die Vielfalt der Realitäten machen es schwer, differenziert und doch komprimiert über diese beiden Themen zu sprechen. Kann es überhaupt so etwas wie gemeinsame Perspektiven darauf geben?

Die gegenseitige Skepsis und das Abchecken der »anderen« werden dabei immer grundsätzlicher und existenzieller: Haben wir dasselbe Menschen-

und Weltbild? Und im christlichen Kontext: Haben wir dasselbe Bibelverständnis? Und was, wenn nicht? Manche trennen sich, bevor sie riskieren, für die eigenen Werthaltungen abgelehnt oder für die eigenen Lebensrealitäten kritisiert zu werden: von Partnerinnen oder Partnern, von langjährigen Freunden oder Freundinnen, von der Gemeinde, unter Umständen auch von der Herkunftsfamilie. Andere provozieren so lange, bis die anderen sich trennen. Der Effekt: Unterschiedliche Wege zu gehen, wird zu einer normalen Geschichte. »Alles ist okay«, erzählt diese Geschichte, »solange es für dich okay ist.« Und so entstehen immer vielfältigere Lebensweisen und eine größere Bereitschaft zur Trennung.

Doch das ignoriert, was ich in einem dritten Erzählstrang thematisiere. Das ist eine **Geschichte über die Bedeutung von Familie im Leben von Menschen und von Gemeinden im Leben von Christenmenschen**. Familien kommen in den Lebensgeschichten von Menschen immer vor. Die Herkunftsfamilie ist der längste und bedeutsamste Erzählfaden im Leben jedes Einzelnen (egal, wie viel Kontakt noch da ist oder nicht) und auch in der Menschheitsgeschichte. Und das nicht nur, weil in Familien die jeweils nächste Generation geboren wird. Familie dient vielmehr als Erklärung für den Grundton jeder Lebensgeschichte, die erzählt wird: In ihr nimmt alles seinen Anfang im Leben von Menschen. Sie entscheidet darüber, wie ein Kind sich entwickelt und wie ein erwachsener Mensch im Leben und in Beziehungen zurechtkommt. Auch die Menschen, die einander in Gemeinde begegnen, sind immer irgendwie Mitglieder einer Familie: Großeltern, Onkel, Tanten, Cousinen, Cousins, Nichten, Neffen und natürlich Schwestern, Brüder, Söhne, Töchter, Mütter, Väter usw. Das Denken und Reden über Familie in Gemeinde betrifft deshalb nicht nur die, die wir meistens mit »Familie« meinen und mit »Vater, Mutter, Kind(ern)« abkürzen. Gerade, weil wir

Familie so verkürzt denken, übersehen wir: Familienleben betrifft uns alle! Selbstverständlich ist es unterschiedlich, wie offensichtlich dieses »Familienmitglied-Sein« unseren Alltag ausmacht. Abhängig von der Lebensphase, in der man sich befindet, hat Familienmitglied zu sein jedoch das Potenzial, unseren Alltag von jetzt auf gleich umzukrempeln und unserem Leben eine neue Überschrift zu geben. Nicht nur, wenn ein Baby geboren wird und man Eltern, Onkel bzw. Tante oder Großeltern wird, sondern auch wenn die eigenen Eltern älter werden und Unterstützung und Pflege brauchen. Nicht nur, wenn ein Familienmitglied andere Familienmitglieder als »toxisch«, also vergiftend, beschreibt und sich radikal von ihnen abwendet, sondern auch bei einer Hochzeit oder einem Umzug im Familienkreis. Nicht nur, wenn die Familiengeschichte Migration und Fremdenfeindlichkeit zu einem Thema macht, sondern auch, wenn einem Familienmitglied Gewalt widerfährt oder es einen schweren Unfall hat. Und spätestens, wenn man ein besonderes und freudiges Ereignis mit denen teilen möchte, die man Familie nennt, wird deutlich: Als Familie gelten inzwischen nicht immer die, mit denen man biologisch verwandt ist oder die rechtlich zur Familie zählen. Familie, das sind die, die sich so verhalten und die man dazu zählen möchte. »Wahlfamilie« nennt man das. Manchmal ist sie eine Ergänzung und hier schließt sich die Frage an, inwiefern Gemeinden oder mindestens Gemeindemitglieder mit zu dieser Wahlfamilie gehören. Manchmal bezeichnen Menschen Gemeinden oder Freundeskreise auch als »Ersatzfamilie«, weil sie sich von ihrer »Herkunftsfamilie« abgelöst haben oder sich in ihr nicht willkommen fühlen. Das macht deutlich, dass Gemeinden eine ganz besondere Bedeutung im Leben haben können – so eine Bedeutung, wie Familie heute für viele Menschen hat.

Das bringt uns zu einem vierten Erzählstrang: der **historischen Geschichte über Familie,** also wie sich die Vorstellungen von Familie über die Zeit verändert haben. Uns ist wahrscheinlich beim Nachdenken darüber klar, dass sich Familienleben und Familienbeziehungen in der Menschheitsgeschichte immer wieder verändert haben. Dieser Überzeugung begegnet man zum Beispiel in dem Satz: »Familie ist nicht mehr, was sie mal war.« Damit können allerdings sehr unterschiedliche Arten von Geschichten begonnen werden. Der Satz kann etwa eine Klage über den Niedergang von Familie sein, weil mit den Veränderungen von Familienleben vieles verloren zu gehen scheint. Oder es ist eine freudige Erzählung über dieselben Veränderungen, weil sie für heutige Familien ein größeres Maß an Freiheit von gesellschaftlichen Regeln und Normen ermöglichen. Manchmal ist der Satz aber auch eine Verteidigung der eigenen Lebensweise. Hinter einem fast trotzig klingenden »Familie ist nicht mehr wie früher« können Erfahrungen mit Kritik und Zweifeln stehen, weil man Familie anders sieht und lebt, als es »üblich« ist oder als man es selbst erlebt hat. In der Geschichte, die ich hier im Buch über den Wandel der Familie erzähle, deute ich alle historischen und aktuellen Veränderungen als den Versuch, sinnvoll auf reale Lebenssituationen zu antworten und dabei mehr oder weniger erwünschte Nebeneffekte zu erleben. Wandel ist für mich Entwicklung, die manches ermöglicht und anderes unmöglich macht. Auf diese Weise integriert die Geschichte in diesem Buch sowohl berechtigte Klagen über die Veränderungen als auch Freude über Errungenschaften, die manches Mal verteidigt werden müssen. Alle Veränderungen sind immer zugleich Entscheidungen von Einzelnen und haben einen gesellschaftlichen Zusammenhang. Was wir über Familie denken und wie wir sie leben, betrifft also nicht nur uns.

4 Veränderung in der Zeit reflektieren

Die Wechselwirkung, die zwischen Entscheidungen Einzelner und gesellschaftlichen Entwicklungen besteht, bildet deshalb einen fünften Erzählstrang im Buch mit **einer Geschichte über das veränderte Verhältnis von einzelner Person/Individuum und Familie/Gruppe**. Die Individualisierung als gesamtgesellschaftlicher Prozess hat von Grund auf

verändert, wie Gemeinschaft gedacht und gelebt wird und werden kann. Eltern heute gehen anders mit ihren Kindern um als Eltern früher und gestalten Familienleben anders. Das hat breite Auswirkungen: Was Menschen in Familie zum Beispiel über Beziehungen und Arbeit, über Freizeit, Erholung und Ehrenamt, über Religion, Politik, Nachhaltigkeit, Geld und Haushalt lernen, beeinflusst die Zukunft unserer Gesellschaft. Wie Familien ihren Alltag gestalten, beeinflusst ganz direkt auch das Vereins- und Gemeindeleben. Dieser Erzählstrang ist der, dessen Ergebnisse wir im Zusammenhang von Familienleben und Gemeindearbeit am ehesten vor Augen haben. Für sie suchen wir nach Lösungen, weil sie zu Schwierigkeiten führen: Wer übernimmt Verantwortung? Wer wird Mitglied? Wer kommt in den Gottesdienst? Regelmäßig? Wie soll das mit Gemeinde denn in der Zukunft funktionieren, wenn Gemeinschaft immer weniger verbindlich wird? Wie soll Gemeinde funktionieren, wenn man sich nicht ganz mit ihr identifizieren kann? Doch dabei übersehen wir meiner Meinung nach Ansatzpunkte eines neuen Verständnisses für Gemeinschaft, weil sie nicht zu den Geschichten passen, die wir bisher über Gemeinde und Familie erzählt haben.

Dass ich diese Themen »Erzählstränge« nenne und sage, dass ich sie zu einer »Geschichte« verbinde, ist das Angebot einer Lösung für die manchmal sehr heftig geführten Diskussionen über die Herausforderungen in Familienleben und Gemeindearbeit. Damit verbunden ist meine Hoffnung, dass du als Leserin bzw. Leser das Geschriebene als eine von vielen möglichen wahren Geschichten liest. Wie darf diese Perspektive deine eigene Geschichte über Familie und Familienleben, aber auch über Gemeindearbeit und Gemeindeleben beeinflussen?

Ich bin überzeugt, es wird unsere Gemeinschaft in Familien und Gemeinden stärken, wenn wir über sie neue Geschichten und manche alten Geschichten neu erzählen. Tatsächlich erzählen Familien bereits neue Geschichten über das Wie von Gemeinschaft. Eine der Geschichten, die für viele junge Eltern heute besonders bedeutsam ist, ist die Geschichte vom »Cycle Breaking«: dass Eltern durch mehr Bindungsorientierung den seit Generationen weitergegebenen Kreislauf von Schimpfen, Schreien, Schlagen als Erziehungsmittel durchbrechen, damit ihren Kindern Traumata ersparen und ihnen ermöglichen, bessere Menschen zu werden. Und auch das »Patriarchat« ist eine Geschichte – eine, die hoffentlich bald Geschichte ist – über eine Gesellschaft, die von »echten Männern« als dem Standard ausgeht, an den sich alle anderen anpassen müssen. Wir sollten uns anhören, wie diese Geschichten erzählt werden, denn sie haben auch uns in Gemeinden etwas zu sagen und wir haben zu ihnen etwas zu sagen. In ihnen stecken Wahrheit und Weisheit, aber auch Lüge und Zerstörungskraft. Sie sind zum Teil eine Antwort auf das Familienbild, das »christlich« genannt wird und dessen Geschichte nicht nur positiv ist. Mit veränderten Geschichten über Familie insgesamt können wir auch die alte und oft als einengend erlebte Geschichte über »Gemeinde als Familie« neu erzählen. Durch die Auseinandersetzung mit den Vorstellungen zu Familienleben und -beziehungen und wie wir sie begründen, nähern wir uns einem tieferen Verständnis darüber an, was die Bibel zu Familie und Gemeinde sagt, üben Unterscheidungsfähigkeit und entdecken Ähnlichkeiten.

Wir sollten uns anhören, wie diese Geschichten erzählt werden, denn sie haben auch uns in Gemeinden etwas zu sagen und wir haben zu ihnen etwas zu sagen.

Familie, Gemeinde und Gemeinschaft

Wer über Familien und Gemeinden nachdenkt, geht meistens von einem fundamentalen Unterschied zwischen beiden aus: Familie gilt als natürliche Institution im Leben von Menschen, gegründet aus Liebe und mit bedingungsloser Zugehörigkeit verbunden. Gemeinde scheint dagegen vor allem eine Organisationsform zu sein, die ihre eigene Kultur hervorbringt und deshalb unterschiedlich gestaltet wird. Sie hat die klare Aufgabe, Licht zu sein und das Evangelium zu verkünden bzw. zu kommunizieren (vgl. Mt 5,14 und Mt 28,19-20). Selbst bei »Orange leben«, dem Konzept, das Familie und Gemeinde zusammendenken möchte, stehen Familie und Gemeinde für komplett verschiedene Dinge, die sich vereinen sollen: Das Licht der Gemeinde und die Liebe der Familie sollen, statt zu konkurrieren, zusammenkommen und so eine größere Wirkung erzielen.[3]

Doch dass Familie und Gemeinde so unterschiedlich sind, ist nur eine mögliche Geschichte, die wir uns über sie erzählen können. In der Geschichte, die ich in diesem Buch erzähle, sind Gemeinde und Familie sich sehr ähnlich. So kann man über Familie dasselbe sagen wie über Gemeinde: Familie hat ihre eigene Kultur und wird deshalb sehr unterschiedlich mit ganz verschiedenen Formen gestaltet. Sie ist auch eine gesellschaftliche Organisationsform, die einen Zweck hat (mehr darüber erzähle ich in diesem Buch). Reimer/Faix schreiben 2017 in ihrem Buch »Familie – Zukunft der Kirche«, dass in Familie das Licht des Evangeliums verkündet wird und dass Familie und Evangelisation wesensmäßig zusammengehören. Und auch über Gemeinde kann man dasselbe sagen wie über Familie: Für Christinnen und Christen ist sie eine quasi »natürliche« Institution durch die (Wieder-) Geburt. Unabhängig von der Zugehörigkeit zu einer Organisationsform von Kirche oder Gemeinde besteht die bedingungslose Zugehörigkeit zu Gottes Familie. Sie ist aus Liebe gegründet und basiert auf Liebe: »Ich gebiete euch, einander genauso zu lieben, wie ich euch liebe« (Joh 15,12).

Neben dieser grundsätzlichen Ähnlichkeit sehe ich weitere Gemeinsamkeiten:

1. Gemeinde und Familie sind als Begriffe mit Idealvorstellungen von Gemeinschaft verbunden, an denen sie gemessen und beurteilt werden. Der beste Ausdruck dafür ist der Satz: »Das sollte doch gerade in Familien (auf jeden Fall in christlichen) und in christlichen Gemeinden anders sein!«
2. In Familien und Gemeinden sind ähnliche Dynamiken wirksam, die sich noch dazu gegenseitig beeinflussen. Sie verhindern meiner Einschätzung nach oft Gemeinschaft, weil ihre Wechselwirkungen nicht beachtet werden. Die Tatsache, dass es in vielen Gemeinden so etwas wie dominierende Familien gibt und die Diskussionen um das Verhältnis der Generationen zueinander sind Beispiele dafür.
3. Familien und Gemeinden sind auf ähnliche Weise von den aktuellen gesellschaftlichen Veränderungen betroffen. Gerade der feministische Aktivismus und die Reaktionen darauf wirken sich auf das Leben von Gemeinschaft bzw. in Gemeinschaft ganz direkt aus. Aber auch der Einfluss durch die bindungs- bzw. bedürfnisorientierte Erziehung sollte nicht unterschätzt werden. Die zunehmenden Belastungen im Alltag durch immer mehr Anforderungen, der demografische Wandel und die damit verbundene Frage nach dem Verhältnis der Generationen zueinander tun ein Übriges.
4. Jede Gemeinde und jede Familie ist Teil eines größeren Ganzen. Gemeinde als Gemeinschaft der Heiligen und Familie als Generationenfolge überschreiten Zeit und Raum und tragen zur eigenen Identität bei. Dieses Ganze wird durch Erzählungen und Geschichten transportiert und zusammengehalten und deshalb sind Geschichten, Erzählungen und Gespräche so wichtig in Familien und Gemeinden.

Ich bin überzeugt: Wir entdecken hilfreiche Anknüpfungspunkte für Veränderungsprozesse, wenn wir Gemeinde von Familie her denken und neu erzählen. Aktuell erzählen wir stattdessen über viele Gemeinden Organisationsgeschichten: über Mitglieder, Formen, Zweck und Erfolg von Gemeinden. Wir sorgen uns angesichts überalternder Gemeinden, dass sie aussterben, wir sehen den Trend zu Megachurches und das Schrumpfen von Gemeinden auf dem Land, wir starten Initiativen für Gemeindegründung und lesen Studien, dass im Schnitt nicht mal eine Person pro Jahr pro Gemeinde zum Glauben kommt.[4] Die Geschichten, die wir zu Gemeinde erzählen, drehen sich nicht nur darum, welches Modell von Gemeinde das Beste ist, ob also Zellgruppen, ansprechendere Events oder flachere Hierarchien für eine wirksame Kommunikation des Evangeliums entscheidend sind. Sie betreffen den »Alltagsstress« der vielfältigen Angebote für verschiedene Zielgruppen und den Verlust von Verbindlichkeit, wenn im Fokus steht, dass weder Gottesdienstbesuch noch Mitgliedschaft, geschweige denn ehrenamtliche Mitarbeit mehr selbstverständlich sind – von Interesse an Beziehungspflege über die eigene Gemeinde hinaus in Verbänden und Dachverbänden ganz zu schweigen (was an den Rückgang von Verpflichtungen zu Beziehungspflege mit der entfernten Verwandtschaft erinnert). Die Geschichte dazu heißt, dass abgeschafft wurde, was als veraltet oder überholt galt, und betrifft in Gemeinden auch manche Lieder, Strukturen und die Inneneinrichtung. Diese Geschichten stellen die Identität von Gemeinden auf eher harmlose Weise infrage, weil sie die Organisation betreffen. Immer mehr hören wir aber auch Geschichten, die Menschen ganz persönlich in ihrer Identität und Würde betreffen. Wir hören von Machtmissbrauch und sexualisierter Gewalt und sind mit theologischen und ethischen Fragen zum Beispiel zu Homosexualität und Transgender konfrontiert. Diese Themen greifen tief in das Selbstverständnis von Einzelnen und von Gemeinden als Gemeinschaft der Heiligen ein. Ja, da sind große Brüche auch in Gemeinden und in persönlichen Beziehungen zwischen Gemeindemitgliedern, die weite

Kreise ziehen und so sehr schmerzen, als wenn es um unsere Familie ginge. Wir lesen deshalb auch in Gesprächen über Gemeinde aus guten Gründen vorsichtig zwischen den Zeilen, wie das Verhältnis einer Person zu ihrer Gemeinde, ihrem Gemeindeverband bzw. ihrer Kirche und zum Thema Gemeinde insgesamt ist. Von theologischen und menschlichen Konflikten bis zu veränderten Gewohnheiten und Einstellungen in einer immer individualistischeren und pluralisierten Welt sind uns viele Möglichkeiten bewusst, warum jemand vielleicht nicht (mehr) in (s)eine Gemeinde geht und vielleicht sogar infrage stellt, ob es sie überhaupt braucht.

Für die Auseinandersetzung mit Familie und Gemeinde in diesem Buch sind deshalb Offenheit für den Prozess und die Entwicklungen entscheidend. Wie auch immer deine Geschichten über und mit Familie und Gemeinde aussehen und ob dich meine Perspektive sehr herausfordert oder nur ein wenig – oder gar nicht –, eins gilt ganz unabhängig davon: Wir können und wir werden nicht bei unseren heutigen Selbstverständlichkeiten zu Familie und Gemeinde stehen bleiben. Sie sind das Ergebnis unserer bisherigen Erfahrungen mit Familie und unseres bisherigen Nachdenkens über sie. In einer sich durchaus verändernden, aber deshalb trotzdem bestimmten Familienkonstellation, zu einer bestimmten Zeit und in einer bestimmten Weltregion hat sich das geformt, was wir in Bezug auf Familie und Gemeinde für selbstverständlich halten. An den so entstandenen Familien- und Gemeindebildern und -geschichten orientieren wir unser Denken, Reden und Handeln. Diese Bilder sind für uns so selbstverständlich, dass wir ihre kulturelle Färbung und individuelle Prägung erst dann erkennen, wenn wir anderen Bildern und den Ergebnissen daraus begegnen, vielleicht sogar damit konfrontiert werden. Dieses Buch schafft eine solche Begegnung. An manchen Stellen ist es vielleicht

Wir können und wir werden nicht bei unseren heutigen Selbstverständlichkeiten zu Familie und Gemeinde stehen bleiben.

auch eine Konfrontation. Ich möchte dich dazu einladen und ehrlicherweise sogar herausfordern, dich dieser Konfrontation zu stellen. Bleib auch oder insbesondere dann dran, wenn du dich an etwas stößt. **Lass dir von deinen impulsiven Reaktionen etwas erzählen: zu deinen inneren Bildern von und Geschichten über Familie und Gemeinde.** Das ehrliche Hinschauen soll dich darin stärken, selbstbewusst und mit innerer Überzeugung deine Sichtweisen zu vertreten und gleichzeitig hinhören und verstehen zu wollen, was andere zu ihrer Sichtweise bewegt. Setz dich auf jeden Fall gezielt mit den Gefühlen auseinander, die das Lesen dieses Buches in dir wachruft. Denn nur dann wirst du die Gesamtgeschichte des Buches verstehen: die Erzählung darüber, wie in Familien ein neues Verständnis für Gemeinschaft entsteht und wieso das für Gemeinden wertvoll ist. Es ist eine ungewöhnliche Perspektive, weil Gemeinden sonst den Anspruch haben, ihrerseits Familien etwas beizubringen für das Familienleben. In meiner Geschichte unterstützen Gemeinden Familien, indem sie zunächst einmal zuhören und selbst ein neues Verständnis für Gemeinschaft entstehen lassen. Ein Merkmal davon ist, dass **Gemeinschaft nur da entsteht, wo wir lernen, mit Ecken und Kanten, mit Anstößigem und Widersprüchlichem zu leben und dennoch gemeinsame Wege zu finden**. Das ist unbequem, aber entspricht der Realität unserer Welt und unseres Mensch-Seins. In diesem Sinn ist dieses Buch eine provokante Erzählung, die zu einer Antwort und Reaktion herausfordert. Zusammengehalten werden wir in unserer Unterschiedlichkeit, ja sogar mit unseren »Feinden« durch Vergebung und das Band der Liebe (vgl. Kol 3,13 f). Die Frage ist, wie sehr das gelebt wird.

Ein anderes Merkmal dieses neuen Verständnisses ist, dass wir uns **als Lernende begreifen**. Dazu gehört, Unsicherheit und den Prozess auch von Konfrontation auszuhalten. Umgekehrt heißt es auch, einen Zwischenstand zu teilen und nicht erst dann mit der Sprache rauszurücken, wenn man ein Ergebnis liefern kann. Deshalb spreche ich davon, dass dieses Buch eine

Geschichte ist und nicht ein Sachbuch nach dem Motto »So geht das mit Gemeinschaft«. Es ist wie jede wahre Geschichte eine Momentaufnahme und ich lasse dich darin an meiner Auseinandersetzung mit den Themen Familie und Gemeinde teilhaben. Ich mache dabei ein sich veränderndes gesellschaftliches Verständnis von Gemeinschaft sichtbar. Die Beschäftigung mit dem Leben von Familien soll natürlich in erster Linie Verständnis für die Realität von Familien heute wecken. Daraus lassen sich aber Ideen für Gemeindeleben und Familienarbeit entwickeln und es **wird deutlich, wie dringend wir in Beziehungen in Familie und Gemeinde die verändernde Kraft des Evangeliums brauchen und wie viele Anknüpfungspunkte es dafür gibt!**

Du kannst das Buch also als eine Art intensiven Workshop zu Familienleben und Gemeindearbeit bzw. Gemeindeleben und Familienarbeit begreifen und nutzen oder es als von Herzen kommendes Plädoyer für mehr Familienperspektive in Gemeinden lesen. Das Buch ist an manchen Stellen sehr »dicht« und intensiv. Nimm dir Zeit zum Lesen und Verarbeiten! Ich lade dich ein, auch für dich persönlich ein neues Verständnis für Gemeinschaft von Familie und Gemeinde entstehen zu lassen. Wahr wird das aber erst, wenn es eine mit anderen geteilte Wirklichkeit wird: **Es liegt in der Natur der Sache »Gemeinschaft«, dass man sie nur gemeinsam gestalten kann.** Deshalb gibt das Buch dir auch Anregungen dafür, gemeinsam mit anderen über die Denkanstöße daraus zu sprechen. Familie und Gemeinde kann man nur gemeinsam leben. Die Antworten, die ihr auf die Impulse im Buch gebt, werden zusammengehalten und geformt von euren vielen kleinen und großen Geschichten, die erklären, warum ihr seid, wer und wie ihr seid, wart oder werden wollt. Dabei dient uns die Bibel als Inspiration. Sie ist ein Buch mit Geschichten über Menschen und ihre Beziehungen und wie die Beziehung zu Gott sie

Es liegt in der Natur der Sache »Gemeinschaft«, dass man sie nur gemeinsam gestalten kann.

beeinflusste. Erzählt in diesem Sinn eure Familiengeschichten bewusst und seht sie als »work in progress« an: Eure Familien- und Gemeindegeschichten sind noch nicht am Ende!

So ist auch dieses Buch entstanden: Die Gedanken sind gewissermaßen in Co-Kreation in Gesprächen und Diskussionen gereift. Ich bin vielen Menschen dankbar, mit denen ich im Laufe der letzten Jahre über diese Themen und unsere jeweiligen Erfahrungen gesprochen habe: in meiner Großfamilie, in Beratungen und als Sozialpädagogische Familienhilfe, als Ehren- und Hauptamtliche in Leitungsgremien, in der Arbeit mit und für Kinder und Familien, in Gesprächen »face-to-face« oder in den Weiten des Internets bzw. in den Echokammern der verschiedenen Bubbles auf Social Media. Auch wissenschaftliche Literatur aus den Bereichen Erziehungswissenschaft, Systemisches Arbeiten, Geschichte, Psychologie, Soziologie und Theologie, populärwissenschaftliche Literatur sowie Zeitschriftenbeiträge haben zu den Ansichten beigetragen, die ich in diesem Buch zur Diskussion stelle. Und selbstverständlich auch die Bibel. Meine theologische Qualifikation beruht allerdings weniger auf der formalen Ausbildung zur Gemeindepädagogin als vielmehr auf meiner familiären Prägung und dem begeisterten Selbststudium.

Ich nehme dabei eine spezielle Perspektive ein. Denn ich habe keine eigenen Kinder und die Stelle als Hauptamtliche in der Gemeinde wollte ich nach nur anderthalb Jahren nicht mehr verlängern. Seitdem gehöre ich zu keiner Gemeinde mehr. Vielleicht ist das keine so ungewöhnliche Perspektive. Ich kenne einige ehemalige Hauptamtliche, die ihre Berufung außerhalb der klassischen Gemeindestrukturen leben. Ich stehe daher aber eher an der Seitenlinie des Spielfeldes von Familie und Gemeinde und beschreibe, was ich beobachte. In meiner Herkunftsfamilie gab es den Spruch: »Onkel Theobald berichtet, was er alles sieht und sichtet, doch man sieht's auch ohne ihn.« Was ich in diesem Buch berichte, scheint mir jedoch eher unsichtbar und unter der Oberfläche zu sein – oder vielleicht mitten auf dem Spielfeld nicht zu erkennen. Zumindest ist das die Rückmeldung, die ich häufig bekomme: »So habe ich das noch nie gesehen!« Das lässt mich manchmal zweifeln: Wenn andere das nicht so sehen, ist es denn dann wahr? Doch dann begegne ich wieder anderen, die Aspekte meiner Beobachtungen teilen. Und so ist das Besondere an diesem Buch die Art und Weise, in der ich meine Beobachtungen zusammenstelle: als wären eben Familien- und Gemeindeleben, Gemeinde- und Familienarbeit nicht zwei ganz unterschiedliche Dinge, sondern in ihren Dynamiken gleich oder zumindest sehr ähnlich. In beiden geht es darum, Gemeinschaft zu leben oder »herzustellen«, wie die neuere sozialwissenschaftliche Forschung es formulieren würde. Und wenn es eine Sache gibt, die so etwas wie »neu« ist in diesem Buch, dann ist es diese: Gemeinschaft ist nicht nur und nicht im Wesentlichen durch Strukturen gegeben, sondern sie wird durch Tun hergestellt. Das ist jedoch keine Theorie im Sinn eines 8-Schritte-Plans zu mehr Gemeinschaft. Es ist eine Beschreibung davon, wie Menschen in Familien und deshalb auch in Gemeinden aktuell Gemeinschaft leben und leben wollen. So entsteht »ein neues Verständnis für Gemeinschaft« durch Familien. Sie sind nicht nur die Hoffnung der Welt auf Gemeinschaft, sie prägen durch ihren Alltag auch die Zukunft der Welt. Deshalb sollten Gemeinden sich mit Familienleben beschäftigen. Denn unsere eigenen Familien- und Gemeindegeschichten nehmen Einfluss auf unsere Familienarbeit, die Gemeindearbeit und das Gemeindeleben insgesamt.

Gemeinschaft ist nicht nur und nicht im Wesentlichen durch Strukturen gegeben, sondern sie wird durch Tun hergestellt.

Meine Geschichte – ein Anfang

Im Sinne einer Momentaufnahme über meine Familie siehst du hier ein gezeichnetes Familienfoto von vor etwa 30 Jahren mit einem Teil meiner Familie und liest von drei Erlebnissen bzw. Zusammenhängen, die den Grundton meiner Geschichte mit Familie und Gemeinde bestimmen. Es geht dabei um den Anfang, den Ausgangspunkt, wie ich ihn heute darstellen würde.

Wann genau ich verstand, dass das ungewöhnlich viele Familienmitglieder sind, weiß ich nicht mehr. Ich habe zu diesen Menschen eine Beziehung, kenne ihre Namen und von vielen sogar das Geburtsdatum. Ich weiß, wer zu wem gehört, wo die Einzelnen wohnen und von den meisten weiß ich auch den Beruf. Dass das wiederum mindestens so ungewöhnlich ist wie die Anzahl meiner Familienmitglieder, habe ich meiner Erinnerung nach in der Grundschulzeit kapiert. Familie – das waren für die meisten meiner Klassenkameradinnen und -kameraden

> Ich bin mit meinen Geschwistern auf einem 3-Generationen-Hof aufgewachsen. Meine Eltern hatten jeweils 9 Geschwister. Meine nähere Verwandtschaft umfasste etwa 75 Menschen.

ihre Eltern, Geschwister und die Großeltern. Manche kannten ihre Cousinen und Cousins nicht, andere hatten gar keine. Für mich so unvorstellbar wie für sie die Größe unserer Familienfeiern, bei denen 30 bis 40 Gäste nicht ungewöhnlich waren.

Sonntags quetschten wir vier Kinder, meine Eltern, meine Großeltern und meine beiden Großtanten uns in den Bulli und fuhren zum Gottesdienst in den nächsten Ort. Ein paar Geschwister meines Vaters mit ihren Familien (und teilweise auch den Familien der Ehepartner und -partnerinnen) gehörten dazu, z. B. auch ein Cousin meines Vaters und seine Familie und die Familie der (ich glaube) Cousine meines Opas. Ja genau. Ein bisschen kompliziert.

> Meine Familie war gefühlt allerdings noch größer. Die freikirchliche Gemeinde, zu der wir gehörten, bestand zu einem großen Teil aus Verwandtschaft.

Einerseits war es wichtig für mich, dass diese Leute alle zur Familie gehörten – ich war stolz darauf, dass wir zusammengehörten. Andererseits habe ich diese Verwandtschaftsverhältnisse nie so richtig durchschaut, weil sie eben nicht wichtig waren: Die Gemeinde war »Familie«, egal ob mit oder ohne Verwandtschaftsgrad. Wer dazukam, gehörte dazu.

Ganz selbstverständlich wurden wir als Kinder in manche Aufgaben mit einbezogen. Dekorieren, Tische und Stühle aufbauen, Tische decken, spülen, aufräumen – wir waren mittendrin. Mit dreizehn Jahren wurde ich erst Helferin, später Mitarbeiterin in der Jungschargruppe, die ich während der Oberstufe gemeinsam mit einer Freundin leitete. Dass diese recht kleine Gemeinde in Eigenleistung ihr Gemeindehaus baute, erfüllte mich mit großem Stolz, genau wie die neun

> Da mein Vater in der Gemeindeleitung war, war unser Alltag von Gemeindethemen durchzogen. Die wöchentlichen Gemeindeaktivitäten strukturierten unseren Alltag.

Missionarsfamilien, die wir unterstützten. Fleißig gestalteten wir als Teenager und Jugendliche das Gebäude mit. Als wir für eine Theateraufführung wenige Jahre nach der Einweihung des Gemeindehauses einen großen Haken in die Wand mitten auf der Bühne bohren wollten, bekamen wir dafür die Erlaubnis – und das hässliche Loch erinnerte noch jahrelang daran.

Wenn du ein Familienmitglied von mir bist, denkst du vielleicht: »Das ist nicht meine Erinnerung!« Dafür gibt es verschiedene mögliche Gründe:

1. Wir merken uns unterschiedliche Dinge, nämlich die, die uns intuitiv wichtig erscheinen, und vergessen andere. (Das ist übrigens der Grund, warum manche Kinder alle Namen von Fußballspielern kennen, aber Vokabeln regelmäßig vergessen.) Andere treffen eine andere Auswahl, erinnern sich anders und erzählen eine andere Geschichte. Das macht die einzelnen Geschichten nicht weniger wahr, sondern verrät vor allem etwas über den jeweiligen Menschen.
2. Wir haben verschiedene Zeitfenster erlebt. Der Satz »Das ist nicht meine Erinnerung!« stammt von einem der jüngeren Geschwister meines Vaters, der eine Erinnerung zu »so war das, als wir Kinder waren« nicht teilte, weil er sie nicht miterlebt hatte. Für mich war mal augenöffnend, dass jemand, der bei einem Streit den Raum verließ, die Versöhnung am Ende des Streits nicht mehr miterlebte und deshalb der Streit in seiner Vorstellung ungeklärt blieb. So ist das mit Zeitfenstern, die man erlebt oder nicht, gemeint.
3. Durch die komprimierte Form der Darstellung in dem gezeichneten Foto und drei Zettelchen wird offensichtlich, was für jede Geschichte gilt: Sie lebt von Auslassungen und Hervorhebungen. Das erzeugt ein umso prägnanteres Bild, und zwar genau das, was man beabsichtigt. Es ist dadurch nicht weniger wahr, aber betont bestimmte Zusammenhänge. In meinem Fall: die Großfamilie und den Zusammenhang mit Gemeinde.

Auf Seite 276 findest du einerseits kurze Gedanken dazu, wie das Erzählen von Geschichten die Gemeinschaft in Familie und Gemeinde stärken kann, und andererseits Hinweise zum Erzählen von Geschichten.

Verwendete Literatur:

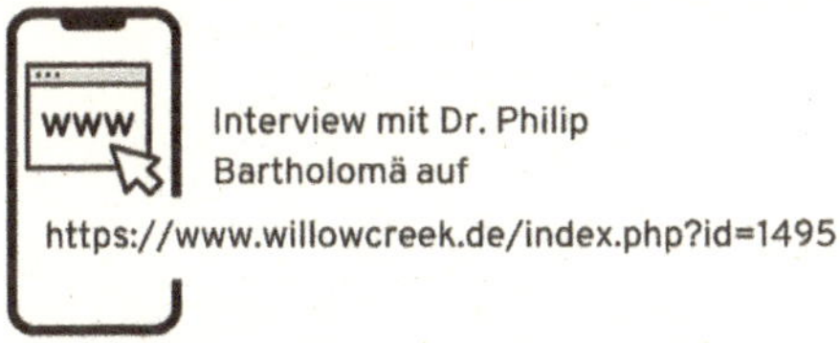

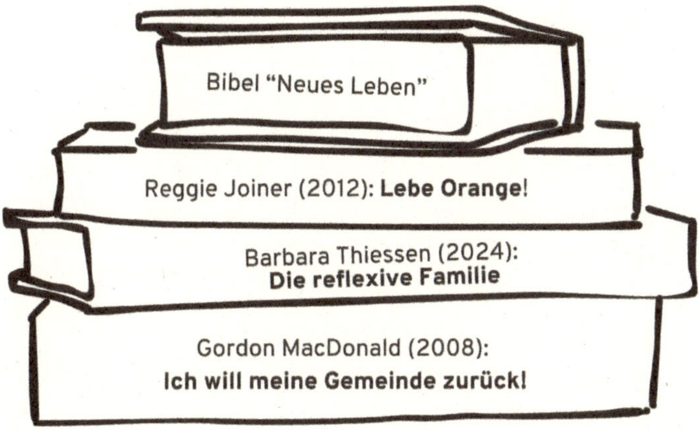

Dein Anfang

Nimm auch du dir einen Moment Zeit und versuche, deinen persönlichen Ausgangspunkt zu Familie und Gemeinde festzuhalten.

Wir beginnen mit deiner Familie.

Aufgabe: Male ein Familienfoto. Fotos sind immer eine Momentaufnahme und genau so sollst du es zeichnen. Mache es einfach. MACHE es einfach, also lass dich nicht von Gedanken wie »Ich kann nicht malen« abhalten. Und mache es EINFACH: Male Strichmännchen, Kreise oder Quadrate – ganz egal.

Folgende Impulse können dir helfen: Wer gehört zu deiner Familie? Du könntest Verbindungslinien einzeichnen oder dazuschreiben, wer die verschiedenen Leute für dich sind.

Was wir über Familien und Gemeinden denken, ist nie unabhängig von unserer eigenen Biografie, von den Zusammenhängen, in denen wir aufgewachsen sind. Gerade das Verhältnis zwischen dir als Person und deiner Zugehörigkeit zur Gemeinschaft ist in vielerlei Hinsicht entscheidend dafür, wie du dich in Gemeinschaften gibst. Zu jeder Biografie gehören nicht nur die eigenen Päckchen, an denen man sich ein Leben lang abarbeitet, sondern auch die schönen Ereignisse. **Zeichne zwei bis drei Schlüsselereignisse oder wichtige Zusammenhänge nach, die deine Familien- und Gemeindegeschichte ausmachen.**

Euer Anfang | Gemeinschaftsaufgabe: Macht eine schweigende Ausstellung. Lest die Zusammenhänge der anderen zu Familie und Gemeinde und betrachtet die gemalten Fotos. Tauscht euch dann aus über die Frage: Was ist uns aufgefallen?

Kapitel 2

Habe ich hier Platz?

Verteilungskampf in der Versorgungsgemeinde

»Jasmin macht mir keinen Platz!« Der 5-jährige Emil sagt es jammernd und vorwurfsvoll, während er mit aller Kraft seine große Schwester auf der Bank weit zur Seite schiebt. »Aber Emil hat da drüben noch ganz viel Platz!«, ruft Jasmin aufgebracht und schiebt ihn zurück. In diesem Moment rutscht von der anderen Seite der Cousin Raphael näher an Emil, weil sich seine Schwester neben ihn auf die Bank geschoben hat. »Gar nicht!«, brüllt der eingequetschte Emil und haut Jasmin, bevor seine Mama ihn daran hindern kann. Sie sagt zu Jasmin, dass sie Emil Platz machen soll. In der Zwischenzeit hat Raphaels kleiner Bruder Leon, der Jüngste der Kinder, schon damit begonnen, sich Kekse und Süßigkeiten auf dem Teller zu horten. »Ey«, brüllt Jasmin, »wir wollen auch noch was!« Leons Papa grinst und sagt zu seiner Schwester:

»Der hat drei Geschwister. Er weiß, dass er selbst für sich sorgen muss!«

Ich habe diesen Spruch in meinem Leben schon häufig gehört. Viele Menschen auf engem Raum, die alle etwas vom Kuchen abhaben, gesehen und gehört werden wollen – das kann knapp werden. Da ist es besser, man sorgt selbst für sich. Ganz nach dem Motto: »Wenn jeder an sich denkt, ist an alle gedacht.« Auch wenn diese Sprüche mit einem Lachen oder ironisch gesagt werden, wissen wir alle: Dahinter stecken Geschichten, die es in sich haben, oft genug leidvolle, manchmal über Generationen tradierte Erfahrungen von »zu kurz kommen«. Was wir diesbezüglich in der Familie gelernt haben, bringen wir wie so viele andere Lernerfahrungen und Vorstellungen von Selbstverständlichkeiten mit in alle anderen Gemeinschaften. Und so gilt auch in Gemeinden, dass einzelne Menschen und ganze Gruppen darum ringen, gesehen und gehört zu werden, einen Platz zu haben und ein Stück vom Kuchen abzubekommen. Die Dynamiken dabei sind ähnlich wie in der oben geschilderten Situation: Der eine fordert, die andere verteidigt, der Nächste schubst, da wird »Ey!« gebrüllt und sich noch mit auf die Bank geschoben, irgendjemand grinst und sagt »So ist das halt!«, während die Nächste ordnend eingreift. Welche Gruppe bekommt wie viel vom Gemeindebudget? Wer darf bei was wie mitreden und mitentscheiden? Wer wird übersehen oder fühlt sich zumindest so?

Insbesondere Singles, Kinderlose und Seniorinnen und Senioren haben in Gemeinden oft das Gefühl, Gemeinden drehen sich viel zu sehr um Familien, weil »Familienfreundlichkeit« als ein großer Wert kommuniziert wird. Damit auch alle anderen auf ihre Kosten kommen, werden für sie Extraangebote gemacht.

Liste mal auf: Welche Angebote gibt es in deiner Gemeinde für die verschiedenen Zielgruppen und wer führt sie vor allem durch, also wer sind die wichtigsten Mitarbeitenden?

Etwas vereinfacht könnte man die meisten Angebote von Gemeinden, die sie für Familien konzipieren, wahrscheinlich so zusammenfassen:

- regelmäßige Gruppenangebote und besondere Events/Freizeiten für Kinder, nach Möglichkeit auch für Teens und Jugendliche;

- Familiengottesdienste (die in manchen Fällen mehr »Kindergottesdienste zusammen mit den Erwachsenen« sind und deshalb dazu führen, dass manche Personengruppen gar nicht kommen).

Je nach Gemeinderessourcen und -zusammensetzung kommen noch weitere Angebote dazu: Eheabende und Erziehungsseminare zum Beispiel oder auch Winterspielplätze und Ferienspiele. Die meisten Angebote offenbaren in der Form, wie sie ausgeschrieben und zeitlich gestaltet werden, dass die Familienmitglieder in Bezug auf ihre jeweils eigenen Bedürfnisse und nicht als Einheit gesehen und angesprochen werden. Dafür ist die Individualisierung verantwortlich. Die unterschiedlichen Bedürfnisse und Eigenarten der verschiedenen Menschen wurden im Zuge dieses gesellschaftlichen Prozesses immer sichtbarer, weil sie auch vehementer und selbstbewusster vertreten werden. So finden sich Interessengruppen zusammen, die immer lauter die Verwirklichung ihrer Wünsche einfordern oder als Lobbyisten für einzelne Personengruppen eintreten. Die Verschiedenheit rückt auch in eigentlich recht ähnlichen Gruppen in den Vordergrund und mir scheint, aus der Frage »Wie finden wir eine gute Einigung, dass jeder gesehen wird?« wird manches Mal die Forderung, dass die jeweils anderen »jetzt mal zurückstecken«.

Es ist ein bisschen paradox, aber gerade der Verteilungskampf um endliche Ressourcen an Zeit und Aufmerksamkeit und die Wahrnehmung, dass es immer um Familien geht, führen zur Versorgungsgemeinde mit vielen Angeboten. Sie bemüht sich, jede Gruppierung in der Gemeinde einzeln mit einem Angebot zu versorgen. Wenn nur Familien im Vordergrund stehen, fallen alle anderen hinten runter. In der Konsequenz gibt es viele verschiedene Arbeitsbereiche für die einzelnen Zielgruppen mit jeweils eigenen Gremien und Arbeitskreisen in übergeordneten Verbänden. Interessanterweise gibt es aber kaum welche für Familien. Sie scheinen ja im Mittelpunkt von Gemeinden zu stehen. Viele Kernfamilien haben allerdings nicht den

Eindruck, dass sie in Gemeinde wirklich mit ihren Bedürfnissen gesehen werden. Weder die Zeiten noch die Räume oder die Ansprache vor allem des Gottesdienstes treffen die Bedürfnisse von Eltern und ihren Kindern.[5] Auch andere Gemeindeveranstaltungen scheinen für alle anderen Zielgruppen gestaltet zu sein. Manche Eltern sagen, das sei okay so. Sie sehen sich gar nicht in der Lage, an allen Veranstaltungen teilzunehmen. Deshalb erwarten sie keine besondere Berücksichtigung. Andere würden sich wünschen, dass sie und vor allem ihre Kinder mehr wahrgenommen werden. Gut angenommen werden Angebote, an denen die ganze Familie gemeinsam teilnehmen kann und die sich durch eine lockere Atmosphäre und den Einbezug der Kinder auszeichnen.[6] Oft werden die vielen Menschen, die darüber mit der Gemeinde in Berührung kommen, jedoch gar nicht als Teil der Gemeinde wahrgenommen, weil sie im Gottesdienst als der zentralen Gemeindeveranstaltung nicht auftauchen.

Verantwortlich dafür, ein ausreichendes Angebot für alle Zielgruppen zu machen, sind in vielen Gemeinden (auch in ehemaligen Laienbewegungen) vor allem Hauptamtliche. Das hat mit veränderten Erwartungen und Anforderungen von ehrenamtlichen Gemeindemitgliedern an ihre Freizeit und Erholung und damit auch an das Engagement in Gemeinde zu tun. Die Arbeit mit Kindern wird zudem herausfordernder. Die Gruppenfähigkeit der Kinder scheint abzunehmen, damit wachsen die Ansprüche an pädagogische Kompetenzen der Mitarbeitenden. Lehre zur Bibel ist eine Herausforderung, weil die Unterschiede zur postmodernen Kultur und Gesellschaft so groß sind. Die Sorge vor Indoktrination ist durch die kritische gesellschaftliche Auseinandersetzung mit Fundamentalismus gewachsen. Das veränderte Verhältnis zu Kindern und die Pädagogisierung und Psychologisierung des Alltags machen Eltern anders aufmerksam für das, was ihren Kindern inhaltlich beigebracht wird und wie mit den Kindern umgegangen wird. Die Maßnahmen zum Kinderschutz werden als formale Hindernisse für Mitarbeit wahrgenommen. Das gilt vor allem dann, wenn man nur punktuell in der Arbeit mit Kindern aushelfen kann und will. Die Koordination und Begleitung von Ehrenamt werden so ebenfalls umfangreicher, während die Kapazitäten für engagierten Einsatz bei Ehrenamtlichen durch große Belastungsgefühle und mehr Selbstfürsorge schmaler werden. So liegt der Mangel an Mitarbeitenden in der Arbeit mit und für Kinder nicht nur daran, dass nun auch viele Mütter berufstätig sind (wie manchmal argumentiert wird). Die wollen sogar oft gerne mitarbeiten.[7]

Angebote für Kinder finden in manchen Gemeinden aber nicht nur deshalb eingeschränkt statt, weil ehren- und hauptamtliche Mitarbeitende fehlen, sondern auch, weil die Kinder fehlen. Das bedingt sich zum Teil gegenseitig: Familien mit Kindern kommen nicht zuverlässig, wenn unklar ist, ob es ein Angebot für Kinder gibt – und wenn unklar ist, ob Kinder kommen, sinkt die Motivation der Mitarbeitenden. Zum Teil wird das zu einer »self-fulfilling prophecy«: Der Kindergottesdienst findet unregelmäßiger statt und es werden immer weniger Kinder und Mitarbeitende. Wenn es keine zuverlässige Arbeit mit Kindern gibt, stimmen Familien mit den Füßen ab und suchen nach Gemeinden, in denen zumindest die Kinder auf ihre Kosten kommen und christliche Gemeinschaft mit Gleichaltrigen erleben können. Dafür nehmen Eltern für sich selbst manches in Kauf. Gleichzeitig sorgen die veränderten Zeitstrukturen (Ganztagsschule, flexible Arbeitszeiten, viel Programm der einzelnen Familienmitglieder) dafür, dass gemeinsame Zeit als Familie unter der Woche knapper wird. Am Wochenende werden Gemeinde und Familie dann zur Konkurrenz um freie Zeit. Zwischen Gottesdienstverpflichtung wegen Mitarbeit, dem Wunsch nach Teilnahme für das eigene Glaubensleben und der dazu in Konkurrenz stehenden Erholung im Kreis der Familie müssen Erwachsene wiederum eine Entscheidung treffen. Ein wichtiger Aspekt bei der Entscheidung: das Empfinden der Eltern, ob es in dieser Woche ausreichend gemeinsam verbrachte Zeit gegeben hat. Bevor sich nach einer getrennt in verschiedenen Programmen erlebten Woche am Sonntagmorgen wiederum alle Familienmitglieder in ihre altersgerechten Gruppen aufteilen, wollen manche Familien lieber Zeit miteinander verbringen. Familie ist so gesehen in Gemeinde oft mehr der Kontext für die Arbeit mit Kindern als ein eigenes Thema. Familienarbeit wird im Bereich Kinder verortet und Familienfreundlichkeit meint parallele Angebote für Kinder, damit die Eltern an Erwachsenenangeboten teilnehmen können. Je jünger die Kinder sind, umso mehr wünschen Eltern sich das auch genau so. Veränderte Sichtweisen zu Eingewöhnungen und dem Abgeben von Kindern an andere erschweren das im Vergleich zu früher jedoch. Gerade bei wechselnden Mitarbeitenden-Teams in den Kindergottesdiensten und unregelmäßigem Gottesdienstbesuch der Familien begleiten Eltern ihre Kinder manchmal lange noch in den Kindergottesdienst. Das wiederum wirkt sich nicht nur auf die Mitarbeitenden im Kindergottesdienst aus, sondern bedeutet auch, dass die Eltern eben doch nicht am Gottesdienst teilnehmen. Hat eine Familie dann möglicherweise noch ein Kleinkind, das im Eltern-Kind-Raum betreut werden muss, stellt sich die Frage nach dem Mehrwert des Gottesdienstbesuches: Es ist ungleich herausfordernder, die Kinder in einer anderen Umgebung mit mehr Erwartungen zu angemessenem Verhalten zu betreuen, als zu Hause per Podcast oder Livestream eine Predigt zu verfolgen oder Lobpreis zu hören, während die Kinder spielen. Je älter die Kinder sind, umso eher besteht der Wunsch von Eltern, am Wochenende gemeinsam etwas zu erleben. Von außen betrachtet ist der Gottesdienst eine gemeinsame Aktivität, doch die Familienmitglieder erleben ihn getrennt: als Erwachsene und Kinder im jeweils eigenen Programm.

Ähnliches gilt für Gemeinde insgesamt: Viele Menschen gehören zu derselben Gemeinde, doch sie erleben in ihr ganz Unterschiedliches, weil sie zu verschiedenen Zeiten, mit unterschiedlichen Personenkonstellationen an ihrem jeweiligen Programm teilnehmen: als Männer und Frauen, als Seniorinnen und Senioren, als Kinder, Jugendliche, Singles, Studentinnen und Studenten und so weiter. Zur Gemeinde gehören viele verschiedene Lebenssituationen und sehr unterschiedliche Menschen (obwohl sich in Gemeinden oft sehr ähnliche Milieus versammeln). Gerade das macht Familien und Gemeinden aus meiner Perspektive sehr ähnlich: Zur Familie gehören ebenfalls viele verschiedene Lebenssituationen und sehr unterschiedliche Menschen. Das gilt umso mehr, wenn wir Familie größer denken als Vater, Mutter, Kind und dabei nicht nur an die Familien mit Kindern bis zu 14 Jahren denken. Sie suchen immer stärker nach der Gemeinsamkeit, nach der Gemeinschaft in dieser Unterschiedlichkeit. Familien fragen deshalb in Gemeinde dieselbe Frage wie alle anderen: Haben wir hier Platz? Aber sie fragen das nicht nur als jeweils Einzelne, sondern auch als Gemeinschaft: Haben wir hier als Familie Platz? Bei Veranstaltungen wird geprüft, wie kompatibel sie zu Familie sind. Das betrifft z. B. die Fragen nach Zeit (Uhrzeiten, aber auch der zeitliche Umfang), nach Berücksichtigung von Kindern in der Gestaltung (Sprache, Themen, kindgerechte Elemente) und nach der Kultur (z. B. ob das Plappern und Weinen von Kindern als Störung gilt und wie über Kinder und kindliche Bedürfnisse gesprochen wird). Haben Kinder Platz in der Gemeinde – sowohl als Kleinkinder als auch als Teenager und Jugendliche? Sowohl als die, die sie jetzt sind, als auch als die, die sie werden? Und das führt zu der Frage: Was hält uns unterschiedliche Einzelne in Familie und Gemeinde als Gemeinschaft zusammen?

In den letzten Jahrzehnten haben wir ein immer vielfältigeres Angebot für immer spezifischere Zielgruppen aufgebaut. Nun müssen sich die gemeinschaftlichen, verbindenden Angebote so verändern, dass sie nicht einzelne Teilgruppen ansprechen, sondern die Themen, die alle verbinden, in den Vordergrund stellen. Familien sind dafür aus meiner Sicht in mehrfacher Hinsicht ein guter Anknüpfungspunkt. Dabei geht es einerseits um Idealbilder und andererseits um gesellschaftliche Realitäten in Familien.

Bevor ich erläutere, warum ich das denke, mache dir klar, wie dein Idealbild von Familie aussieht. Der Begriff »Familie löst« etwas in dir aus. Zu diesem Wort gehört ein inneres Bild und eine innere Geschichte, gehören

Gerüche, Farben, Gefühle, Geschmäcke. Vieles davon kannst du vermutlich nicht so richtig greifen, anderes dagegen ist sehr klar. Bei manchem weißt du nicht, woher dieses Bild, dieser Zusammenhang kommt, manches weißt du genau. Alle Assoziationen haben mit einem Familienideal als Vergleichsfolie zu tun.

Male ein Bild über die Idealfamilie und schreib eine kurze Geschichte dazu. Wieder gilt: Mache es einfach. Also MACHE es einfach und mache es EINFACH. Nimm ein Blatt Papier oder nutze den Platz hier und fange an zu zeichnen. Es geht auch jetzt nicht um schön, sondern darum, deine inneren für dich typischen Zusammenhänge von Personen, Beziehungen und Verhalten, also von »Gemeinschaft leben« in Familie sichtbar zu machen. **Diese Fragen können dir helfen:**

Wer gehört zur Idealfamilie dazu? Wie nennt man die Personen und ihre Rolle im Verhältnis zueinander? Was »macht man« typischerweise in den verschiedenen Rollen? Welchen Beitrag leistet jeder und jede für die Familie? Was »macht« die Familie bzw. was bedeutet sie für den Einzelnen?

Schreibe außerdem kurz den Verlauf einer typischen Familiengeschichte auf. Wie und warum entsteht eine Familie, wie entwickelt und verändert sie sich im Lebenslauf? Ob du Stichpunkte verwendest oder ausformulierst, bleibt dir überlassen!

Das Verhältnis neu bestimmen

Die Familie steht wie keine andere menschliche Gruppe für eine Antwort auf das Spannungsfeld zwischen den Wünschen und Bedürfnissen von Einzelnen und einer Gemeinschaft. Familie ist der erste Ort, an dem ein Mensch Teil einer Gemeinschaft ist und sich als Individuum kennenlernt und erfährt. Von diesen ersten Erfahrungen in der eigenen Familie hängen verschiedene Dinge ab: ob Familie zu einem positiven oder negativen Begriff wird, wie man sich in Gemeinschaft verhält und welchen Platz man in einer Gemeinschaft einnimmt. In der Gemeinde passiert dasselbe auf geistlicher Ebene. Hier bekommt ein Mensch eine Antwort, wie das Spannungsfeld von »ich als Einzelperson« und »wir als Gemeinschaft« als Christ und Christin gelebt werden soll und kann. Christliche Grundwerte betreffen beides, die Individualität und die Gemeinschaft. Als Eben-

Familie ist der erste Ort, an dem ein Mensch Teil einer Gemeinschaft ist und sich als Individuum kennenlernt und erfährt.

bild Gottes und mit Würde des Einzelnen geschaffen zu sein, selbstbestimmt eine persönliche Entscheidung zu treffen und individuell durch den Heiligen Geist begabt zu sein, würdigen das Individuum. Die sperrigeren Begriffe »Gemeinschaft der Heiligen«, »Einheit als Leib Christi« und »treue Hingabe im aufopfernden Dienst für andere« sind die christlichen Grundwerte, die eher mit Gemeinschaft zu tun haben. Dass es für Letztere keine eingängigeren und modernen Formulierungen gibt (so wie für die Seite der Individualität), zeigt schon, dass Gemeinschaft heute weniger durchdacht und bearbeitet wird. Wie das mit der Unterordnung des Einzelnen in der Gemeinde funktionieren kann, wird seltener explizit beantwortet als die Frage nach dem individuellen Platz in der Gemeinschaft. Dabei ist das eine alte Frage, die zentrale Frage nach dem einzelnen Menschen in seinen sozialen Zusammenhängen, die zwei Aspekte miteinander verbindet, von denen einer aktuell stärker betont wird.

Habe ich hier Platz, als Ich, so, wie ich bin? Ich als Persönlichkeit, nicht nur in einer bestimmten Rolle? Ist dieser Platz sicher, bin ich darin sicher und bleibt er bestehen?

Wie leben wir als Gemeinschaft so, dass wir eine Einheit bilden? Wie funktioniert es, dass nicht Einzelne dominieren? Was macht unser Miteinander zuverlässig?

Alle Menschen stellen sich diese Fragen mehr oder weniger bewusst, mehr oder weniger aktiv und mit unterschiedlichen Ergebnissen in den verschiedensten Kontexten. Sie finden sich deshalb in Familien und Gemeinden. Ihre Dringlichkeit und Präsenz werden in Konflikten und Krisen so richtig deutlich. Es sind die Fragen nach Zugehörigkeit, Anerkennung, Integrität und Schutz in einer Gemeinschaft[8]. Ich fasse sie für dieses Buch in dieser schon genannten Frage zusammen:

Habe ich (als Ich!) hier (in dieser Gemeinschaft!) einen sicheren Platz?

Diese alte Frage zum Spannungsfeld von Individualität und Gemeinschaft wurde und wird sehr unterschiedlich beantwortet. Die Familie ist wie gesagt die erste Gemeinschaft, in der wir darauf eine Antwort erfahren. Wir bekommen in ihr einen Platz – oder auch nicht, nicht »wirklich« oder nur unter bestimmten Bedingungen. In der Vergangenheit stand Familie z. B. für eine Gemeinschaft, in der Kinder die Normen und Werte lernen, die sie zum »funktionierenden« Teil der Gesellschaft werden lassen, in der Kinder also an die Gesellschaft angepasst werden. Aus Mangel an Ressourcen wurde der Verteilungskampf um Stimme, Zeit und Aufmerksamkeit durch die klare Zuweisung eines Platzes in der Gemeinschaft durch spezifische, quasi standardisierte Rollen geklärt, hinter denen die Persönlichkeit der einzelnen Person zurücktrat. Demgegenüber bedeutet »einen Platz haben« für viele heute »als Mensch gesehen werden«. Als die Person, die ich bin und werden kann, ausreichend Raum für Entfaltung und Entwicklung meiner Begabungen und Fähigkeiten zu bekommen – das ist der moderne und individualisierte Anspruch an einen Platz in der Gemeinschaft, der auf der scheinbaren Grenzenlosigkeit von möglichen Plätzen beruht. Gleichzeitig öffnet das den Verteilungskampf um Zeit, Aufmerksamkeit und Stimme.

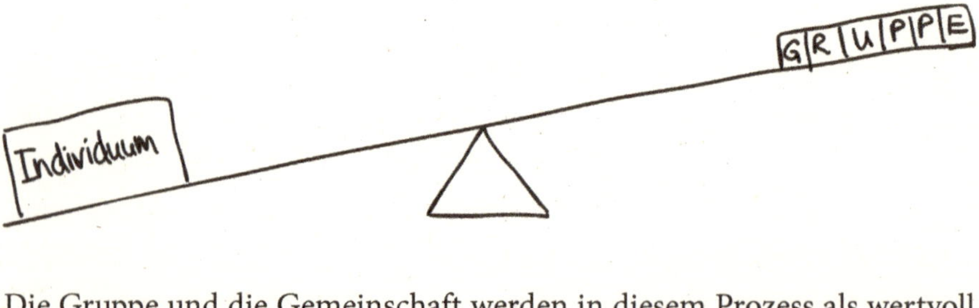

Die Gruppe und die Gemeinschaft werden in diesem Prozess als wertvoll und wichtig hochgehalten, aber die Frage nach der Individualität hat mehr

Gewicht. Dadurch hängen wir bei der Frage nach dem Wie von Gemeinschaft etwas hilflos in der Luft. Gerade Familien suchen nach Wegen, eine ausgeprägte Individualität mit sehr unterschiedlichen Bedürfnissen zu realisieren und gleichzeitig echte Verbundenheit in einer Gemeinschaft zu leben. Sie bahnen dabei weitere Veränderungen an. Familien wollen und sollen nach dem Glück jedes einzelnen Familienmitglieds streben: Die Gemeinschaft soll dem Einzelnen dienen, besonders aber den Kindern und ihrer Entwicklung. Familie wird dabei immer größer gedacht und zu einem »Netzwerk der besonderen Art, das um verlässliche Fürsorgebeziehungen zentriert ist«.[9] Darin liegt aus meiner Sicht ein zentraler Anknüpfungspunkt für Gemeinden. Sie sind ebenfalls »Netzwerke der besonderen Art«, die – wie Familie – auf Liebe und Fürsorge beruhen. Wie Familien sind auch sie immer stärker in verschiedene Gruppen aufgeteilt und die Frage ist: Wie kommen wir zusammen? Darauf eine Antwort zu finden, ist ein sehr herausfordernder Prozess. Eltern brauchen und wollen dabei Unterstützung und Ermutigung. Aus diesem Grund sollten wir Gemeinde als Gemeinschaft von Familie her neu denken üben, um die Herausforderungen zu verstehen, vor denen viele Familien heute stehen. Dabei ist es wichtig, nicht von unseren Idealen und Normen her zu kommen, sondern von den Realitäten der Familien her. Familienleben heute ist nämlich tatsächlich nicht mehr wie früher. Die Auseinandersetzung mit den heutigen, ganz aktuellen Erfahrungen von Eltern und Kindern mit Individualität und Gemeinschaft verändert dann aus meiner Sicht auch die Perspektiven auf die Herausforderungen in der Gemeinde zwischen Einzelnen, Teilgruppen und dem Ganzen.

Der Wandel, der durch Individualisierung in Familien, in der ganzen Gesellschaft und entsprechend auch in Gemeinden entstanden ist, ist offensichtlich und er hat mit veränderten Werten bei uns allen zu tun. Die Konflikte rund um mehr Freiheit des Einzelnen und die Betonung von individueller Verschiedenartigkeit resultieren aus der Gegenbewegung gegen die bedingungs- und kompromisslose Forderung nach Unterordnung. Diese alte Antwort auf das Spannungsfeld von Individuum und Gesellschaft war bestimmt von der Autorität der Eltern und älteren Generationen bzw. der haupt- oder ehrenamtlichen Leitung und ihrer Lehre. Das hat historische Gründe, die später noch deutlich werden. Diese Haltung war sicher unterschiedlich stark ausgeprägt, hielt sich unterschiedlich lange und ist deshalb schon unterschiedlich stark bearbeitet. Doch gesellschaftlich gesehen kommen wir von diesem Zusammenhang zwischen Gemeinschaft und der Forderung nach Unterordnung. Wenn von Gemeinde als Familie gesprochen wird, weckt das deshalb manchmal Gefühle von Vereinnahmung und lässt an unwidersprochene Autoritäten denken. Das gilt umso mehr, wenn eine dominierende Familie die Gemeinde leitet und von »Gemeinde als Familie« spricht. Ist dann die eigentliche Familie mit ihren Machtstrukturen gemeint, zu der alle anderen dazukommen und in die sie sich einfügen sollen? Oder ist Gemeinde eine eigene Familie? In vielen christlichen Gemeinden gibt es so eine dominierende Familie und damit verbundene Herausforderungen für alle Beteiligten. Als Mitglied einer solchen Familie würde ich im Rückblick den direkten Zugang zu einem Leitungsmitglied in meiner Teenie- und Jugendzeit als Privileg reflektieren, das andere nicht hatten. Damit verbunden ist insbesondere eine andere Form von Aushandlung und Diskussion: in kleinen Portionen und über lange Zeiträume nebenbei statt in extra dafür vorgesehenen Zeiträumen und großen Gruppen. Nicht, dass wir bewusst über dieses Privileg nachgedacht und es genutzt hätten. Es ergab sich einfach so im gemeinsamen Leben als Familie und dem Austausch über das, was uns beschäftigte. Kommunikation im Sinn von Informationsflüssen, Gate-Keeping und Einflussnahme sind deshalb wichtige und heiße Themen in Gemeinden mit dominanten Familien. Familiäre Strukturen tun Gemeinden in dieser Hinsicht nicht immer oder nicht nur gut. Sie sind für Gemeinden aber auch nicht nur oder immer schlecht. Oft tragen dominante Familien einen großen Teil zu den

Angeboten einer Gemeinde bei. Die kurzen Wege für Absprachen ermöglichen große Flexibilität. Durch eine bewusste Reflexion, was »Gemeinde als Familie« bedeutet, könnten diese besonderen familiären Strukturen in Gemeinden sichtbar gemacht und besprechbar werden.

Und dabei geht es nicht nur um knappe Ressourcen, sondern vor allem um eine dynamische Gestaltung des Miteinanders und die Moderation von Aushandlungsprozessen. Nicht die Versorgung von Einzelnen bzw. Teilgruppen in der Gemeinschaft steht dann im Zentrum von Gemeinde, nicht das Durchsetzen der eigenen Bedürfnisse, sondern das Bedürfnis nach Teilhabe. Es geht dann darum, ein wertvoller Teil der gesamten Gemeinschaft zu sein, der selbst etwas beiträgt und nicht nur nimmt. Denn die Frage nach dem Platz der einzelnen Person in der Gemeinschaft ist keine rein egoistische. Für uns selbst ist uns das klar, bei anderen vermuten wir das allerdings. Und die Bitte, sich in eine Gemeinschaft zu integrieren, wäre aus unserem eigenen Mund sachlich-neutral gemeint, während wir sie aus dem Mund anderer als fast schon unverschämte und rücksichtslose Forderung empfinden.

Doch in jeder Gruppe und Gemeinschaft geht es um das Verhältnis der Einzelnen zum großen Ganzen. Wir haben dazu ideale Vorstellungen im Kopf – auch zu Gemeinde. **Male einmal auf, wie eine Gemeinde sein sollte.** Vielleicht fragst du dich, wie man das aufmalen kann. Die Fragen, auf die du eine Antwort aufmalst (oder aufschreibst), ist: **Wie funktioniert das eigentlich mit Einzelnen und der ganzen Gruppe, wenn es gut läuft? Was passiert dabei? Wer macht was (nicht)?** Male oder schreibe deine Gedanken dazu auf. Darum geht es. Das ist deine »richtige« Antwort.

Vielleicht hast du beim Malen auf eins der Bilder zurückgegriffen, die in der Bibel für Gemeinde verwendet werden: den Leib Christi (1Kor 12,27), die Braut (Eph 5), den Tempel (1Petr 2,5) oder auch das Haus, das Gott baut (1Kor 3).[10] Vielleicht hast du aber auch ein Bild von Familie gemalt. Für mich persönlich hat das Bild von Gemeinde als Familie eine große Anziehungskraft. Dass ich aus biografischen Gründen dazu einen engen Bezug habe, ist durch meine Schlüsselzusammenhänge schon deutlich geworden. Aber das hat sich dadurch gefestigt, dass es sich durch die ganze Bibel zieht. Die Bibel ist voll von Geschichten über Familie(n) und die Analogie von Gottes Volk und seiner Gemeinde mit Familie ist allgegenwärtig. Gottes Geschichte mit den Menschen beginnt mit Familie (1Mo 2). Er wählt eine Familie aus als Grundlage für sein Volk (1Mo 17). Nachfolgerinnen und Nachfolger Jesu dürfen sich Kinder Gottes nennen und werden als Hausgenossen Gottes bezeichnet (Eph 2,19). Gleichzeitig ist es wahr: Paulus hat dieses Bild nicht so explizit entfaltet wie das von Gemeinde als Körper. Vielleicht war Familie für die frühen Christinnen und Christen so selbstverständlich ein Bild für Gemeinde als Volk Gottes und für die Gemeinschaft untereinander, dass das nicht notwendig war. Anders könnte es mit dem Bild von Gemeinde als Körper gewesen sein: Paulus musste erst betonen, dass es in der Einheit eine große Vielfalt geben kann. Wir stehen nun an einer anderen Stelle in der Geschichte der Menschheit und müssen uns mit den Folgen von Individualisierung auseinandersetzen. Familie ist heute etwas anderes als damals und sie steht viel stärker im Zentrum dieser Aushandlung von einzelner Persönlichkeit und Gemeinschaft. Unterschiedliche Bedürfnisse und Vorstellungen sind eine Tatsache, die uns sehr präsent ist und mit der wir täglich kämpfen. Gerade angesichts der Frage, wie in der Vielfalt Gemeinschaft gelingen kann, suchen wir nach Antworten. Das Bild von Familie ist aus meiner Sicht ein lohnenswerter Ansatzpunkt – wenn wir die Geschichten, die wir uns über Familie erzählen, überdenken. Das sollten wir ohnehin tun, um den Menschen in unserer Umgebung und ihren Familienrealitäten gerecht zu begegnen, nicht zuletzt in unseren Angeboten für Familien. Doch auch für das Gemeindeleben selbst und die Gemeindearbeit scheint mir das notwendig. Denn die Analogie von Gemeinde und Familie wird auch immer wieder abgelehnt wegen der weitverbreiteten schlechten Erfahrungen mit der eigenen Familie. Während das im ersten Moment einleuchtend klingt, halte ich es auf den zweiten Blick für problematisch. Die Leibfeindlichkeit unserer Gesellschaft – oder das zumindest schwierige Verhältnis zu menschlichen Körpern (man denke nur an Sexualisierung, Fitness- und Gesundheitswahn, Fatshaming und Essstörungen) – hält uns ja auch nicht davon ab, die Gemeinde als den Leib Christi zu bezeichnen. Es ist sinnvoller, das Wissen um schlechte Erfahrungen in Familie oder auch mit dem Körper in unser bildhaftes Reden von Gemeinde einfließen zu lassen, statt es aus Angst auszuklammern.

Doch wie sähe eine Gemeinde aus, die Familien in den Mittelpunkt stellt? Wir beschäftigen uns in diesem Buch mit der Frage, aber vielleicht hast du ja auch schon eigene Gedanken dazu oder dir fällt spontan etwas ein. Dann hast du hier Gelegenheit, das einmal festzuhalten.

Aus deiner Rolle als Familienmitglied heraus stell dir vor, du müsstest nur sagen, was du dir wünschst, und es würde Wirklichkeit: Was wäre für dich anders in Gemeinde, wenn sie von Familie her gedacht wird?

Das Bedürfnis nach Gemeinschaft und Teilhabe

Ich glaube, dass unsere Bilder davon, wie Gemeinde sein sollte, oft relativ statisch sind. Für die Dynamiken zwischen Individualität und Gemeinschaft darin fehlen passende Analogien. Doch wir brauchen so ein dynamisches Bild, um die Gemeinschaft von verschiedenen Einzelnen auf konstruktive Art gestalten zu können. Vielleicht hilft uns das Bild der Tischgemeinschaft, das der Soziologe Aladin El-Mafaalani für die Teilhabe an Gesellschaft und die Entscheidungen über Veränderungen malt[11]. Wir können dieses Bild sowohl auf Gemeinde als auch auf Familie beziehen. Es geht um die folgenden Fragen:

- Wer sitzt mit am Tisch und wer nicht, wer setzt sich dazu, wer geht weg (man denke z. B. an den Kindertisch oder an die Unterscheidung von Mitgliedern und Besucherinnen/Besuchern in Gemeinden)?
- Wer beteiligt sich wann und wie viel am Tischgespräch und wer nicht (man denke z. B. an durch Hörschwierigkeiten beeinträchtigte Personen oder an die Rollen- und Bühnenorientierung in Gemeinden)?
- Wer entscheidet wann mit wem über die Verteilung des Essens bzw. der Ressourcen (man denke an das vehemente »Ich nehme mir selbst!« von Kindern und an die Zusammensetzung von Leitungsgremien)?

- Wer entscheidet wie über die Diskussionskultur, also ob Entscheidungen stillschweigend hingenommen werden sollen (man denke an Harmoniebestrebungen) oder ob Protest willkommen ist (man denke an Selbstbestimmung als Wert in der Erziehung, an das Verurteilen der »Lauten«, die wie Kleinkinder mit Schreien auf sich aufmerksam machen)?
- Und wer entscheidet darüber hinaus wann mit wem über die Auswahl des Essens und die Esskultur (man denke an die Macht derjenigen, die einkaufen und kochen und in Gemeinde an Menschen, die einfach Fakten schaffen)?

Das Hilfreiche an diesem Bild ist: In einer Tischgemeinschaft ist immer Bewegung. Sie verändert sich über die Zeit. Das gilt zum einen für die Zusammensetzung. Wenn wir uns das ganz praktisch für Familie vorstellen, dann sterben alte Familienmitglieder und andere kommen neu dazu – durch Geburt, durch einen Umzug, durch eine Partnerschaft. Sie suchen nach ihrem Platz am Tisch, nach ihrem Mitspracherecht. Auf Gemeinde bezogen: Da setzen sich plötzlich die Studenten mit an den Tisch, die bisher in der Gemeinde eher Gaststatus hatten. Manche, die mit am Tisch gesessen haben, sterben, ziehen weg, trennen sich. Langjährige Mitglieder kommen nicht mehr. Ihr Stuhl bleibt eine Weile frei und spricht für sie, bis jemand kommt, der sie und ihre Bedeutung für die Gemeinschaft gar nicht mehr kennt. So wird aus einer Familie und einer Gemeinde über die Zeit eine andere – automatisch, aber nicht einfach. Die Veränderung und Dynamik ergeben sich aber auch durch so etwas wie Gewohnheiten und typische Muster in den Antworten auf die eben gestellten Fragen und deren Unterbrechung. Denn wer sich sicher zugehörig fühlt, wird sich einmischen, mitreden und sich beteiligen. Auf diese Weise führt gelungene Integration von verschiedenen Menschen notwendigerweise zu Konflikten.[12] Dabei hat man nicht im Sinn, die Gemeinschaft und das Miteinander zu zerstören, sondern will ein echter, gleichberechtigter Teil der Gemeinschaft sein. Und viele gehen davon aus, dass was für einen selbst gilt, auch für andere gelten soll: Alle dürfen sich einbringen! Doch was, wenn das nicht alle so sehen? Darin liegt aus meiner Perspektive der aktuelle, eigentliche Konflikt von Familien und Gemeinden und letztlich auch der ganzen Gesellschaft: in der Frage nach den Formen für Gemeinschaft und wie sie gefunden werden.

Wo bzw. wodurch erlebst du aus deiner Sicht Gemeinschaft in Gemeinden in Gefahr?

Konflikte, Schmerzen, Trennungen

Ähnlich wie in Familien Trennungen, Scheidungen, Abgrenzungen von erwachsenen Familienmitgliedern stattfinden, ziehen sich auch in Gemeinden Menschen enttäuscht und verletzt zurück. Vielleicht erfüllt Gemeinde nicht die Erwartungen, die man an sie stellt. Man fühlt sich alleingelassen, eigene Ideen werden nicht aufgegriffen, die Gemeinde ist nicht so »nächstenlieb«, wie sie sein sollte. Aufbrüche zum Beispiel in der Familienarbeit bleiben unsichtbar und unvollständig, wenn sie nicht zur Teilnahme am Gottesdienst führen. Die eigene Auseinandersetzung mit verschiedenen Themen lässt einen kritisch auf die Lehre in der Gemeinde schauen, manche Predigt, Moderation oder sonstige Äußerung von Verantwortlichen wird als unsensibel oder verurteilend empfunden, Stereotype über Ehe und zu Kindererziehung wirken befremdlich. Das sind nicht zwingend Dinge, die Menschen dazu bringen zu gehen, aber sie beschäftigen vor allem Familien, und zwar spätestens dann, wenn die Kinder Fragen dazu stellen. Gemeinden teilen sich, weil Leitungsmitglieder sich nicht einig werden über zentrale theologische Fragen. Ehemalige Mitglieder gründen neue Gemeinden, weil eine Entfremdung stattgefunden hat. Natürlich zum Glück nicht nur deshalb, aber auch deshalb. Das Besondere an unserer gegenwärtigen Zeit ist, dass es ein großes Ausmaß an Unabhängigkeit gibt. Dadurch ist es möglich, sich von einer Gruppe oder aus einer Beziehung zu trennen, ohne dass dies so existenziell bedrohlich ist, wie das über lange Zeiträume der Geschichte die Regel war. Das gilt allerdings nicht uneingeschränkt. Auch heute gibt es noch vielfach diese existenziellen Abhängigkeiten, gerade in Familien. Sie sind aber oft gut versteckt, denn Unabhängigkeit ist paradoxerweise der Wert, der Zugehörigkeit zur modernen individualistischen Gesellschaft verspricht.

Dieser Wert macht es möglich zu sagen: **»Ist doch okay, wenn sie gehen. Es gibt so viele Gemeinden. Da kann jede und jeder in die gehen, die am besten zu ihm passt.«**

Aber ist es wirklich so einfach? Jein, würde ich, ein wenig zögerlich, letztendlich ganz diplomatisch sagen. Ja, denn es stimmt: In der pluralisierten Welt gibt es Raum für viele Gemeinden mit unterschiedlichen Werten und Formen. Das ermöglicht, Menschen mit der größtmöglichen Schnittmenge zu finden und mit ihnen in Gemeinde Gemeinschaft zu leben. Vielleicht etwas konfliktfreier in mancher Hinsicht. Aber sicher nicht in jeder. Und dann stellt sich wieder die Frage: Habe ich hier Platz?

Die Bedeutung zufälliger und zweckfreier Begegnungen für Beziehungen ist nicht zu unterschätzen.

Und nein. Es ist nicht so einfach zu gehen. In Familien und Gemeinden bestehen zum Beispiel zwischenmenschliche Verbindungen, die wertvoll für einen Menschen sind und die in gewisser Weise Identität geben. Die lässt man nicht so einfach hinter sich.

Aber die pflegt man auch nicht so einfach über die Distanz. Davon können getrennt erziehende Elternteile beziehungsweise ihre Kinder ein Lied singen. Die Bedeutung zufälliger und zweckfreier Begegnungen für Beziehungen ist nicht zu unterschätzen. Außerdem ist mit der Zugehörigkeit zu einer Gemeinschaft manchmal ein Stück der eigenen Identität verbunden. Das wird für Ehen immer wieder betont, gilt aber auch für Gemeinden. Durch das Mitreden neuer Mitglieder verlieren vielleicht andere, die sich ebenfalls zugehörig fühlen und es gewohnt sind, die Entscheidungen treffen zu dürfen, einen Teil dessen, was für sie ihre Identität in der Gemeinschaft und vielleicht sogar die Gemeinschaft als Ganzes ausmacht. Gemeinsam um ein neues, verändertes und angepasstes Wir zu ringen, droht dann zu einem zerstörerischen Konflikt zu werden. Auch in Familien spielt das eine Rolle, wenn zum Beispiel der Partner oder die Partnerin eine starke Veränderung durchmacht oder die Lebenssituation sich ändert. Das ist gerade beim Eintritt in die Elternschaft ein wesentlicher Faktor. Weil eben nicht nur Formen und Alltagsfragen auf dem Spiel stehen, sondern in ihnen Identität verhandelt wird, steht die Zugehörigkeit infrage: Wer entscheidet, wie das Familien- und Gemeindeleben läuft, wer fühlt sich ausgegrenzt, lächerlich gemacht, missachtet oder ohne Rücksicht auf eigene Werte zur Akzeptanz aufgefordert?

So geht es in Gemeinden oft weniger um organisatorische Fragen als vielmehr um zwischenmenschliche Dynamiken, wie sie uns für das Familienleben vertraut sind: Sachfragen vermischen sich mit dem Geschlechter- und Generationenkonflikt, Idealvorstellungen vom Leben als Gemeinschaft kollidieren mit längst vergangenen Erfahrungen und zwischenmenschliche Konflikte werden mit theologischen Mahnungen und Meinungen zu moralischen Schlachtfeldern. Dass klarer, individueller und selbstbewusster Werte und Vorstellungen benannt und manchmal auch Grenzen gezogen werden, bietet eine Chance dafür, miteinander eine neue Konflikt- und Fehlerkultur zu entwickeln, weil die Unterschiede grundsätzlich besprochen und bearbeitet werden können.

Doch manchmal zerspringt an ihnen auch die Gemeinschaft. Übrig bleibt dann Irritation über tausend Fragen bei den Einzelnen oder vielleicht auch bei kleinen Gruppen von Beteiligten: »Darf ich nicht so sein, wie ich bin? Kann ich nur ein Teil dieser Gemeinschaft sein, wenn ich mich anpasse und ändere, wenn ich meine Wertvorstellungen und meine Sehnsucht nach einer bestimmten Art, Gemeinschaft zu leben, zurückstelle bzw. sogar verleugne? Das kann doch nicht die Idee von Gemeinschaft sein? Bin ich hier falsch? Und was bedeutet das dann? Wo gehöre ich denn hin? Bin vielleicht ich das Problem?«

Dahinter liegt Schmerz um den Verlust der Zugehörigkeit. Schmerz über den Vorwurf, dass der eigene Platz anderen Platz nimmt. Schmerz darüber, dass Gemeinschaft nicht gelungen ist und man sich selbst und den anderen nicht gerecht geworden ist. Es sind Schmerzen, die nicht nur die direkt Beteiligten bewegen, sondern alle Gemeinde- und Familienmitglieder betreffen.

Ich kenne es aus eigener Erfahrung und höre immer wieder davon: Menschen verlassen ihre Gemeinde wegen Konflikten, wegen unüberbrückbarer persönlicher und theologischer Differenzen und oft genug wegen einer Mischung davon. Das ist nichts Neues. Wer in die Kirchengeschichte oder in die Geschichten zu Familienleben schaut, entdeckt im Lauf der Jahrhunderte überall Brüche und Spaltungen. Die schmerzhaften Erfahrungen in Bezug auf Familie und auf Gemeinde werden nicht nur oder nicht unbedingt mehr, auch wenn das manchmal so wirkt. Sie kommen aber in der individualistischen und selbstbewussten Gesellschaft stärker an die Oberfläche, sie werden offener von Einzelnen kommuniziert und mit ihnen wird anders umgegangen. Das ist gut so! In der Kirchengeschichte und auch heute sind aus den Brüchen immer wieder auch neue Gemeindeformen und Gemeinschaften entstanden, die ihre ganz eigene Prägung von Glauben entwickelt haben. Heute wird das manchmal als Ausdruck von einer Vielfalt an Glaubensformen gefeiert und ich finde das eine wertschätzende Sichtweise. Für Familienformen gibt es das so nicht. Allerdings sind die verschiedenen Gemeinden in der Regel nicht aus der Motivation der Vielfalt entstanden, sondern als Reaktion und Antwortgeschichte auf schlechte Erfahrungen in bisherigen Gemeinschaften, seien sie theologisch oder zwischenmenschlich begründet. Sie tragen daher immer auch eigene Narben mit sich und manche Besonderheiten vor sich her als Abgrenzung. Darin sind sich christliche Gemeinden und manchmal die vielfältigen Familienformen in unserer Gesellschaft sehr ähnlich. In der Vergangenheit wurde die große Anzahl der Denominationen ähnlich wie das Thema Scheidung als Versagen gegenüber Jesu Gebot zu Einheit beklagt. Wo bleiben Vergebung und Versöhnungsbereitschaft? Wo Treue und Unterordnung? So ähnlich wird oder wurde auch über Familien gesprochen, in denen Trennungen und neue Familiengründungen passieren. Die Vorwürfe machen es nicht besser. Denn sie übersehen etwas Zentrales: die Scham, dass Gemeinschaft nicht gelungen ist, und die Beschämungen, die im Konflikt passiert sind.

Selbstverständlich kann man über die Konflikte und Herausforderungen auch mit ganz anderen Worten und Konzepten sprechen und mir ist bewusst: Es gibt für diese Fragen sehr verschiedene Ausgangspunkte in unterschiedlichen Gemeinde- und Familienkonstellationen. Das neue Verständnis für Gemeinschaft, von dem ich in diesem Buch erzähle, basiert aber auf dem Respekt für die zwischenmenschlichen Dynamiken in Gemeinschaften. Und Konflikte innerhalb von Gemeinschaften sind verbunden mit dem Schmerz aus *dem* sozialen Affekt schlechthin: Scham. Sie ist für die Regulation all dessen zuständig, was menschliche Gemeinschaft ausmacht und uns in diesem Buch immer wieder begegnen wird: Nähe und Distanz, Privatsphäre und Öffentlichkeit, Zugehörigkeit und Ausgrenzung, Anpassung und Integrität. Sie tut richtig weh, und zwar dann, wenn einer oder mehrere dieser Bereiche verletzt werden – bei uns selbst und auch bei anderen, seien wir selbst betroffen oder Zeugen der Beschämung anderer. Die Frage, ob ein Mensch so, wie er ist, einen Platz in dieser Gemeinschaft hat, wird in vier Dimensionen beantwortet, in denen Würde oder Scham erlebt wird:[13]

- Anerkennung oder Missachtung (Werde ich gesehen und geliebt?)
- Zugehörigkeit oder Schande (Bin ich richtig?)
- Schutz oder Bloßstellung (Ist es sicher, mich zu zeigen?)
- Integrität oder Selbstverleugnung (Haben meine Werte Raum?)

Bei manchen rumoren diese Fragen deutlich, aber werden unterdrückt; bei anderen werden sie offen ausgehandelt oder ausgetragen und bei wieder anderen sind sie noch gar nicht sichtbar oder werden totgeschwiegen. Sie werden aber an Relevanz gewinnen. Denn die gesellschaftlichen Veränderungen konfrontieren früher oder später mit diesen Fragen nach dem Verhältnis von Einzelnen und der Gemeinschaft, nicht nur in der Familie und in der Gemeinde, sondern in der gesamten Gesellschaft. Die Schmerzen über Trennungen sind sehr real. Trennungen in Familien und Gemeinden können unterschiedlich aussehen: Scheinbar ein Trend ist es, mit einem lauten Konflikt und Knall zu gehen und eine laute Kündigung mit dem Versuch zu verbinden, sich noch mal zu erklären bzw. dem anderen eine Chance zum Prüfen zu hinterlassen.[14] Laute Trennungen sind oft sehr schmerzhaft und verpönt, sie hinterlassen offene Wunden und werden als Beschämung empfunden – selbst, wenn das nicht unbedingt die Absicht war. Doch auch ein leiser Rückzug schmerzt. Die Wunden aus stillen Trennungen sind nicht weniger tief, nur weil sie weniger offensichtlich sind. Manchmal sind sie vielleicht auch schwieriger, weil sie schlechter zu besprechen sind. Die Nachwirkungen der Entscheidung zur Trennung in Familien und Gemeinden sind durchaus ähnlich. Der Verlust kann noch lange schmerzen, selbst dann, wenn es die eigene Entscheidung war, eine Gemeinde zu verlassen bzw. sich zu trennen. Die Dauer des Schmerzes und die Nachhaltigkeit dieser Ent-

Der Verlust kann noch lange schmerzen, selbst dann, wenn es die eigene Entscheidung war, eine Gemeinde zu verlassen bzw. sich zu trennen.

scheidung für die eigene Identität können sehr ähnlich sein. Die Folgen davon betreffen nie nur die direkt Beteiligten, sondern immer auch ihr Umfeld, die Zeugen des Konflikts geworden sind und für sich selbst vielleicht daran zu knabbern haben, dass sie nichts daran ändern konnten, bzw. die selbst auch von veränderten Beziehungen betroffen sind. An unserem Umgang mit Trennungen zeigt sich deshalb die Belastbarkeit unserer Erzählungen über Familien und Gemeinden: Finden wir einen Platz als Teil des großen Ganzen, das Zeit und Raum überspannt, oder sagen wir uns vollständig los von allem, was gemeinsam war?

Die größte Herausforderung besteht darin, vom eigenen Schmerz zu erzählen und von den Konflikten, aus denen er entstanden ist, ohne die Schuld dafür bei anderen zu suchen und »die Gemeinde« oder »die Familie« in ein schlechtes Licht zu rücken. Wie bei einer Scheidung macht es das nämlich schwer, noch auf gute Weise mit den »Geschwistern« umzugehen, ihnen weiterhin zu begegnen und die Menschen, mit denen man gemeinsam Beziehungen pflegt, nicht in einen Loyalitätskonflikt zu stürzen. Wenn das passiert, ist das oft das Ergebnis eigener Schamabwehr, also der Versuch, die großen Schmerzen der Scham durch andere Gefühle zu ersetzen. Das geschieht zum Beispiel durch Verächtlichmachen der anderen. Gerade in Krisen, wenn die Verletzlichkeit sehr groß ist, ist deshalb das weite Öffnen eines Raumes, in dem die Beteiligten gesehen und wahrgenommen werden, von besonderer Bedeutung. Denn Scham ist »nicht irgendein Gefühl [...], sondern ein ganz existenzielles, das lebens- und menschheitsgeschichtlich an den Anfang, an den Kern des Daseins rührt«[15].

Freiheit oder Unverbundenheit?

Heute begegnet mir gerade in den jüngeren Generationen oft eine sehr »gleich-gültige« Haltung zu Gemeindezugehörigkeit und Denominationen:

Ist doch egal, was man im Einzelnen glaubt und was die Geschichte einer bestimmten Gemeinschaft ist. Solange ich mich hier wohlfühle und einen Platz haben kann – und alle anderen auch! –, ist alles fein. Die gemeinsame Geschichte einer Denomination verliert an Verbindungskraft, die Gegenwart ist stärker. Das lässt sich so auch für Familien beobachten. Wenn die Gegenwart bedeutsamer wird, müssen Beziehungen jetzt stimmen. Entwicklungen haben keine Zeit mehr. Entscheidungen werden jetzt getroffen. »Gemeindehopping« mag ein Hobby oder auch neugieriges Interesse an Vielfalt sein, das Besuchen verschiedenster Gemeinden kann aber auch ein Ausdruck von tiefen Verletzungen sein und von der verzweifelten Suche nach einem Platz, an dem man jetzt, hier und heute dazugehören kann. So, wie man ist, ohne sich zu verbiegen oder hinter Masken zu verstecken. Gleiches gilt für das Wechseln von intimen Beziehungen. Die Tatsache, dass es immer mehr und immer spezifischere Formen von Gemeinde gibt, kann man sowohl als Ausdruck von Vielfalt und Individualität deuten als auch als das Ergebnis von immer weniger Gemeinschaftsfähigkeit. Und das hat möglicherweise damit zu tun, dass Gemeinschaft zu häufig als vereinnahmend und begrenzend empfunden und erlebt wurde statt als freisetzend und befähigend.

Deshalb: Nein, es ist nicht so einfach zu gehen. Doch gerade in Bezug auf Ehen und Partnerschaften wird dies von vielen unterstellt und so gelebt. Wenn Familien, die zu einer Gemeinde gehören, Trennungen erleben, stellt sich die Frage, wie damit umgegangen wird: mit einzelnen Familienmitgliedern, mit denen, die als verwundend oder verwundet wahrgenommen werden, mit Vorwürfen und Einseitigkeiten. In der theologischen Haltung gibt es meiner Einschätzung nach eine Veränderung der Priorisierung von Familie als Ganzes zur Unterstützung Einzelner. Das hinterlässt Spuren auch in Bezug auf Gemeinde und das Leben von Gemeinschaft und den Umgang mit Konflikten in Gemeinde. So wird einerseits davon gesprochen, dass es angesichts der Vielfalt an Gemeinden legitim ist, sich von einer Gemeinde zu »trennen« und eine andere zu wählen, andererseits spielen Schmerz und

Fragen nach Zugehörigkeit bzw. Anpassungsbereitschaft eine wesentliche Rolle. Anpassungsbereitschaft betrifft nicht nur die Einzelnen und ihre Unterordnung unter Gemeindegepflogenheiten und -stile, sondern auch die Anpassungsbereitschaft von Gemeinden an die Menschen, die gerade da sind. Diese Fragen werden theologisch gerahmt mit den Forderungen nach Einheit, Einmütigkeit und Vergebungsbereitschaft, manchmal wohl zulasten der Einzelnen und deren Schmerz. Sie können jedoch kaum verhandelt werden, weil die Unmöglichkeit einer wirklichen »Einschätzung« oder Einordnung diese Konflikte ins Private verlagert, als Einzelmeinung und eigene Sichtweise. Es fehlen Fähigkeiten und Gelegenheiten zur Moderation von Konflikten, erst recht ohne »Schiedsspruch«. Das sind keine trivialen Fragen, sondern komplexe und dynamische Geschehen. Zugehörigkeit ist eine sensible Angelegenheit. Sie hat mit eigenen Entscheidungen und Verhaltensweisen zu tun und mit den Antworten und Reaktionen, die man von anderen bekommt. Und damit ist sie mehr Prozess als Status.

Von Familien lernen

Wir können nicht hinter den historisch gesehen jungen Prozess der Individualisierung zurück, der die altbekannten Antworten zu Gemeinschaft auf eine harte Probe stellt. Mit jeder neuen Generation werden sie noch mehr zur Zerreißprobe als mit der vorherigen. Familien sind davon sehr direkt betroffen. Sie geraten in Konflikte, die mit widersprüchlichen Idealen und Normen für ein gutes (christliches) Familienleben zu tun haben: Einerseits sollen sie Individualität achten und fördern, andererseits harmonische und glückliche Gemeinschaft sein. Für ihren Umgang mit diesem Anspruch ernten sie oft Verurteilung, weil sie scheinbar zu sehr die Individualität betonen. Eltern fühlen sich mit den Herausforderungen in diesem Spannungsfeld alleingelassen und wollen gleichzeitig ihre Individualität wahren. Gemeinden ergeht es aber genauso: Ideale zum Verhältnis von Einzelnen und der Gemeinschaft verändern sich und das sorgt für Spannungen bis Spaltungen. Alte Antworten tragen nicht mehr, auch wenn ihre Weisheit teilweise noch bejaht wird. Manche alten Antworten werden auch als »unzeitgemäß« abgelehnt, ohne dass neue Antworten in Sicht wären. Die Fragen nach dem Verhältnis von Einzelnen bzw. Teilgruppen und dem großen Ganzen betreffen auch den Platz von Familien in der Gemeinde: Wie habe ich / haben wir als Familie hier Platz? Dürfen wir Teil dieser Gemeinschaft sein, wie wir sind – oder nur, wenn wir uns anpassen bzw. unsere Grenzen übergehen? Kann das hier unser gemeinsames (geistliches, zweites oder Ersatz-)Zuhause sein?

Mich bewegt der große Wunsch, dass wirklich alle Platz haben in Gemeinde. Das gilt für die, die ganz neu dazukommen, aber auch für die, die in Gemeinschaften aufwachsen und ihren Platz suchen, während sie sich entwickeln. Ob in Familien oder in Gemeinden: Damit alle Platz haben, können wir Hindernisse aus dem Weg räumen und Raum schaffen. Das bedeutet in Gemeinden auch, uns mit den Menschen, die jetzt da und Teil der Gemeinde sind, weiterzuentwickeln. So wie das in Familien passiert, deren Strukturen sich ändern, während die Kinder älter werden, wenn durch Beziehungen neue Familienmitglieder dazukommen, wenn Privatleben und Öffentlichkeit in unterschiedlichem Maß ineinandergreifen. Diese Ähnlichkeit ist der Hauptgrund, weshalb ich Gemeinde als Familie bezeichne und davon spreche, dass wir anders über Gemeinde sprechen müssen. Ich reihe mich damit ein in den Chor der Stimmen, die sagen:

»Familie ist größer!«[16] »Wir brauchen eine gastfreundliche Kultur statt zielgruppenorientierter Gottesdienste!«[17] »Wir müssen anfangen, aufzuhören!«[18] »Gemeindemitglieder kann man nicht in »aktiv« und »passiv« unterscheiden!«[19]

Und wenn wir genau hinschauen, entdecken wir: **Echte Gemeinschaft zu leben, wird in unserer Gesellschaft wieder bedeutsamer.** Das ist herausfordernd – aber gar nicht mal so sehr, weil wir so individualistisch sein wollen. Eigentlich ist es umgekehrt: Die Herausforderung an Gemeinschaft ist, dass wir nicht sicher sind, ob sie mit Individualisten überhaupt möglich ist – und wenn ja, wie. Das liegt daran, dass die gesellschaftlich vermittelten Idealbilder von Familie eher Individualität als Gemeinschaft betonen. Zumindest ist das mein Eindruck.

Überlege für dich: **Wie sieht aus deiner Perspektive das gesellschaftlich vermittelte Idealbild von Familie aus?**

Verwendete Literatur:

Wie das Meer

Über Familie zu schreiben, ist, als wollte man über das Meer schreiben. Je tiefer ich eintauche, umso bunter wird es, umso vielfältiger, umso mehr entdecke ich dunkle Abgründe und umso mehr muss ich die genauen Gegebenheiten beschreiben, um zu erklären, warum hier etwas so und dort drüben ganz anders ist. Strömungen, Temperaturen, landschaftliche Gegebenheiten und Einflüsse durch Menschen bestimmen, was sich entwickelt und was nicht. Familie macht für unser Leben so viel aus wie das Meer für das Klima.

Familie ist von außen betrachtet so wunderschön wie ein Palmenstrand und so bedrohlich wie ein Tsunami, so einladend wie der Indische Ozean auf Sansibar und so abweisend wie das Wasser der Antarktis.

Familien erleben Nähe und Distanz wie das Meer Ebbe und Flut, sie sind unausstehlich und herzallerliebst wie das Meer salzig und süß.

Familie und Familienleben folgen Regeln, die wir so sehr erfassen, wie wir Ahnung vom Meer haben – nämlich fast keine. Und doch sind sie beide überlebenswichtig, selbstverständlich, übermächtige Naturgewalt und Sehnsuchtsort, können Orte des Grauens und des Ausruhens sein, immer da und doch nicht verfügbar.

Und wie das Meer von unserer Gier nach »mehr/meer« verschmutzt ist, durch kleinste Teilchen Mikroplastik, nicht wahrzunehmen und doch zerstörerisch für so viele Lebewesen, so bedroht der Wunsch nach Optimierung in Familien auf unsichtbare Weise unser Lieben und verändert das digitale Leuchten unsere Lebenswelten.

Steht es um die Familie wie um das Meer? Und steht es gut oder schlecht?

Fürs Meer kann ich es nicht sagen
– für die Familie will ich es wagen,
von Hoffnung zu sprechen.
So wie das Meer für uns heute stärker für Urlaub
als für Verderben steht, steht auch Familie für uns stärker für
Hoffnung auf Liebe als für Abhängigkeit und Verpflichtung.
Familie ist DIE Hoffnung auf Zukunft
wie das Meer DIE Hoffnung auf Erholung.
Und wir geben sie nicht auf –
weder Familie noch das Meer,
weder Hoffnung auf Zukunft
noch Hoffnung auf Erholung.

Wir werden innovativ,
sammeln Müll im Meer
und verbreiten Ermutigung in Familien.
Es ist egal, wie es steht,
wenn es um Hoffnung geht,
packen wir ein, packen wir aus,
tauchen wir ein, tauchen wir auf,
stehen wir ein, stehen wir auf,
fahren ans Meer, spielen gemeinsam im Sand,
bauen 'ne Burg und 'nen Turm,
staunen über Muschel und Wattwurm,
stellen uns gegen den Wind und vor jedes Kind,
beobachten den Horizont und die Wellen mit Respekt
und lachen,
weil in Familie wie im Meer
so viel Eigensinn und Weite steckt.

Kapitel 3

Was an Vater, Mutter, Kind ungewöhnlich ist

Kernfamilie: ein Relikt aus der Vergangenheit?

Zugegeben – die Überschrift des Kapitels ist ein bisschen reißerisch. Vielleicht hast du sie im Inhaltsverzeichnis gelesen und dich in der Reflexion zum Familienideal im vorigen Kapitel schon gar nicht mehr getraut, ein Bild von Familie als Vater, Mutter und Kind zu malen. Ich hoffe, dass du es mit ein bisschen Trotz doch gemacht hast, wenn es deiner Meinung entspricht. Ich habe es jedenfalls gemacht:

Denn: Wenn wir ehrlich in die Welt schauen, begegnet uns das hier zugespitzte Idealbild an vielen Stellen so oder so ähnlich: Vater, Mutter und zwei Kinder in ihrem Häuschen, gut geschützt vor der bösen Welt da draußen. Oft gehen wir davon aus, dass dieses Idealbild »politisch nicht korrekt« ist, aber das hindert unseren Kopf, den vieler anderer Menschen und die Suchmaschinen im Internet nicht daran, es uns vor Augen zu malen. Bei der Bildersuche mit dem Stichwort »Familie« lande ich bei Fotos oder Zeichnungen mit Vater, Mutter und Kind(ern). Manchmal auch mit Oma und Opa. In meinen Suchergebnissen habe ich vor allem weiße Familien gesehen und frage mich, ob durch die Algorithmen in anderen Regionen der Welt andere Bilder angezeigt werden und wie diese dann aussehen. Was in den Suchergebnissen im Vergleich zu meiner Zeichnung fehlt, sind das Haus und der Wirbelsturm. Sie sind aber für die Geschichte, die ich über das alte Verständnis von und das neue Verständnis für Gemeinschaft erzählen möchte, sehr wichtig, auch wenn sie nur implizit in unserem Familienbild enthalten sind. Sicht- und spürbar werden sie und andere Zusammenhänge mit dem Ideal in diesen vielen Sprüchen über Familie, die als Tafeln und Schilder in Haushalten oder in erstaunlich ähnlichen Aussagen von verschiedenen Milieus über Familie entdeckt werden können: Da ist von »Geborgenheit« die Rede und von »gemeinsam lachen«, von »man selbst sein können« (offensichtlich in Abgrenzung zur Welt da draußen, wo das nicht geht) und von Interesse aneinander, von Bezahlung mit Umarmungen und Küssen und so weiter. Selbst in den Familienkonstellationen, die diesem Ideal nicht entsprechen, orientiert man sich an diesem Ideal und den mit ihm verbundenen Vorstellungen.[20] Vielleicht gehören diese, weitere oder ähnliche Dinge auch zu dem, was du zum Familienideal aufgemalt oder aufgeschrieben hast. Sie sind wichtig für unsere gesellschaftliche Erzählung über Familie, in der die Struktur »Vater, Mutter, Kind(er)« nur eine Formel für ein ganzes Geflecht an Idealvorstellungen über das Leben, Beziehungen und den Platz von Menschen darin ist. Was wie eine strukturelle und formale Beschreibung wirkt, ist eigentlich eine nie vollkommen realisierte, aber bis heute und noch in die Zukunft nachhaltig wirksame Idealgeschichte, die bei den Formen und dem Zustandekommen von Familie beginnt. Ich bin davon überzeugt, dass alles, was wir über Familie denken und sagen, eine Reaktion oder Antwort auf dieses ganz tief verinnerlichte und in die Strukturen unserer Gesellschaft eingebettete Bild ist: Vater, Mutter, Kind(er) ist das Ideal von Familie, an dem sich alle messen. Wir lehnen es ab, verändern es ein wenig oder stimmen ihm zu und erzählen von diesem Ideal aus Geschichten über »intakte« oder »zerrüttete« Familien, über »gute Mütter« und »Rabeneltern« und so weiter. Denn mit »Vater,

Vater, Mutter, Kind(er) ist das Ideal von Familie, an dem sich alle messen.

Mutter, Kind(er)« ist viel mehr verbunden als der natürliche Zusammenhang, dass Männer und Frauen gemeinsam Kinder zeugen. Viele, vielleicht sogar die meisten, Christinnen und Christen sind gerade deswegen davon überzeugt, es wäre DAS Bild DER »christlichen Familie«. Problematisch ist nur: Das ist es nicht, obwohl die Geschichte dieses Familienbildes durchaus christlich beginnt.

Gar nicht mal so christlich

Was wir (und Kinder, die Familie spielen wollen) als »Vater, Mutter, Kind« abkürzen, ist in dieser Form und mit all seinen feinen und längst unsichtbaren Implikationen im Verlauf des 19. Jahrhunderts entstanden, und das auch noch in einer speziellen gesellschaftlichen Schicht in Deutschland: im Bürgertum.[21] Es ist in seiner Entstehung zwar vom Pietismus beeinflusst[22], wurde aber nicht in erster Linie mit der Bibel begründet. Ganz aufklärerisch leitete man von der Natur von Männern und Frauen bzw. vor allem ihrem Körperbau natürliche Geschlechtscharaktere ab.[23] Das ist für die meisten Christinnen und Christen eine eher ungewöhnliche Begründung. Aber weil die Natur von Gott geschaffen ist, erscheint »Vater, Mutter, Kind« dann doch nicht nur biologisch natürlich, sondern auch natürlich gottgegeben.[24] Dennoch ist die Vehemenz, mit der insbesondere christlich geprägte Menschen daran festhalten, dass diese strukturelle Beschreibung einer »richtigen« Familienform ein biblisch fundiertes Bild der »christlichen Familie« sei, ziemlich ungewöhnlich. Denn in der Bibel finden wir keine Darstellung einer idealen Familie und erst recht nicht in dieser Form.

Familienrealitäten in der Bibel

Dabei geht es in der Bibel die ganze Zeit um Familie. Von den vielen Geschichten, die ich kenne, fallen mir aber kaum welche ein, die dem

Idealbild aus Vater, Mutter, Kind entsprechen würden. Zacharias und Elisabeth, die beiden Alten mit ihrem Kind Johannes, noch am ehesten. Mit dem erst spät erfüllten Kinderwunsch würden sie gut in die heutige Gesellschaft passen – aber wer weiß, ob sie nicht durch Reproduktionsmedizin schon lange vorher Eltern geworden wären? Nicht einmal Maria und Josef waren wirklich (also leiblich-biologisch natürlich) Vater und Mutter von Jesus. Und da wir von Josef später nur noch wenig hören, war Maria vermutlich irgendwann alleinerziehend. War sie Witwe oder war Josef nur ein desinteressierter, abwesender Vater? Wahrscheinlich nicht, denn sonst hätte er nicht mit Maria zusammen 3 Tage nach Jesus gesucht, als der 12 Jahre alt war!

Abraham, Jakob und David hatten mehrere Frauen. Rahel starb bei Benjamins Geburt – wer war denn eigentlich dann seine und Josefs Mutter? Rahels Sklavin Bilha, die Mutter der Halbgeschwister Dan und Naftali? War diese Frau für die beiden Stiefmutter oder »Bonusmutter«? Auch der Prophet Samuel hatte ältere Halbgeschwister. Er und Mose wuchsen in Pflege- bzw. Adoptivfamilien auf. Als »Mutter in Israel« wird Deborah bezeichnet – eine Richterin, von der manche annehmen, dass sie kinderlos war. Ester wächst bei ihrem Onkel Mordechai auf. Die Witwe in Sarepta, bei der Jeremia Unterschlupf fand, war offensichtlich allein mit ihrem Sohn. Was mögen wohl die Leute gedacht haben, als Jeremia bei ihr mit im Haus wohnte? Und natürlich finden wir in der Bibel auch Witwen und lesen von Frauen und Männern, die nach dem Tod ihres Ehepartners bzw. ihrer Ehepartnerin wieder heirateten und verheiratet wurden, und wir werden mit der Diskussion über Scheidung konfrontiert. Es gab sie also. Und das sind nur die strukturellen Familienkonstellationen. Rahab und Gomer, die Sexarbeiterinnen und Mütter von Kindern mit respektablen Männern, sind ebenso Teil der biblischen Familienrealitäten wie Tamar, die ihren Schwiegervater zu Sex verführt, um sich Gehör zu verschaffen! Eigentlich unerhört ist seine Reaktion darauf: »Sie ist im Recht!« (1Mo 38,26). Das sind Familienrealitäten, über die ich das Gerede in christlichen Gemeinden gar nicht hören möchte. Und es gibt noch so viele mehr!

Reflexion: Welche biblischen Familiengeschichten fallen dir noch ein?

Jetzt könnte man zu den von mir genannten Geschichten einwenden: »Das sind doch vor allem Geschichten aus dem Alten Testament. Da geht es doch nicht um die ›christliche Familie‹!« Das wäre ein kleines Eigentor, wenn man punktuell die alttestamentlichen Gesetze und Ordnungen doch für christliche Familien zurate ziehen möchte, aber sonst ist es eine richtige Anmerkung. Allerdings gibt es auch im Neuen Testament keine »christliche« Familie, sondern zunächst mal jüdische, römische und griechische Menschen und ihre Familien, in denen der Glaube an Jesus eine Auswirkung hat. Wie ist aus diesen so realistischen biblischen Familiengeschichten eine Idealgeschichte aus »Vater, Mutter, Kind« geworden? Woher kommen unsere Überzeugungen darüber, was die Bibel zu Familie sagt?

Natur, Kultur oder Bibel?

Oft wird dann auf die sogenannten »Haustafeln« in Epheser 5-6 und Kolosser 3 verwiesen. Doch auch sie können nicht als Beschreibung eines christlichen Familienideals aus Vater, Mutter und Kind(ern) dienen. Es sind teils sehr konkrete, teils eher grobe Anweisungen für die Gestaltung gerechter Beziehungen – aber nicht nur für »Familie«, wie wir sie heute verstehen.

Der Begriff »Haus« beschreibt die »Einheit von Gebäude, Besitz und sozialem Raum«[25], Paulus meint also entsprechend der jüdischen Tradition in diesen Versen den Haushalt.[26] Der umfasste nicht nur die heute sogenannte »Kernfamilie«, sondern weitere Personen darüber hinaus. Dieses Verständnis vom Haus war noch in Luthers Zeit üblich und erklärt auch, warum die genannten Texte als »Haustafeln« und nicht beispielsweise als »Familienordnung« bezeichnet wurden und werden. Gleichzeitig haben sie in der Ausbildung des Familienideals eine wesentliche Rolle gespielt, weil sie in der sogenannten Hausväterliteratur als Grundlage für die Rolle des Mannes und Vaters genommen wurden.[27] Aus den biblischen »Haustafeln« ist die Aufforderung an Frauen, sich ihren Männern unterzuordnen, der bekannteste und heute in manchen frommen Kreisen weiterhin am stärksten betonte Aspekt. Dass Väter (!) aufgefordert werden, ihre Kinder nicht zum Zorn zu reizen (Eph 6,4), wird demgegenüber eher selten thematisiert. Auch das wäre eine Form der »Unterordnung«, um die es in den beiden Textabschnitten meinem Verständnis nach eigentlich geht und die eine Verwirklichung der Verheißung im letzten Vers des Alten Testaments ist: »Er wird die Herzen der Väter ihren Kindern und die Herzen der Kinder ihren Vätern zuwenden« (Mal 3,24). Um dieses wechselseitige Prinzip geht es auch in der Aufforderung der Frauen zur Unterordnung. Allerdings fordert Paulus Frauen in einem Text auf der Grundlage von gegenseitiger Unterordnung zur Unterordnung auf (Eph 5,21) und im anderen Text auf der Grundlage von völliger Gleichheit vor Gott (Kol 3,11). Er rahmt damit die Stellung der Frau im damaligen Gesellschaftsbild vollkommen neu. Der Mann hatte damals deutlich umfangreicher als heute de facto und de jure, also in rechtlicher, sozialer, finanzieller und jeder anderen Hinsicht die Herrschaft über alle Hausbewohnerinnen und Hausbewohner. Die Aufforderung zu Unterordnung wäre nicht nötig gewesen, sie hätte auch einfach durchgesetzt werden können. Aber die christliche Frau entschied selbst, wie sie damit umging! Paulus spricht damit Frauen die Würde und das

Recht zu, sich unterzuordnen, statt es als selbstverständlich vorauszusetzen und einzufordern. Er unterscheidet zwischen einer Herzenshaltung, die aus der Liebe entsteht, und einer formalen hierarchischen Stellung. Genauso ist aus dem Kontext heraus meiner Ansicht nach auch die Aufforderung zu Unterordnung in 1. Petrus 3 zu verstehen: als freiwillige Handlung. Das ist wirklich bemerkenswert!

Im bürgerlichen Familienideal »Vater, Mutter, Kind« wird die Unterordnung dagegen anders begründet: Dem Mann wird auf der Basis der »natürlichen Ungleichheit« von Männern und Frauen, die eine »natürliche Überlegenheit« des Mannes bedeutete, die Herrschaft zugesprochen.[28] Das ist eine völlig andere Perspektive als im biblischen Kontext. Gerade die Naturalisierung der sozialen Ordnung, also die Behauptung, sie sei durch die Natur vorgegeben, ist besonders gefährlich. Sie gibt eine Ursprünglichkeit vor, die im Laufe der Geschichte häufig zur Unterdrückung von Menschen missbraucht wurde: zum Beispiel auch beim mit der Natur begründeten Rassismus. In den »Haustafeln« richtet sich Paulus demgegenüber auch an Sklavinnen und Sklaven, die häufig anderer Herkunft waren als ihre Herren und aufgrund ihres »Barbarentums« als minderwertig angesehen wurden, und fordert auch sie auf, sich unterzuordnen. Das ist nicht nur ein Hinweis darauf, dass vor Gott alle Menschen gleich viel wert sind und dass die Sklavinnen und Sklaven ebenso in ihren Entscheidungen vor Gott frei sind, es zeigt auch, dass es damals nicht um »Familie« im heutigen Verständnis ging. Wir zählen Sklavinnen und Sklaven heute nicht in dieser Rolle zur Familie,[29] wie das früher üblich war. Die »Haustafeln« drehen sich also nicht um ein wie auch immer geartetes Familienideal und erst recht nicht um das bürgerliche Familienideal von »Vater, Mutter, Kind«, sondern um das Einnehmen einer Haltung der gegenseitigen (!) Unterordnung in verschiedenen Beziehungen mit dem Ziel eines guten Miteinanders.

Sicher: Der christliche Einfluss im 18. und 19. Jahrhundert auf die Entstehung des bürgerlichen Familienideals mit Lehren zu Ehe und Familie, Geschlechtscharakter und zu Erziehung ist nicht zu verleugnen.[30] Er beruht aber zu einem großen Teil auch auf dem seinerseits schon idealisierten »evangelischen Pfarrhaus« und damit einer bestimmten kulturellen Auffassung von Familie und bürgerlich familiärem Leben.[31] Als Prototyp für das evangelische Pfarrhaus gilt ironischerweise die Ehe zwischen Martin Luther und der resoluten Katharina von Bora, die Luther »mein Herr Käthe« nannte,[32] was so gar nicht nach Unterordnung ihrerseits und ihrer Hausgemeinschaft mit den Studenten klingt. Von »Familie« im Sinn der Kernfamilie des Bürgertums kann hier keine Rede sein, geht es doch um das Zusammenleben von Lehrer und Studenten – genauso wenig wie vom Pfarrhaus, »war Luther doch weder Pfarrer noch bewohnte er ein Pfarrhaus«.[33] Doch das ist ja der Kern von Idealisierungen: Sie greifen einzelne Aspekte auf, überhöhen sie und werden zum Bewertungsmaßstab. So auch das bürgerliche Familienideal.

Reflexion: Welche weiteren Kennzeichen für das christliche Familienbild fallen dir ein und welche biblische Begründung kennst du dazu?

Verurteilung statt Lebenshilfe

Die ganz unterschiedlichen Familienformen, die in der Bibel beschrieben werden, haben keine eigenen Namen und werden auch nicht an irgendeinem Maßstab bewertet und beurteilt. Dass Jakob zwei Ehefrauen hatte und zudem mit zwei Mägden Kinder, wird an keiner Stelle explizit negativ kommentiert. Im Gegenteil: Alle Kinder werden gleichwertig zu Stämmen Israels

(4Mo 1).[34] Dass Konflikte zwischen ihnen bestehen, wird als Geschichte erzählt und beschrieben, aber nicht moralisch eingeordnet. Interessanterweise gehen wir als Christinnen und Christen seltener darauf ein, dass hier zwei Sklavinnen als Leihmütter missbraucht wurden. Bei Hagar führt das in der Auslegung oft zu einer klaren Verurteilung von Abrahams Handeln. Allerdings geht es dabei selten um Hagar selbst und was das für sie bedeutet hat, sondern eher um Abrahams Ungehorsam, der vor allem geistlich gedeutet wird und dessen direkte zwischenmenschliche Konsequenzen außer Acht gelassen werden. Nur die Konflikte zwischen den verschiedenen semitischen Stämmen werden im großen Rahmen gerne damit in Verbindung gebracht und mit sorgenvollem Blick über die weitreichenden Folgen von Sünde gesprochen. Doch hindert Abrahams Ungehorsam Gott nicht daran, sich Hagar und ihrem Sohn zuzuwenden und auch Ismael als Sohn Abrahams einen großen Segen zu verheißen (vgl. 1Mo 21,13.18).

In moralischer Hinsicht sind diese biblischen Erzählungen von Geschehnissen uneindeutig. Damit fehlt Christinnen und Christen, die sich auf das reformatorische Bekenntnis »allein die Schrift« berufen, eigentlich auch eine Grundlage, Familienformen in irgendeiner Hinsicht zu bewerten. Trotzdem werden die vielfältigen Familienformen, die es in unserer Gesellschaft gibt, vor allem in evangelikalen Kreisen oft nicht nur als ungewöhnlich, sondern auch als aus christlicher Perspektive »falsch« bewertet. Familien, die nicht der Struktur »Vater, Mutter, Kind(er)« entsprechen, werden verurteilt und ausgeschlossen. Dafür muss man gar nicht immer etwas gegen sie sagen. Es reicht aus, die verschiedenen Familienformen nicht mitzudenken und mitzunennen, ihre Bedürfnisse oder ihre Herausforderungen im Alltag nicht zu berücksichtigen oder davon auszugehen, dass »nur mit intakten, geistlich reifen Familien« das Evangelium in der Welt verkündet werden kann.[35] Die Bewertung von Familien geht aber weit über die Familienformen selbst hinaus und bezieht sich auch auf die in der Formel »Vater, Mutter, Kind« hinterlegten Rollenerwartungen an Männer, Frauen und Kinder. Viele Formulierungen in Predigten, Moderationen und auf Flyern transportieren Selbstverständlichkeiten zu Familie, die längst keine mehr sind und die gar nicht so christlich sind, wie sie vorgeben. Sie wirken auf sensibilisierte Eltern wie grobe Ignoranz gegenüber der Lebenswirklichkeit vieler Familien. Dazu trägt auch bei, dass viele Formulierungen einen Zusammenhang zwischen dem Niedergang der Gesellschaft und dem ungenügenden Familienleben nahelegen. Im 18./19. Jahrhundert schon wurden »Unheil und Krisen in der Gesellschaft […] auf die schlechte Leitung in den Familien zurückgeführt«.[36] Sosehr gesellschaftliche Veränderungen mit dem Familienleben verbunden sind, so wenig sind sie ausschließlich negativ. Viele Eltern prüfen sehr genau, ob ein Angebot sensibel auf verschiedene Lebenswirklichkeiten eingeht oder pauschal Familie mit »Vater, Mutter, Kind« gleichsetzt. Auch Menschen aus dem Umfeld vieler Gemeinden legen zunehmend Wert darauf, dass Formulierungen niemanden ausschließen. Das liegt daran, dass wir die klassische Kernfamilie als inzwischen untypisch in der Gesellschaft wahrnehmen. Vielleicht spiegelt sich das auch in deiner Zeichnung vom gesellschaftlichen Familienideal wider.

Ich weiß nicht, welches Gefühl für dich beim Malen vorherrschend war, aber vermutlich warst du nicht positiv-freudig gestimmt, sondern eher sorgenvoll angesichts der vielfältigen Familienformen. Vielleicht sieht ja deine Zeichnung von Familie(n) heute ähnlich aus wie meine:

Hier ist im Ansatz die Komplexität von Familienformen zu sehen, die wir in der Gesellschaft wahrnehmen und wegen der wir das Gefühl haben, »die Familie« wäre vom Niedergang bedroht: Konflikte zwischen Männern und Frauen, Streit und Gewalt statt Liebe, an Kommunikation arbeiten als riesiges Thema, Patchwork-Konstellationen, Einelternfamilien, Pflege- und Adoptionsverhältnisse und Gewalt in Familien sind nur einige der Aspekte, die uns zu Familienleben heute einfallen. Auch die Pluralität von Sichtweisen auf Familie habe ich mit den drei verschiedenen Personen versucht darzustellen, die verschiedene Dinge betonen: vom Ideal über die Herausforderungen in Beziehungen bis hin zu strukturellen Realitäten. Am stärksten in unserer Gesellschaft vertreten scheinen die ungewöhnlichen Familienkonstellationen.

Stabiler als gedacht

Sicher kennst du auch diese Nebensätze in Predigten oder Gesprächen, in denen von »kaputten Familien« die Rede ist und davon, dass »Leute heute sich so schnell scheiden lassen«. Sie werden in einer Form geäußert, als sei der »Niedergang der christlichen Familie« ein allseits bekannter Fakt. Als Christinnen und Christen bereitet uns das Sorge.

Bevor ich auf den nächsten Seiten genauere Zahlen nenne, kannst du ja mal ein paar statistische Daten einschätzen.

Wenn du die Zahlen später in Gesprächen nutzen möchtest, kannst du dir die Übersicht hier in Farbe herunterladen und ausdrucken. Einige der Zahlen findest du auf den nächsten Seiten, andere kannst du im Downloadbereich zum Buch (unter dem Artikel auf www.scm-shop.de / Reiter »Extras« oder auf der Internetseite zum Buch www.familienlebenund gemeindearbeit.de) abrufen.

FAMILIENFORMEN | EIN PAAR ZAHLEN

Quellen: 10. Familienbericht vom 16.01.2025 und Familienbericht 2024, jeweils vom BMFSFJ

Familienformen im Mikrozensus erfasst, d.h. ausgehend vom Haushalt 2022, BMFSFJ 2024. S. 36 und 74

% aller Kinder
gegengeschlechtlich
gleichgeschlechtlich

% aller Kinder
gegengeschlechtlich
gleichgeschlechtlich

Mütter
Väter
BMFSFJ2025, S. 87
% aller Kinder

Mio.
Kinder

etwa
%
Stieffamilien
BMFSFJ 2025, S. 102

Bis das jüngste Kind 18 Jahre alt ist, sind
% der Ehen geschieden.
in Ostdeutschland: %
BMFSFJ 2025, S. 105

Deutschland 2022

Anzahl Scheidungen

Anteil der Ehescheidungen, bei denen **minderjährige Kinder betroffen** sind: %

Das waren 2022 ____________ Kinder.
Die Zahl sinkt seit 2003 kontinuierlich.
BMFSFJ 2024, S. 70

Durchschnittliches Alter bei Scheidung
♂
♀
JAHRE
BMFSFJ 2024 S. 70

Durchschnittliche Ehedauer
10 20 30 40
BMFSFJ 2024 S. 70

% der Ehen werden im Schnitt geschieden (Scheidungsrate 2022)
BMFSFJ 2024 S. 70

"Die Zahl der Scheidungen sinkt mit Ausnahme des Jahres 2019 seit 2012 kontinuierlich." BMFSFJ 2024, S. 69

%
der Ehen werden **nach 25 Jahren oder mehr** geschieden
BMFSFJ 2024 S. 70

Hauptgrund für Auflösung von Ehen:
BMFSFJ 2024, S. 69
75% in 2022
____

Ehepaare mit Kindern sind der Normalfall

Wir bräuchten weder das Ideal aus »Vater, Mutter, Kind« so sehr hochhalten noch müssten wir so viel über den Niedergang der Familie lamentieren, denn ein Blick in die Statistik könnte uns eines Besseren über die Realität belehren. Entgegen den großen und vielfach geäußerten Befürchtungen vieler konservativer Kreise nimmt die Bedeutung von Familie nicht ab. Sie bleibt in etwa gleich auf dem zweiten Platz der Dinge, die den Deutschen wichtig sind, bei knapp 80 %.[37] Sogar in der Altersgruppe derjenigen, die sich entwicklungsbedingt von der Familie ablösen sollten, werden diese Werte mit »jeweils sehr deutlich über 90 %« hochgehalten: »Von all ihren Lebenszielen räumen Jugendliche stabilen Beziehungen, Freundschaften und Familie den höchsten Stellenwert ein. Daran hat sich in den letzten 30 Jahren […] nichts geändert.«[38] Aus statistischer Perspektive ist das Zusammenleben von Ehepaaren mit Kindern gar nicht mal so ungewöhnlich, wie wir es vermuten. Wenn wir nämlich von der Scheidungsrate (die seit einigen Jahren sinkt und für 2022 bei 29 % liegt[39]) auf einen »Bedeutungsverlust von Familie« schließen, offenbart das erst einmal nur, dass Familie an der Paarbeziehung festgemacht wird, und dass diese als instabil gilt. Das ist in zweierlei Hinsicht schwierig. Erstens halten Ehen länger, als man oft denkt. 18 % der Scheidungen betrafen Ehen, die 25 Jahre oder länger gehalten hatten, sodass Ehen durchschnittlich nach 15 Jahren und 1 Monat geschieden werden.[40] Das Durchschnittsalter bei der Scheidung liegt bei knapp 45 bzw. 48 Jahren (Frauen bzw. Männer).[41] Der hauptsächliche »Scheidungsgrund« für eine Ehe war der Tod (75 % der aufgelösten Ehen in 2022[42]).

Das alles sagt jedoch noch nicht so viel über Familien aus, denn die Zahlen beziehen sich auf alle geschlossenen Ehen und nicht nur auf die, in denen Kinder betroffen sind. Und die Existenz einer Paarbeziehung ist für die Definition von Familie nicht ausschlaggebend.[43] Es wird also zwischen

Ehe und Familie unterschieden. Die veränderten Paarbeziehungen haben aber selbstverständlich Auswirkungen auf Familienleben und insbesondere auf Kinder. In etwa 51 % der 137.353 Scheidungen im Jahr 2022 waren minderjährige Kinder betroffen, also 115.843 Kinder.[44] Umgekehrt waren auch in etwa 22 % der heterosexuellen Eheschließungen voreheliche Kinder betroffen,[45] sodass auch »die Hälfte der nichtehelich Geborenen bis zu ihrem 10. Lebensjahr dann doch bei verheirateten Eltern« lebt.[46] Aus Kinderperspektive und für den Lebenslauf betrachtet, klingen die Zahlen so: »Bis das erste Kind 18 Jahre alt ist, haben sich etwa 20 Prozent aller Eltern getrennt.«[47] Die Konflikte rund um Ehe und Beziehung verstärken das Ideal »intakter« Familien. Die Ehe ist für viele Eltern die anzustrebende Lebensform mit Kindern, was als »kindorientierte Eheschließung« bezeichnet wird.[48] Sie ist die in den meisten Lebensverläufen realisierte Lebensform.[49] Und Funfact: Sie ist auch gesünder![50]

Die Wahrnehmung vieler Menschen ist eine andere (nicht nur, aber besonders in christlichen Kreisen): Viele glauben, »Vater, Mutter, Kind« wäre in unserer Zeit die eigentlich ungewöhnliche Familienform. Der Blick in die Statistik zeigt, dass das nicht stimmt: In 69 % der Familienhaushalte leben Ehepaare mit Kindern unter 18 Jahren[51] – also meistens Vater, Mutter, Kind(er). In ihnen leben 71,8 % der Kinder.[52] Weitere 12 % der Familienhaushalte mit Kindern unter 18 Jahren sind Lebensgemeinschaften.[53] Das Trennungsrisiko in nicht-ehelichen Partnerschaften ist zwar höher,[54] aber solange die Beziehung besteht, werden diese Haushalte von vielen der Kinder wahrscheinlich auch als »Vater, Mutter, Kind(er)« empfunden und erlebt (sofern es sich nicht um einen der insgesamt 36.000 Haushalte mit gleichgeschlechtlichen verheirateten oder in einer Lebensgemeinschaft zusammenlebenden Elternpaaren handelt).[55] Nur jeder 5. Familienhaushalt mit Kindern unter 18 Jahren wird von Alleinerziehenden geführt.[56] Ist also alles gar nicht so pluralisiert, wie wir immer glauben? Doch.

Vielfältigere Lebenswirklichkeiten

Diese Zahlen geben die Wirklichkeit von Familienbeziehungen nämlich nur ungenügend wieder. Nicht nur, weil sie die Veränderungen innerhalb einer Familie über die Zeit nicht abbilden, also zum Beispiel verschiedene Ehen im Laufe der Zeit jeweils als Ehe erfassen, sondern auch weil die Realität der Familienformen ja tatsächlich vielfältiger ist, als diese statistischen Daten des Mikrozensus erfassen. Strukturell gesehen gibt es eine Vielzahl von Familienformen. Sie beziehen sich auf biologische Abstammung, soziale Zusammengehörigkeit, die Form des Zusammenlebens oder basieren auf rechtlichen Aspekten. Das fängt schon damit an, »dass es mit zunehmender Bedeutung geteilter Betreuung zu Doppelzählungen von Kindern in den amtlichen Daten kommt«, also gegebenenfalls beide getrennt lebenden Elternteile angeben, das Kind lebe bei ihnen.[57] Zu den 69 % Familienhaushalten, in denen Ehepaare mit Kindern leben, gehören auch neu zusammengesetzte Ehen, also Patchworkfamilien (vermutlich etwa 10 %[58]) und sogar Alleinerziehende. Denn Ehe bedeutet nicht zwingend gemeinsame (rechtliche) Elternschaft für alle im Haushalt lebenden Kinder[59] oder gemeinsame Fürsorge für sie.[60] Dass es vielfältige Familienformen gibt, ist an sich nicht ungewöhnlich: Die Bandbreite von Familienformen war schon immer groß.[61] Bis in die Antike lassen sich Fälle von Scheidungen, »Single-Moms«, neu zusammengesetzte Familien und unterschiedlich große Familien zurückverfolgen, wie wir auch beim Blick in die Bibel schon gesehen haben.

So gesehen ist die Gleichsetzung der Formulierung »Vater, Mutter, Kind« mit »Familie« historisch gesehen das eigentlich Ungewöhnliche.

Erst mit der Epoche der Aufklärung und dem Bürgertum wurden emotionale Beziehungen untereinander zum Merkmal von Familie und nach und nach in der Formel »Vater, Mutter, Kind« verankert. So gesehen ist die Gleichsetzung der Formulierung »Vater, Mutter, Kind« mit »Familie« his-

torisch gesehen das eigentlich Ungewöhnliche. Es erklärt aber, weshalb es erst heute die vielfältigen Selbst- und Fremdbezeichnungen für die vielfältigen Familienformen gibt und wieso sie in einer Statistik, die vom Haushalt ausgeht, nicht erfasst werden.[62] Denn unsere neuen, vielfältigen Familienbegriffe beschreiben nicht den Haushalt, sondern verleihen dem Selbstverständnis als Familie und den besonderen Charakteristika der Beziehungen untereinander Ausdruck. Deshalb sprechen wir je nachdem, was wir betonen wollen, von Patchworkfamilien, Ein-, Zwei- und Mehrelternfamilien, Ein-, Zwei- und Mehrkindfamilien, Pflege- und Adoptivfamilien, der erweiterten, der Groß- oder der Herkunftsfamilie, von Co-Parenting, multilokalen Familien oder »living apart together«, Regenbogenfamilien usw.[63] Neben die verwandtschaftlichen Familienbeziehungen und damit verbundenen Rollen, die Cousins, Onkel, Tanten, Nichten, Neffen und Großeltern, treten soziale oder »Bonuseltern« und »Bonusgeschwister«, (neue) Freunde und Freundinnen oder Ehepartner und Ehepartnerinnen der Eltern sowie deren erweiterte Familien und Herkunftsfamilien. Statt vor allem in vertikaler Weise in der Generationenfolge auszudifferenzieren, erweitern Familien sich auch horizontal in derselben Generation. »Vater, Mutter, Kind« wird auch in dieser Hinsicht uneindeutiger und ungewöhnlicher, denn von diesen Rollen kann es in einer Familie weniger – oder

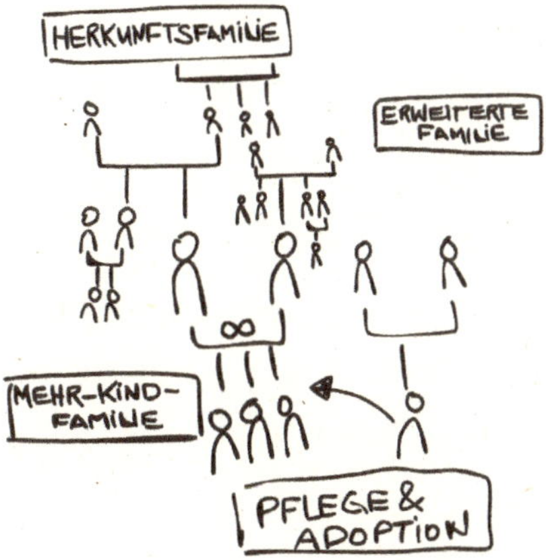

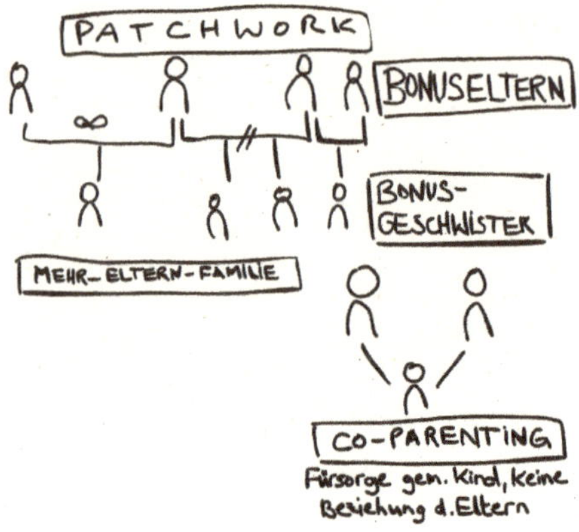

auch mehrere in verschiedenen Konstellationen geben. Wir unterscheiden leibliche Elternteile von sozialen Elternteilen und wir sagen sogar: »Freunde sind die Familie, die man sich ausgesucht hat.« Die Pluralisierung von Familienformen ist vor allem eine Erweiterung der gesellschaftlichen Anerkennung für verschiedene Lebenssituationen, wenn auch umstritten ist, wie weit diese Anerkennung auch rechtlich erfolgen soll. Für manche Konstellationen, wie zum Beispiel im Fall von erwachsenen Menschen, die mit ihren Eltern zusammenleben, die im Mikrozensus ganz selbstverständlich als Familienhaushalt miterfasst werden,[64] braucht es aber weiterhin nicht nur in der strukturellen Beschreibung mehr Worte, sondern meist auch, um das legitime Warum dieser Wohn- und Lebensform zu erklären.

Längst kann man bei Familie also nicht mehr nur von Formen des Zusammenlebens sprechen. Denn der Begriff »Familie« bezieht sich eben nicht mehr auf den Haushalt, eine biologische oder statische messbare strukturelle Beschreibung, sondern: »Familie ist ein Netzwerk besonderer Art, das um verlässliche persönliche Fürsorgebeziehungen zentriert ist.«[65]

Eine idealisierte Struktur

Die Begriffe »Vater, Mutter, Kind« sind demgegenüber mit Emotionen aufgeladene Synonyme für das Bild einer bestimmten Form menschlicher Gemeinschaft und Beziehungen mit hochidealisierten Zuschreibungen und Rollen. Es hat bis heute enorme Auswirkungen und macht das Leben von Familien schwerer als nötig. Um sie im weiteren Verlauf des Buches aufgreifen zu können, beschreibe ich jetzt etwas verkürzt das bürgerliche Familienideal.

Dabei darf man drei Dinge nicht vergessen: Das bürgerliche Familienideal hat sich erstens im Verlauf des 19. Jahrhunderts als eine Reaktion auf herrschende Verhältnisse herausgebildet. Es ist also nicht über Nacht und auch nicht unwidersprochen entstanden. Es wurde nicht in genau dieser Form von einer einzelnen Person oder Personengruppe exakt so ausgedacht. Zweitens war es wohl so nie vollkommen realisiert. Dennoch hat sich »das Leitbild der bürgerlichen Familie […] als gesellschaftliches Ordnungsmodell und normatives Ideal institutionalisiert und [wurde] so zur privilegierten Lebensform erhoben«.[66] Das heißt: Es hat nicht nur persönliche Lebensverläufe beeinflusst, sondern auch zum Beispiel das Rechtssystem und die sozialstaatlichen Strukturen geprägt. So bestimmt es noch heute familiäre Lebenswirklichkeiten und tatsächlich auch unser Denken, Reden, Schreiben und Bewerten von Familienleben.[67] Die Familie aus Vater, Mutter und Kind(ern) wird dabei zu einer Formel für dahinterliegende Werte und Vorstellungen. Sie beziehen sich auf Geschlechtscharaktere, »Sphären«, also Räume für Macht und Verantwortung, Vorstellungen von Entwicklung, Arbeit, Leben und Selbstverwirklichung. Sie sind heute noch wirksam und zwar erstaunlich nachhaltig. Und drittens: Im Selbstverständnis vieler Menschen stellte das bürgerliche Familienbild damals eine soziale Errungenschaft dar, auch wenn uns das heute unglaublich erscheint. Das hat auch mit Mythen zu tun, die wir uns über die Zeit vor der Industrialisierung über das »ganze Haus« erzählen.[68] Für das bessere Verständnis beschreibe ich zuerst einige ausgewählte »Einzelteile« des Familienideals

»Vater, Mutter, Kind« sind emotional aufgeladene Synonyme für ein hochidealisiertes Bild einer bestimmten Form menschlicher Gemeinschaft und Beziehungen.

und dann die Trennlinien, die sich daraus ergeben.[69] Die Herausforderungen von Familienleben heute sind in weiten Teilen Resultate von diesen Trennlinien und den Reaktionen/Antworten darauf.

Der Mann als Vater bzw. Patriarch

Der Mann bildet den Standard eines Menschen. Er steht für Kultur, Rationalität, Höflichkeit, Erziehung und die Öffentlichkeit, aber auch für Aggressivität. Er sorgt für die Familie und ihren Fortbestand: tatkräftig mit anstrengender Arbeit außer Haus, durch Erziehung, Bildung und Disziplin in der Familie. Gute Umgangsformen, Pflichterfüllung, Fleiß und Ehrlichkeit der Familienmitglieder liegen in seiner Verantwortung. Seine Aufgabe ist es, in die Familie hinein die gesellschaftliche Ordnung mit Autorität zu vertreten und zu gewährleisten und nach außen in die Öffentlichkeit durch berufliches Fortkommen und Politik der Familie einen guten Stand zu ermöglichen. Der Haushalt und damit alle, die darin leben, gehören ihm. Durch die Verantwortung für die Erziehung der Kinder und seine Arbeit in der Verwaltung des Staates trägt er zur Besserung von Gesellschaft und Menschheit bei. Das Zuhause ist für ihn der Ort, an dem er sich von den Anstrengungen des repräsentativen außerhäuslichen Arbeitens erholen kann. Er ist darauf angewiesen, dass die Frau dieses Zuhause erholsam gestaltet.

Die Frau als Mutter

Die Frau ist der Natur und dem Ursprünglichen zugeordnet, der Emotionalität, der Privatsphäre und der Geschäftigkeit im Dienst für andere. Sie muss und soll nicht für andere arbeiten, sondern kann sich im Schutzraum des Hauses vollständig ihrem Lebenssinn widmen: der Liebe. So wird sie zunächst zur Hausfrau, später dann zur Mutter. Sie ist auf andere bezogen und versorgt deren körperliche und gesellige Bedürfnisse und sorgt durch Ordnung und Freundlichkeit für deren Wohlbefinden. Im Haus verbreitet sie durch die Raumgestaltung Behaglichkeit und sorgt in den Beziehungen für Frieden und Harmonie. Die Haushaltsführung erledigt sie, wenn der Mann nicht zu Hause ist, sodass sie in seiner Anwesenheit eine angenehme Gesellschafterin sein kann. Mühe lässt sie sich nicht anmerken. Außerdem repräsentiert sie nach außen durch Schönheit, Anstand und Wohltätigkeit den Mann bzw. die Familie. Unterordnung unter den Mann als Ausdruck von Liebe entspricht ihrer Natur und fällt ihr deshalb leicht. Wenn nicht, zeigt das nur, dass sie sich gegen ihr Frau-Sein auflehnt. Soweit es für das Ausfüllen dieser Rollen nötig ist, bildet sie sich durch das Lesen von angemessener Literatur weiter, aber nicht darüber hinaus.

Kindheit als Übergangsphase

Kinder sind Repräsentanten dafür, dass ihre Eltern ihren Lebenssinn erfüllen. Sie sind höflich, sauber, ordentlich und gehorsam und werden nicht gesehen und gehört. Die Zeit zwischen Geburt und Eintreten in die Gesellschaft wird ein Schutzraum für die kindliche Entwicklung, der von der Erwachsenenwelt getrennt ist. Kinderzimmer werden eingerichtet und mit Kinderspielzeug ausgestattet. Statt als kleine Erwachsene überfordert zu werden, gelten Kinder nun als natürlich, unschuldig und unfähig. Sie werden ca. ab dem 4. Lebensjahr durch Erziehung befähigt, sich moralisch und sittlich einwandfrei in der Welt zu verhalten. Ihrem Geschlechtscharakter entsprechend werden sie öffentlich (die Jungen) bzw. privat (die Mädchen) erzogen bzw. gebildet.

Privatsphäre

Familie steht für nahe Beziehungen, die auf der Liebe basieren. »Die Mitte des Hauses bildet die Ehe – und damit auch das Elternamt.«[70] Die Ehe wird aus Liebe geschlossen und gegenüber den Kindern wirkt die Mutter- bzw. Vaterliebe. Diese Liebe drückt sich in hierarchisch geordneter Verantwortungsübernahme aus. Elterliche Verantwortung gewinnt eine neue Qualität. Zuvor wurden Kinder ausgesetzt, als Mündel in die Verwandtschaft oder in Findelhäuser gegeben, wenn Eltern sich aus verschiedenen Gründen zur Versorgung nicht in der Lage sahen. Nun wird Identität über die Kinder und die Verantwortung für sie hergestellt: »Es erfolgte nachgerade eine Sakralisierung der elterlichen Liebe – insbesondere der mütterlichen – bis dahin, dass die Gattenbeziehung selbst vor allem über ihre Erziehungsaufgabe definiert wurde.«[71] Das Haus ist in diesem Verständnis ein »Schutzraum« für Frauen und Kinder und bietet »Entlastung« von der Notwendigkeit der Produktion und der Altersvorsorge im Haus. Beziehungen von der Familie zur Außenwelt folgen klaren Abläufen von Einladungen und Gegeneinladungen. Dafür wird der Salon als abgegrenzter Raum der Öffentlichkeit im Haus genutzt. In der Verfestigung des Ideals vom »Privathaus« im Bürgertum wird Erwerbstätigkeit aus dem Privathaushalt in eigens dafür vorgesehene Häuser ausgelagert. Mit dem Privathaus ist die Vorstellung eines ordentlichen, schönen und gepflegten Zuhauses, das der Erholung von der Anstrengung der Arbeit und dem Schutz seiner Bewohnerinnen und Bewohner dient, verbunden.

Zur Familie gehören Vater, Mutter und Kind(er). Weitere Verwandte leben (auf Zeit) mit im Haus, wenn sie »keine eigene Familie« haben, also z. B. alt, unverheiratet, geschieden oder kinderlose Witwen sind. Leisten kann sich diesen Rückzug ins Private nicht jeder. Eigene Räume sind ein

Ausdruck von Wohlstand und Bildung als den Kennzeichen von Erfolg in der Moderne. »Bildungsbürgertum« ist uns als Begriff davon geblieben. Auch wenn nur ca. 15 % der Bevölkerung um 1847 zum Bürgertum gehörten,[72] prägte das bürgerliche Familienbild als Modell für Erfolg auch die anderen gesellschaftlichen Stände und wurde so zum Leitbild für Familie in Deutschland.

Ich kann mir verschiedene Reaktionen auf das skizzierte Familienbild bzw. seine Einzelteile und die Trennlinien vorstellen. Irgendwo zwischen »Hä, klingt doch voll gut und wie ein sinnvolles Familienbild?!« und »Alter, was hat die geritten?« wirst auch du dich einsortieren mit deinen Gedanken und Gefühlen zu dem gerade Gelesenen.

Nimm dir einen Moment Zeit zu notieren, was dir durch den Kopf geht!

Zunächst noch einmal: In echt war das nie zu 100 % so, wie ich es gerade beschrieben habe.[73] Doch das bürgerliche Familienideal hat ganz praktische und oft unbewusste Auswirkungen auf uns heute. Dieses Familienbild, »Vater, Mutter, Kind«, hat eine Struktur mit bestimmten Verhaltensweisen, Charaktereigenschaften und Hoffnungen verbunden, sie als »natürlich« erklärt und damit zu einem »Eigentlich«. Das Erstaunliche ist, dass diese Überzeugungen trotz der kritischen Auseinandersetzung damit nicht nur noch immer präsent sind, sondern wieder zunehmend vertreten werden. Viele Menschen glauben, »eigentlich«, »ursprünglich« oder »natürlicherweise« müssten Männer, Frauen und Kinder bzw. Familie auf eine bestimmte Art und Weise sein. Vielleicht untermalen Christinnen und Christen »natürlich« noch mit »gottgewollt«. Das macht es nicht nur unglaublich schwer, sich davon wieder zu lösen, sondern erklärt auch, warum wir so sehr daran leiden, dass Familienleben in der Regel anders ist, als es »eigentlich« sein sollte. Direkt und indirekt, in Familie, Gemeinde und Gesellschaft und auf jeden Fall erstaunlich nachhaltig prägt das bürgerliche Familienideal unsere Vorstellungen von Familie, Leben und Arbeiten, privat und öffentlich, Erholung, Selbstverwirklichung, Kindern und Geschlecht. Manche Auswirkungen hast du vielleicht schon beim Lesen entdeckt. Andere werden dir im Verlauf des Buches noch begegnen.

Ein nachhaltiges Erbe

In der Darstellung des Familienbildes werden mehrere kategorisch ausgearbeitete Unterscheidungen deutlich. Und noch einmal: Auch wenn das im ersten Moment verniedlichend klingt, waren sie für die damaligen Verhältnisse tatsächlich ein Fortschritt und soziale Errungenschaften!

Trennlinien

Männer und Frauen werden klarer und entschiedener als zuvor als von Natur aus in ihrem Körperbau und deshalb **ganzen Wesen komplett verschieden** beschrieben und anerkannt. Damit gewinnt die Beschreibung der Frau etwas Eigenständiges (wenn auch trotzdem zunächst unter dem Aspekt »den Mann ergänzend«), statt sie an sich als »unvollständigen Mann« anzusehen. Die Zuschreibung der Geschlechtscharaktere war der Versuch, dass die **Aufteilung der Aufgaben** den natürlichen Anlagen und dem Körperbau entspricht. Die auch vorher schon existierenden körperlichen Unterschiede und sozial

unterschiedlich, aber flexibler verteilten Aufgaben werden darin zementiert. Der eigentliche Clou daran ist: Diese geschlechterbedingte Aufteilung wird als eine **der Natur entsprechende Selbstverwirklichung als Männer und Frauen** gerahmt. In den Begriffen »Vater« und »Mutter« sind zusammen mit den »Geschlechtscharakteren« auch **Zuständigkeiten und Rollen** verbunden und ein spezifisches Verständnis von Arbeit/Erwerbstätigkeit und häuslichem geselligen Leben. Aus der Schicksals- und Versorgungsgemeinschaft des »ganzen Hauses« mit geteilter Verantwortung wurden überschaubare und klar zugeordnete **Wirkungsbereiche** »mit der Zuweisung öffentlicher Funktionen an den ›Berufsmensch‹ Mann und der ›Domestizierung‹ der Frau im privat-familiären Raum«.[74]

Kinder werden nicht mehr ignoriert oder als kleine Erwachsene behandelt, sondern werden zu **Menschen in Entwicklung**, die von Erwachsenen als fertig entwickelten Menschen erzogen werden müssen. Das Ziel dabei: eine **bessere Menschheit herauszubilden!** Die eigenen Räume (zeitlich und örtlich) sollten ihnen Freiraum für Entwicklung geben und die »eigentliche« Welt der Erwachsenen von jeder Störung durch die Entwicklungstatsache bewahren. Kindheit wurde zum »Moratorium«, also **Übergangszeitraum von Unfähigkeit zur Fähigkeit,** als »Mensch« (also als Erwachsener) zu leben. »War bis zum 19. Jahrhundert die Eltern-Kind-Beziehung im Bürgertum durch Gegenseitigkeit von Bedürfnissen und Verpflichtungen gekennzeichnet, so stand nun, dem Selbstverständnis nach, ein selbst- und bedürfnislos wirkendes Elternpaar einem passiv empfangenden Kind gegenüber.«[75]

Einen großen Effekt hat die Trennlinie, die an der Haustür verläuft. Häuser und Wohnungen markieren den **Schutzraum** für »die Familie als genuine Privatsphäre mit emotionalen und intimisierten Beziehungen«[76], also für das **friedvolle gesellige Zusammensein** in der Kernfamilie im Gegensatz zur

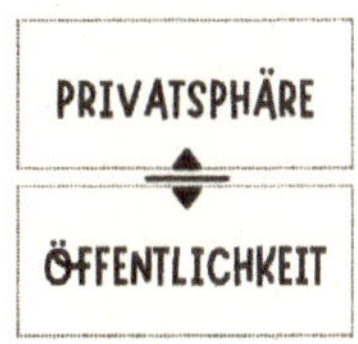

anspruchsvollen öffentlichen Welt »da draußen«. Diese besteht aus anstrengender Arbeit, Politik und Gesellschaft.[77] Vorher waren Häuser halböffentliche Räume, im 19. Jahrhundert wurden an vielen Wohnhäusern Schlösser angebracht.[78]

Die Trennlinien ziehen zu können, gilt als **Errungenschaft des Bürgertums und als Ausdruck seines Standes** im Unterschied zur Arbeiterklasse und niederem Handwerk, die sich diesen Luxus nicht leisten können. Wegen der Notwendigkeit weiter Teile der Bevölkerung, unabhängig vom Geschlecht außer Haus zu arbeiten, erschien die geschlechtsspezifische Arbeitsteilung im Bürgertum sogar als anzustrebender Luxus von Schutzräumen für die Frauen und Kinder vor den Ansprüchen der Welt. **Bildung wurde entsprechend dem zukünftigen Stand** in der Gesellschaft und damit entlang der anderen Trennlinien ermöglicht: Frauen und Mädchen bekamen eine andere Bildung als Jungen und Männer, niedrigere Bevölkerungsschichten eine andere als das Bürgertum oder der Adel. Unser heutiges mehrgliedriges Schulsystem beruht im Kern auf dieser Aufteilung.

Reflektiere die Trennlinien in der Struktur von Familie:

Welche sind für dich besonders gut nachvollziehbar, welche lösen bei dir Widerstand und Erstaunen aus?

Entdeckst du diese oder andere Trennlinien in deinen Familien- und Gemeindebildern?

Welche Themen erkennst du in deiner Familie und Gemeinde in Bezug auf die Ideale aus dem bürgerlichen Familienbild? Worin findest du dich wieder? Z. B. in der Idee, dass das Zuhause der Ort für Erholung ist?

Die Reichweite des bürgerlichen Familienbildes als Erbe für Familienleben wird also nicht bei unserem sonst üblichen Blick auf die Familienformen sichtbar, sondern erst beim Blick auf die Familienleitbilder.

Leitbilder

Ganz kurz zusammengefasst: Leitbilder sind genau das, was man sich darunter vorstellt. Sie sind innere Bilder von einer Sache, die Orientierung für das eigene Handeln und Entscheiden geben. In den Leitbildern zeigt sich also, was als normal und selbstverständlich bzw. als »erstrebenswert, wünschenswert und erreichbar gilt«[79]. Das wird dann sichtbar, wenn man sie »sich vor Augen hält« – und weil das real am besten geht, hast du zu Beginn dein Ideal- oder Leitbild von Familie aufgemalt. Natürlich ist jede Zeichnung unvollständig. Was wir über Familie denken, sind ja nicht nur Strukturen und Zustände wie die Anzahl von Menschen oder das Vorhandensein oder Nichtvorhandensein von Vater und Mutter, auch wenn sie sich wesentlich in Bezug auf die Trennlinien zwischen Geschlechtern, Generationen, Innen und Außen unterscheiden. Auch Abläufe und Prozesse wie die Frage, in welchem Alter man am besten Kinder bekommt und ab wann Kinder in welchem Umfang außerhäuslich betreut werden können, gehören zum Beispiel zu unseren Leitbildern. Deshalb hattest du die Aufgabe, auch eine kleine Idealgeschichte zu Familie zu schreiben. Denn klar: Leitbilder verändern sich über die Zeit – sowohl individuell, z. B. bei der Geburt eines (weiteren) Kindes, als auch gesellschaftlich, z. B. seit dem Bürgertum oder den 50er-Jahren. Dass es einen Zusammenhang zwischen individuellen und kollektiven Leitbildern gibt, also zwischen deinen und denen der Gruppen, zu denen du gehörst, ist genauso nachvollziehbar wie die Tatsache, dass es viele verschiedene Leitbilder gibt. Es ist deshalb ziemlich ungewöhnlich, wenn Menschen Familie als »Vater, Mutter, Kind(er)« beschreiben und denken, damit wäre alles gesagt, was Familie ausmacht. Andererseits ist es eben doch richtig, denn in den Begriffen »Vater«, »Mutter« und »Kind« bündeln sich auch heute noch Vorstellungen aus dem bürgerlichen Familienbild, die den Alltag von Familien beeinflussen. Wie sehr, ist dabei den meisten Menschen nicht klar. Die meisten verbinden das bürgerliche Familienbild vor allem mit den Rollen von Männern und Frauen und dem Protest dagegen. Wie das bürgerliche Kinderbild und die Reaktionen darauf noch heute in

Wir glauben, »eigentlich«, »ursprünglich« oder »natürlicherweise« müssten Männer, Frauen und Kinder bzw. Familie auf eine bestimmte Art und Weise sein.

unseren Vorstellungen zu Kindern präsent sind, wird dagegen selten thematisiert. Vielleicht hast du beim Lesen der Beschreibung auch gedacht, dass dieses Kinderbild heute überhaupt nicht mehr zutrifft. Doch tatsächlich wirkt es weiter: durch die Trennlinien in den Rollen von Müttern und Vätern und im Verhältnis der Generationen untereinander, zwischen innen und außen und den verschiedenen Milieus.

Um die Wirkung dieser Trennlinien geht es in den nächsten Kapiteln. Dabei tun wir so, als würden wir mit Jesus durch das Land ziehen, mit Menschen sprechen und ihnen zuhören, aufmerksam beobachten, was sie in ihrem Alltag beschäftigt und welche Geschichten sie dazu erzählen. Wie es auf Reisen üblich ist, besteht dabei das Risiko, manches nicht zu verstehen oder sehr merkwürdig zu finden. Manches ist überwältigend. Von außen betrachtet, sieht man die Wirkung, die Geschichten haben, und sieht, wie man sie anders erzählen könnte. Wir sind als Christinnen und Christen schnell versucht, wegen der Hoffnung, die in uns ist, »unsere« Geschichten über das Leben als Gegendarstellung zu den Realitäten der Menschen zu erzählen. Wir greifen dabei auf einen großen Schatz an Geschichten über Familie in der Bibel zurück. Wenn wir sie jedoch ehrlich anschauen, begegnet uns in ihnen allerdings weniger Ideal als Realität zu Familienleben, weniger Anspruch als Gnade, weniger Klarheit und Sicherheit als vielmehr Vertrauen und Hoffnung. Auf diese Geschichten für Familie und Gemeinde kommen wir im letzten Kapitel zurück und ich verknüpfe sie mit wild gesponnenen Praxisideen, was man mal ausprobieren könnte, um auch unsere Geschichten zu ändern und die Trennlinien des bürgerlichen Familienbildes auch in unserem Denken zu überwinden. Wenn du sie direkt nach jedem Kapitel schon lesen möchtest, folge dem Hinweis auf die entsprechende Seitenzahl am Ende jedes Kapitels. Für dieses Kapitel zum Beispiel auf Seite 231. Zunächst allerdings schauen und hören wir hin, was Familienleben heute ausmacht und wie das bürgerliche Familienbild darin wirksam wird.

Verwendete Literatur:

Thomas Klie / Jakob Kühn: **Familie und Religion**

Norbert F. Schneider / Sabine Diabaté: **Familienleitbilder**

Sabine Walper / Stefanie Amberg / Alexandra N. Langmeyer: **Familie und Trennung**

Christine Schönberger: **Familie und Gesundheit**

Kai-Olaf Maiwald: **Liebe und Anerkennung in der Familie**

Barbara Friebertshäuser / Ute Sackofsky: **Mutterschaft und Familie**

Tanja Mühling: **Vaterschaft und Familie**

Ulrike Borst: **Familie in Beratung und Therapie**

Regenbogen[80]

Wer über Familie schreibt, ist die ganze Zeit nur mit Abgrenzungen beschäftigt. Man fühlt sich ständig genötigt zu erklären: »Mir ist bewusst, dass auch das genaue Gegenteil gelten kann.« Eigentlich gar nichts zu Familie und Familienleben lässt sich mit Absolutheit sagen. Wer oder was Familie ist, ist so bunt wie die Farben des Regenbogens. Und wer sich den einmal angeschaut hat, entdeckt nie klare Abgrenzungen, sondern weiche Übergänge, auch wenn alle Farben für sich trotzdem erkennbar sind.

> Wir haben vielleicht manchmal vergessen, dass im Regenbogen das Licht bricht, weil Sonnenstrahlen und Regentropfen zusammenkommen.

Und so muss ein Buch über Familie und Familienleben notwendigerweise bunt sein, und auch wenn es einzelne Farben beschreibt, sind sie immer eingebettet in ein ganzes Spektrum an Möglichkeiten. Es ist mit meinen Beschreibungen so wie mit dem Versuch, den Goldtopf am Ende des Regenbogens zu finden: Man kommt nie an. Und doch will ich darüber sprechen und schreiben, will mich den Farben des Regenbogens widmen – dem, was Hoffnung macht und zuversichtlich stimmt, genauso wie dem, was wie Einhörner und Goldtöpfe klingt, nämlich ziemlich unwahrscheinlich. Und doch klingt es so schön, dass Menschen es zu ihrem Lebensinhalt machen. Im Streben danach, eine Regenbogenwelt zu verwirklichen, stoßen wir jedoch schnell an die Grenzen der Machbarkeit und haben vielleicht manchmal vergessen, dass im Regenbogen das Licht bricht, weil Sonnenstrahlen und Regentropfen zusammenkommen. Und so ist auch unser Bild vom gelingenden Familienleben manchmal bunter als die Wirklichkeit, nur von Weitem wunderschön anzusehen und in der

Situation selbst mehr eine Mischung aus Sonne und Regen, aus einzelnen Lichtpunkten vor dunklem Wolkenhintergrund. Es sind die vielen kleinen Wassertropfen, die das Licht brechen und gemeinsam einen Regenbogen bilden. So sind es auch ganz viele individuelle Familienkonstellationen und -situationen, die gemeinsam ein Bild von Familie ergeben. Aus jeder Perspektive bricht sich das Licht anders im Wassertropfen. Und über die Zeit verändert sich auch das.

Genauso lässt sich Familienleben niemals so in Worte fassen, dass jede Familie sich darin vollständig wiederfindet. **Und doch ergibt die Wahrnehmung dessen, was Familienleben ausmacht, aus der Distanz ein Bild – einen Regenbogen, der in unterschiedlichen Farben leuchtet.** Ganz eindeutig fehlen in diesem Regenbogen Schwarz und Weiß und dementsprechend auch Grau. Familie und Familienleben sind vielmehr das Ergebnis von Licht, das sich in Wassertropfen bricht, von echtem Leben, das in realen Situationen in tausend Einzelteile zerspringt.

Familie und Familienleben sind vielmehr das Ergebnis von Licht, das sich in Wassertropfen bricht, von echtem Leben, das in realen Situationen in tausend Einzelteile zerspringt.

Doch mein Anliegen ist nicht, Familienleben in den schillerndsten Farben bunt zu malen, sondern besteht darin, nüchtern von den Belastungen und Herausforderungen von Familienleben heute zu berichten und zu erklären, wieso gerade im aktuellen gesellschaftlichen Gewitter Familie und Familienleben als umso strahlendere Hoffnung aufleuchtet. Verschiedene Beteiligte am Familienleben verfolgen dabei jedoch unterschiedliche Interessen, die zu Widersprüchen führen und Familien vor Zerreißproben stellen – oder im Bild gesprochen: die das Familienleben in verschiedene Farben streuen.

Das sieht vielleicht von Weitem schön aus, bedeutet aber für den Alltag Unterbrechungen, Stress und den Wunsch nach klarerer Abgrenzung.

Kapitel 4

Familie als Priorität

Die Widersprüchlichkeiten der Emanzipation

Mit diesem Kapitel wagen wir uns auf das an manchen Stellen dünne Eis des Themas Geschlecht. Es nervt viele Menschen. Vom bürgerlichen Familienbild herkommend ist das natürliche Geschlecht[81] eins der wesentlichsten Merkmale einer Person. Es erklärt Vorlieben und Eigenschaften anhand des biologischen Geschlechts als natürlich und typisch männlich oder weiblich. Dagegen gibt es schon ebenso lange Proteste, wie es das bürgerliche Familienbild gibt. Manche fragen deshalb heute entnervt, wieso diese Überzeugung immer noch weitverbreitet ist. Und auf der anderen Seite fragen die, die davon eben überzeugt sind, warum der offensichtliche Zusammenhang von Geschlecht und Wesen so massiv bekämpft wird. Manche der Stereotypen sind vielleicht übertrieben, gibt man dann vielleicht zu. Aber die Diskriminierung von Frauen ist doch schon längst überwunden! Alles, was jetzt noch gefordert wird, führt schon zur Unterdrückung der Männer und dazu, sie zu verweichlichen, sagen die einen. Die anderen halten dagegen, dass es ja wohl noch immer zahlreiche Benachteiligungen gibt. Und sie fügen hinzu: Die Auswirkungen des bürgerlichen Familienbildes (dann meist patriarchal genannt) betreffen sowohl Männer als auch Frauen. Allein die Begriffe, mit denen diese Diskussion geführt wird, haben inzwischen Spaltungskraft. Begriffe wie Feminismus, Patriarchat, Gendern, alte weiße Männer oder vielmehr die mit ihnen verbundenen Geschichten und Erlebnisse verhindern oft das offene Hinhören und Miteinander-Reden.[82]

Was nach einem eindeutigen Gegeneinander klingt, ist jedoch in sich und in den Auswirkungen widersprüchlicher, als man denkt. **Und weil Geschlechterstereotype in Familie eine besondere Wirksamkeit bekommen, hat dieses Thema eine große Relevanz im Familienleben – und damit auch in der Gemeinde.** Dieses Kapitel erzählt deshalb den Teil der Geschichte über Familienleben, in dem es um Konflikte und Aushandlungsprozesse zu den Rollen von Männern und Frauen geht, und zwar mit der heiß diskutierten Frage, wie sehr diese durch das Geschlecht bestimmt werden. In Bezug auf die Familie wird diese Frage von den Kindern her beantwortet.

In unseren Geschichten über den Alltag von Familien spielt das Geschlecht unübersehbar eine große Rolle: sei es beispielsweise, wenn wir über die Erwerbstätigkeit von Müttern und Vätern sprechen oder wenn es um Kinder als Jungen oder Mädchen geht. Davon sind sowohl Frauen als auch Männer betroffen, sie erleben die Auswirkungen aber in unterschiedlichem Ausmaß und in unterschiedlicher Form. Das ist insbesondere beim Übergang in die Elternschaft spür- und sichtbar: Sie geht mit einer Retraditionalisierung der Rollen[83] einher. Für Frauen bedeutet sie eine oft überraschend weitreichende Veränderung der eigenen Identität und eine Einschränkung ihrer Freiheiten. Sie wird vor allem dadurch so schmerzhaft, dass das nicht in gleicher Weise für Väter gilt.[84] Deshalb setzen sich vor allem Mütter mehr oder weniger aktiv mit Geschlechterbildern und ihren ganz praktischen Folgen auseinander. Sie suchen nach Wegen, wie sie inmitten der Mutterschaft auch eine eigenständige Person bleiben können – und später, wie sie Familie als Priorität für Mütter mit beruflicher Selbstverwirklichung vereinbaren können. Dass im Gegensatz zu früher die Ansprüche an Elternschaft gestiegen sind, hat dieser Frage eine andere Qualität gegeben. Schon mit dem bürgerlichen Familienbild beginnt Familienleben intensiver zu werden[85] – heute wird von **intensivierter, verantworteter oder reflexiver Elternschaft** gesprochen. Das bürgerliche Familienbild wird dabei zwar oft eigentlich abgelehnt, hat aber dennoch unterschwellig eine nachhaltige Wirkung. Sie vermittelt den Anspruch, eine »gute Mutter« und ein »guter Vater« zu sein. Denn die Verwirklichung dieser Rolle verspricht die Selbstverwirklichung als Mensch.

Männer und Frauen begegnen bei dieser Auseinandersetzung unterschiedlichen Annahmen zum Zusammenhang von Geschlecht, Rollen, Natur und Kultur. Teils sind sie eine Fortsetzung des bürgerlichen Familienbildes, teils Reaktionen der verschiedenen Strömungen von Frauen- und Emanzipationsbewegungen auf dieses Bild. Sie reichen von der Selbstdarstellung als »Tradwife«[86] bis zur Geschlechtsumwandlung, vom Glauben an den natürlichen Mutterinstinkt bis zur Überzeugung, das Reden über Geschlecht wäre ausschließlich darauf ausgerichtet, Frauen zu unterdrücken. Diese unterschiedlichen Positionen haben durch gesellschaftliche und politische Einflüsse für Familien reale Konsequenzen im Alltag. Daher kommen wir bei einem ernsthaften Blick auf Familienleben um dieses Thema nicht herum.

Wir begeben uns dabei wie gesagt auf dünnes Eis. Das Thema Geschlecht ist nämlich sehr eng mit der eigenen Identität verknüpft und kann wie wenig anderes Scham hervorrufen: Werde ich als Mann oder Frau (richtig) gesehen, gelesen und anerkannt oder werde ich aufgrund meines Geschlechts missachtet? Gehöre ich zum Klub der Männer oder der Frauen dazu und wie muss ich dafür sein? Ist mein Mann- oder Frau-Sein geschützt oder wird es in den Schmutz gezogen? Und kann ich meine Integrität als Mann bzw. Frau wahren und zu meinen Werten stehen oder werde ich dazu gebracht, mich zu verbiegen?

Was sind aus deiner Sicht die größten Konfliktpunkte und Herausforderungen durch das Geschlechterthema in Bezug auf Familie?

Dabei wäre es wichtig, dass Männer und Frauen erkennen: *We are together in this!* Die Herausforderungen sind eng miteinander verwoben. Mit etwas

Distanz betrachtet, liegt sogar eine gewisse Ironie in der Debatte. In meiner beraterischen Arbeit nutze ich häufig Humor, um Distanz zu einem Thema zu gewinnen, oder zum Spannungsabbau, wenn es zu schwer oder zu konfliktbeladen wird. Das will ich an dieser Stelle auch wagen.

Ironie der Geschichte

Der Anfang des Konfliktes, der als Geschlechterkampf bezeichnet wird, liegt nämlich ausgerechnet in der Zuschreibung von Liebe und Harmoniebestreben zu Frauen.[87] Weniger lustig daran ist, dass jede Frau, die diese Zuschreibung ablehnt oder sich anders verhält – und sei es nur durch eine laute Stimme – auch gleich eine »Bedrohung des häuslichen Friedens« darstellt.[88] **Damit ist ironischerweise gerade die Position der Frau in der Familie der Knackpunkt des patriarchalen, von väterlicher Macht bestimmten bürgerlichen Familienideals – und auch der heute so starken Bindung von Frauen an Familie.** Auch wenn Mann- und Frau-Sein nicht erst seit dem Bürgertum eine wesentliche Unterscheidung zwischen Menschen ist: Die bürgerliche Erzählung über die natürlichen Geschlechtscharaktere von Männern und Frauen hat diesem Thema einen besonderen Drive gegeben. Der Mann gewann im Bürgertum seine Identität durch die Vaterschaft, die Frau durch die Mutterschaft. Was heute als typisch für Männer und Frauen gilt, was über Mütter und Väter gesagt wird, aber auch wie unterschiedlich Jungen und Mädchen erzogen werden, sind Fortsetzungen dieser Geschichte. Das gilt auch, wenn in unserer pluralen Gesellschaft über Familien aus anderen Kulturen und deren Geschlechterverhältnisse gesprochen wird. Dann wird manchmal

Damit ist ironischerweise gerade die Position der Frau in der Familie der Knackpunkt des patriarchalen, von väterlicher Macht bestimmten bürgerlichen Familienideals – und auch der heute so starken Bindung von Frauen an Familie.

unterstellt, in Deutschland hätte ein gleichberechtigtes Verhältnis von Männern und Frauen lange Tradition. Doch das stimmt nicht. Auch heute noch prallen verschiedene Geschichten und Realitäten zu Männern, Frauen und der Gleichberechtigung aufeinander. Sie haben mit ost- und westdeutschen Erzählungen zu tun, mit religiösen Überzeugungen, aber auch mit unterschiedlichen Erfahrungen in Städten oder auf dem Land.

Egal jedoch, ob Geschlechtscharaktere ausschließlich mit Biologie und Natur begründet werden oder auf Sozialisation zurückgeführt und als Unterdrückung definiert werden: Wir werden mit solchen Einseitigkeiten Männern und Frauen in Familien nicht gerecht. Durch die **Festlegung von Frauen und Männern als zwei völlig verschiedene Wesen** und die **Verbindung der Geschlechtsidentität mit der natürlichen Selbstverwirklichung als Mensch** ist die Ausgestaltung der Rollen als Mütter und Väter nachhaltig zu einem Konfliktfeld geworden. Sie führen zu widersprüchlichen Erwartungen an Männer und Frauen und wie sie das Familienleben gestalten: ihre Partnerschaft, ihre Elternschaft und ihre jeweilige unabhängige Identität zum Beispiel in der beruflichen Tätigkeit und der Freizeitgestaltung.

Die Zwiebel

Das betrifft aber nie nur einen einzelnen Menschen oder ein Paar, sondern hat immer auch Auswirkungen auf andere: die Kinder, Freunde, Nachbarschaften, Gemeinden und letztlich die Gesellschaft. Umgekehrt wird es auch durch diese beeinflusst. Die eigene Bubble, das soziale Milieu und die Gesellschaft stellen analog und digital Anfragen daran, wie Familien das Geschlechterverhältnis sehen und gestalten bzw. transportieren durch Reden und Handeln bestimmte Ideale dazu.

Was sind deine Assoziationen zu Müttern und Vätern? Wie macht man es, mütterlich und väterlich zu sein? Welche Ideale werden dir vermittelt?

Bei der Reflexion dieser Frage nehmen wir eine Zwiebel als Anschauungsbeispiel. An der Oberfläche, der äußeren Schicht, sind Dinge im Alltag von Familien und Gemeinden, bei denen es **sichtbare Unterschiede in der Geschlechterverteilung** gibt. Einige Fragen, die helfen können, sich Beispiele unter vielen bewusst zu machen:

- Wer ist (üblicherweise/häufiger) im Eltern-Kind-Raum (oder heißt er »Mutter-Kind-Raum«?) und wer im Saal während des Gottesdienstes?
- Wer bringt bei Events etwas zu essen mit, wer dekoriert, wer predigt?
- Wer besorgt das Geschenk für den Kindergeburtstag und wer organisiert Verabredungen?
- Wer wickelt, kocht und putzt? Wer füllt im Auto Öl nach, wer hat die Finanzen im Blick? Wer sortiert Kinderkleidung aus?

Denke bei der Reflexion auch an Menschen in deinem Umfeld. Es geht nicht darum, zwangsweise Unterschiede zu finden oder zu »beweisen«, dass es keine gibt, sondern um eine Bestandsaufnahme: Gibt es sichtbare Unterschiede? Worin bestehen sie? Welche fallen dir ein?

Darunter sind **unsichtbare Schichten von Beziehungsgestaltung:** Dabei geht es um die Aufteilung von Verantwortung, Verhandlungs- und Deutungsmacht. Hilfreich sind zum Beispiel diese Fragen:

- Welcher Arbeitsbereich hat welchen Einfluss? Wer ist darin überwiegend aktiv oder Teilnehmer/Teilnehmerin? (Gottesdienst, Kinder, Deko, Jugendliche, Senioren, Bibelstunde, Männerkreis …)
- Wie diskutieren wir und wie werden Entscheidungen getroffen? Welchen Stellenwert haben Emotionen darin? Wer hat wie viel Redeanteil?
- Wer setzt wie Prioritäten, wenn Familie mit anderen Themen in Konkurrenz steht (z. B. bei Abendterminen)? Wer entscheidet sich eher für die Bedürfnisse der anderen, wer eher für die eigenen?
- Wer pflegt welches Netzwerk? Wer hält mit wem Kontakt zu welchen Themen? Wer ist im Eltern-Kind-Raum? Wer ist in den Chatgruppen der Schule/Kita? Wer bekommt welche Information wann von wem?
- Vereinbarkeit von Familie und Beruf – auch in Gemeinden – und ehrenamtliche Mitarbeit: Wer wird warum (nicht) gefragt und eingestellt?

Was fällt dir ein und auf?

Und dann kommen die **innersten Schichten der Rollen und Identität:**

- Was heißt es, Mutter zu sein oder Vater zu sein? Oder auch: es nicht zu sein? Welchen Einfluss hat das auf die Identität als Mann und Frau?

- Wo vermitteln Erwartungen ans Frau-/Mutter-Sein bzw. Mann-/Vater-Sein (gefühlte und medial transportierte), dass man »anders« ist?
- Was heißt es, Frau oder Mann zu sein (in Gemeinde und Familie)?
- Wie vollständig ist eine Frau ohne Mann und ein Mann ohne Frau?

In den äußeren Schichten der Zwiebel haben sich schon viele Dinge verändert und das hat Auswirkungen auf die tieferen Schichten. Doch offenbart das genauere Hinsehen weiterhin Unterschiede zwischen Männern und Frauen. Gerade weil an der Oberfläche so vieles für beide Geschlechter gleich zu sein scheint, verschärfen sich die Unterschiede in den tieferen Schichten. Wir nähern uns der Geschichte über das Verhältnis von Männern und Frauen nun wie einer Zwiebel und schneiden sie auf. Das heißt auch: Wenn du an irgendeiner Stelle weinen musst, kannst du ganz sachlich sagen: Es ist wegen der Zwiebel! Denn wenn wir die Zwiebel aufschneiden, kommt uns gleich der ganze Duft des Themas entgegen.

Patriarchat und Feminismus

Die Geschichte, die über das Verhältnis von Männern und Frauen beziehungsweise über die gesamte Struktur unserer Gesellschaft aktuell erzählt wird, dreht sich um das Patriarchat und die dagegen protestierenden Frauenbewegungen bzw. den Feminismus. Mir ist wichtig, das hier als eine Geschichte zu rahmen, damit wir das Ganze weiterhin mit ein wenig Distanz anschauen und verstehen können. Das Perfide an dieser Geschichte ist nämlich aus meiner Sicht: Sie verstärkt zunehmend die Trennlinien zwischen Männern und Frauen bzw. Müttern und Vätern. Sie ist auch gar nicht so eindeutig. Denn die **Erzählungen, die Unterschiede zwischen den Geschlechtern als natürlich darstellen und davon auf soziale Unterschiede schließen,** sind nicht automatisch als Abwertung von Frauen gemeint. Im Gegenteil, mancher will damit eine besondere Wertschätzung für Frauen und ihre Rolle als Mütter ausdrücken. Ihnen wird sehr bewusst weitreichender Einfluss auf die nächsten Generationen zugesprochen. Die bürgerliche Frauenbewegung um 1900 schlug auch in diese Kerbe und betonte, Frauen seien für einige Tätigkeiten wegen ihrer angeborenen Mütterlichkeit besser geeignet.[89] Dazu gehören insbesondere die erzieherischen und pflegerischen Tätigkeiten, seien sie in der Familie oder im Beruf. Diese Sichtweise trägt auch dann, wenn Männer z. B. als Erzieher gefeiert werden, weil durch sie auch die Jungen in den inzwischen vor allem weiblich geführten Einrichtungen Vorbilder haben und mehr »typisch männliche« Aktivitäten stattfinden können. Dadurch wird mehr oder weniger subtil und beabsichtigt die Grundannahme der als »Patriarchat« bezeichneten Gesellschaftsordnung vertreten, dass Jungen und Mädchen, Männer und Frauen von Grund auf verschieden sind. Sie bevorzugen nicht nur unterschiedliche Aktivitäten, sondern brauchen auch jeweils andere Vorbilder für eine gute Entwicklung. In den sozialen Medien steht im absoluten Extrem für das moderne Patriarchat der Trend der »Tradwives«. Aber auch die Mütter, die aufwendige Butterbrotdosen für ihre Kinder zelebrieren, erzählen eine Version des Patriarchats, in der sie ihren Kindern die besondere mütterliche Fürsorge zukommen lassen.

Auch die Definition von Familie im letzten Kapitel als »Netzwerk besonderer Art, das um verlässliche persönliche Fürsorgebeziehungen zentriert« und emotionsbasiert ist, greift in gewisser Weise diese Erzählung auf. Sie verstärkt sogar noch die Bindung von Frauen an Familie. Denn Fürsorge,

Emotionen und die Verantwortung für die Beziehungen in der Familie werden im Patriarchat (das unser Denken ziemlich stark beeinflusst) der Mutter zugeschrieben. Die Zuschreibungen zum Vater fehlen in der Definition. Hat er bzw. das, was ihn angeblich natürlicherweise ausmacht, also keinen Platz in der Familie? Es ist genau dieser Zusammenhang, der es Müttern und Vätern heute so schwer macht, Wege gleichberechtigter Elternschaft zu finden, die viele eigentlich leben wollen.[90] Immer wieder klopft dabei das Patriarchat mit einer klaren Platzanweisung an: »Nimm deine natürliche Rolle als Mutter bzw. Vater an, die kannst du ausfüllen!« Doch diese Rollen bedeuten einige Ungerechtigkeiten. Unabhängig davon, ob man der **Erzählung vom Patriarchat als gezielte persönliche und strukturelle Unterdrückung von Frauen** folgt oder nicht: Die sozialen Ungleichheiten und Ungerechtigkeiten waren und sind da. Gegen viele Widerstände und Benachteiligungen oder sogar Strafen haben Frauenbewegungen immer wieder gesellschaftlich und politisch Einfluss genommen und für Frauen z. B. das Wahlrecht erstritten oder das Recht, unabhängig über die eigene Berufstätigkeit zu entscheiden. Diese Rechte sind nicht selbstverständlich. Selbst nach der Verankerung der Gleichberechtigung im Grundgesetz der Bundesrepublik bedurfte es des zivilgesellschaftlichen Engagements von Frauen, damit männliche Politiker das geltende Recht 1957 endlich in Richtung Umsetzung brachten und Frauen wirkliche Gleichberechtigung erfuhren.[91] Dass die Öffentlichkeit weiterhin durch Männer gestaltet wird (zum Beispiel bei so einflussreichen Fragen wie der Stadtplanung[92] oder der Sicherheit von Autos und bei so banalen Sachen wie dem Design von Handys[93]) und für Leiterschaft oft Sachlichkeit und Rationalität betont werden (die wie bereits beschrieben traditionell mit Männlichkeit gleichgesetzt sind), ist dabei ebenso unsichtbare Diskriminierung von Frauen wie die fehlende Berücksichtigung von Geschlecht in der Medizin. Erst seit den 1980er-Jahren wird für die Behandlung von Krankheiten systematisch auf die Unterschiede zwischen männlichen und weiblichen Körpern geachtet und die Wirkung von Medikamenten wird erst seit 2022 (!) verpflichtend an weiblichen Probandinnen getestet.[94] Es sind diese so nachhaltig und oft unsichtbar in der gesellschaftlichen Struktur und im Recht zum Nachteil von Frauen wirksamen Unterschiede zwischen den Geschlechtern, gegen die die Frauenbewegungen antreten. Auch der teils erbitterte Kampf ums Gendern dreht sich nicht um die Frage, ob es Unterschiede zwischen Männern und Frauen gibt, sondern um die Sichtbarkeit von Unterschieden in der Sprache: Ist das notwendig und wie viel Aufwand und Veränderung ist dafür gerechtfertigt?

Klar ist: Die Trennlinie zwischen Männern und Frauen ist trotz all der Aufmerksamkeit, die ihr gewidmet wird, noch lange nicht überwunden. Die verschiedenen Erzählungen beeinflussen gleichzeitig in ihrer Widersprüchlichkeit die eigene Geschlechtsidentität. Wir stecken deshalb oft in einem Dilemma und nirgends wird das sichtbarer als in der Familie, in den Rollen als Mütter und Väter. Der Alltag als Familie fordert Frauen und Männer heraus, sich in ihr zu positionieren. Gerade in christlichen Gemeinden erhält das Thema durch die Nähe vom sogenannten christlichen Familienbild und dem bürgerlichen Familienbild noch mal eine besondere Schärfe. Solange wir die Geschlechterbilder des bürgerlichen Familienideals (auch in ihrer modernen Form) christlich nennen, erscheint jedes Infragestellen dieser Rollen gleichzeitig als Rebellion gegen den christlichen Glauben. Männer und Frauen erleben sich immer wieder unter Druck, allen und allem gerecht zu werden: »Was sollen wir denn noch alles tun und können? Wer sollen wir sein? Und bin das ich?«

Ich bin davon überzeugt, dass wir uns mit den Geschichten über Patriarchat und Feminismus auseinandersetzen müssen, um Familien in unserer Zeit wirklich gut begleiten zu können. Das bedeutet auch, die Gefühle, die das in uns wachruft, zu akzeptieren und zu regulieren.

Stimmen der Frauenbewegungen

Die Frauenbewegungen bzw. der Feminismus reagieren auf Mütterlichkeit – etwas verkürzt dargestellt – mit Idealisierung, die aus der Not eine Tugend macht (in der bürgerlichen Frauenbewegung), mit Pragmatismus, der nach gerechten Bedingungen verlangt (in der Arbeiterfrauenbewegung), mit Selbstbestimmung, die Mütterlichkeit als Option unter anderen sieht und Sexualität nicht mit Fruchtbarkeit gleichgesetzt wissen will (in Teilen der Frauenbewegung seit den 68ern) und mit Ablehnung, die die Gleichsetzung von Frauen mit der Mutterrolle kritisch hinterfragt (in anderen Teilen des Feminismus). Daraus resultieren verschiedene Stimmen, von denen vier hier etwas überspitzt formuliert, aber doch so ähnlich neben weiteren in der Gesellschaft präsent sind:

Zeig Deine Weiblichkeit, Deine Natürlichkeit, Deine Mütterlichkeit und entwickle sie! Darin findest Du Deine Bestimmung!

Verhalte Dich wie ein Mann, denn nur so kannst Du Karriere machen!

Es gibt quasi keine Unterschiede zwischen Frauen und Männern. Das ist alles nur gesellschaftlich konstruiert. Sei, wer und wie Du bist.

Weiblichkeit hat nichts mit Mütterlichkeit zu tun. Lebe als Frau so wie die Männer, lebe Erotik, erfinde Dich mit Deiner Sexualität. Leb sie verantwortlich, aber Dein Körper gehört Dir.

Achtung: Diese Darstellung ist bewusst vereinfachend. Feminismus ist nicht gleich Feminismus. Schau dir die Info-Box zu einigen Stimmen aus den verschiedenen Frauen- und Emanzipationsbewegungen an und du wirst erkennen, dass es »den« Feminismus in der Form nicht gibt.

Weil aus der Innenperspektive nicht immer ganz einfach zu erkennen ist, dass es bei den alltagspraktischen Themen um die gesellschaftliche Debatte dieses Ausmaßes geht, mache ich in diesem Kapitel den Zusammenhang von Alltagsthemen mit Strukturen und Denkmustern zum Thema Geschlecht sichtbar.

Es ist möglich, dass du beim Lesen nun ins Vergleichen fällst: Ist das bei uns auch so? Und bei den Familien in unserem Umfeld? *Stimmt das, was hier beschrieben wird?* Tu das sehr gerne! Wenn du in eine Rechtfertigungshaltung kommst oder wütend wirst, kannst du den Reflexionsleitfaden auf Seite 137 nutzen, um zu überlegen, worauf dich diese Gefühle hinweisen wollen.

Denn es geht im Folgenden nicht um eine Bewertung, sondern darum, die Zusammenhänge von Familienthemen mit Geschlechteridealen sichtbar zu machen. **Hier soll keine Norm vermittelt werden, sondern ich beschreibe, wo Mütter und Väter mit Erzählungen über Mütterlichkeit als Fürsorge und Männlichkeit als Macht konfrontiert sind.** Dabei will ich sichtbar machen, wie schwer es ist, die Trennlinien zu überwinden, die durch diese einseitigen Zuschreibungen entstehen, weil sie so nachhaltig wirken. In diesem Wandel ist entscheidend, wie er bewertet wird und ob die Herausforderungen darin anerkannt und gesehen werden – für Frauen und für Männer. Um das Sehen soll es hier gehen. Dabei müssen wir uns vor Augen halten: All das, was wir zu Familienleben »beobachten«, hat seinen Ursprung in den Vorstellungen über das Verhältnis von Eltern und Kindern. Elternschaft ist in der Folge des bürgerlichen Familienbildes zu einer Frage der Identität geworden. Die Zuschreibungen der

Elternschaft ist in der Folge des bürgerlichen Familienbildes zu einer Frage der Identität geworden.

Geschlechtscharaktere aus dem bürgerlichen Familienbild wirken heute deutlich stärker als vor 30 Jahren. Das hat mit der Individualisierung und paradoxerweise auch mit den Errungenschaften der Frauenbewegungen zu tun.

Familie als Fürsorge

Familie-Sein heißt Sorgen. Und damit meine ich nicht Sorgen im Sinn von Befürchtungen, auch wenn das in der Regel ebenfalls zutrifft, sondern Sorgen als »Tu-Wort«: für andere sorgen. Oder auf Englisch: care. Der überwiegende Teil der Sorge-Arbeit wird von Frauen geleistet – und verantwortet.[95] Familie ist aufgrund von Sozialisation und gesellschaftlichen Strukturen Priorität für Frauen. Manchmal wollen sie das auch selbst so, immer wird es ihnen zugeschrieben. Darin liegt ein wesentlicher Unterschied zu Männern, die auch ohne Familie gedacht werden können.

Mütterlichkeit

Care-Arbeit erschöpft sich nicht in Waschen, Spülen und Kochen, in Blumengießen, zum Geburtstag gratulieren oder die Tür aufschließen, sondern umfasst auch intensives Da-Sein ohne To-do-Liste: für Kinder, die sich entwickeln; für alte Menschen, die ihre Weisheit weitergeben oder Fürsorge brauchen; für Spiel und Müßiggang (und das Ignorieren der Tatsache, dass eigentlich gerade Arbeit wartet); für gesunde Ernährung und mentale Gesundheit der Familienmitglieder. Das wird vor allem von Müttern erwartet, denn ein fürsorglich-zugewandtes Verhalten ist in Verbindung mit dem Zurückstellen der eigenen Bedürfnisse der ureigentlichste Ausdruck dessen, was das bürgerliche Familienbild mit Mütterlichkeit beschreibt und als natürlichste Selbstverwirklichung als Frau rahmt. Dadurch entfaltet Mütterlichkeit als Ideal für alle Frauen in unserer Gesellschaft einen ungeheuren Anspruch. Mit der Zeugung eines Kindes tritt die Frau vollkommen hinter diesem Kind zurück.[96] Sie gibt ihm in ihrem Körper und ihrem Leben Raum. Das ist kein Spaziergang, sondern erfordert immer wieder Entscheidungen und Bereitschaft zum Verzicht. Die Einschränkung der Erwerbstätigkeit, die in der Regel dauerhaft bleibt, ist nur ein minimaler Teil dessen, was eine Schwangerschaft und der Eintritt in die Mutterschaft für Frauen bedeuten.

Mütterlichkeit wird als bedingungslose Zuwendung, Fürsorge, Bindung und Trost beschrieben und mit Begriffen wie Mutterliebe, Muttergefühle und Mutterinstinkt als natürlich und typisch weiblich dargestellt. Das sind sie aber nicht. Oxytocin, das häufig als Hinweis auf Mütterlichkeit gedeutete Bindungshormon, ist nämlich nicht nur bei Müttern vorhanden, sondern steigt bei Männern und Frauen an, unter anderem auch beim Küssen und Sex.[97] Auch die massiven Veränderungen der Hirnstruktur, die zunächst bei Müttern festgestellt wurden und zum Begriff »Muttertät« führten, sind kein Hinweis auf eine natürliche Mütterlichkeit: Sie finden bei allen Menschen statt, die intensiv für Kinder sorgen, und zwar geschlechtsunabhängig und unabhängig eines rechtlichen oder biologischen Zusammenhangs.[98] Fürsorglichkeit und Bindungsbereitschaft aufgrund neurologischer und hormoneller Veränderungen gibt es also nicht nur bei Müttern. Sie werden dennoch vor allem Frauen zugeschrieben und von ihnen erwartet. Das macht die postpartale (also nachgeburtliche) Depression, die 15–20 % der Mütter erleben,[99] so schambehaftet: Sie ernten Unverständnis und Verurteilung, denn die Freude über das Kind müsste doch alles andere überwiegen.

Zur Mütterlichkeit gehört auch die Annahme, es gäbe zwischen Müttern und Kindern eine natürlicherweise gegebene, besondere Bindung, die Mütter befähigt, das Kind zu beruhigen. Diese Vorstellung vermittelt sich zum Beispiel in impulsiven Reaktionen wie »Da braucht jemand einfach nur die Mama!«, wenn ein Kind schreit. Die enge Verbindung von Frauen mit der Verantwortung für das Wohlergehen ihres Kindes ist tief verinnerlicht: »Seit mein Kind auf der Welt ist, ist da eine Stimme in meinem Kopf, die jede meiner Handlungen in Abhängigkeit zu seiner Existenz hinterfragt.«[100]

Von welcher Art Bindung sprechen wir? Unterscheidung ist wichtig!

1. Die wissenschaftlich fundierte und seit Jahrzehnten weiterentwickelte Bindungstheorie nach John Bowlby geht davon aus, dass eine sichere Bindung auf dem Verhalten von Säuglingen und ihren Bezugspersonen basiert. Es geht um die Suche nach emotionaler Sicherheit und die prompte, feinfühlige und angemessene Reaktion darauf. Die sichere Bindung ermöglicht dem Kind, neugierig seine Umwelt zu erkunden (vgl. BMFSFJ 2021, 9. Familienbericht, S. 179).
2. Bindungs- und Bedürfnisorientierung nach William und Martha Sears (englisch: Attachment Parenting, im Deutschen oft als BO abgekürzt) basiert auf ihren eigenen Erfahrungen als Arzt und Stillberaterin und als Eltern. 7 Baby-Bs sollen eine sichere Bindung herstellen: »birth bonding, breastfeeding, baby-wearing, bedding close to the baby, belief in the baby's cry, balance and boundaries, and beware of baby trainers«, also Körperkontakt direkt nach der Geburt, Stillen, das Tragetuch, Familienbett, direkte Reaktion auf das Schreien des Babys, Selbstfürsorge und sich vor Baby-Trainern in Acht nehmen (gemeint sind vor allem Schlaftrainings).
3. In der bindungs- und beziehungsorientierten Erziehung nach Gordon Neufeld ist Bindung eine natürliche Anziehungs- oder Abstoßungskraft und es geht um Verbundenheit auf sechsfache Weise (über die Sinne, Ähnlichkeit, Zugehörigkeit, Bedeutsamkeit, Gefühle und Anerkennung). Neben diesem Buch vermittelt Neufeld seine Theorie nur in Seminaren am Neufeld Institute.

Von diesen Konzepten ist nur das erste wissenschaftlich! Alle drei stellen zwar heraus, wie wichtig es für den Aufbau einer sicheren Bindung ist, die Bedürfnisse des Kindes zu erkennen und zu erfüllen, allerdings unterscheiden sie sich sonst grundlegend.

Eine sichere Bindung ist mit vielen positiven Effekten für die Entwicklung von Kindern verbunden. Wir sind als Frauen und als Männer in der Lage zu diesem intensiven Fürsorgeverhalten, das es für Säuglinge und Kleinkinder braucht.

Warum diese Ansprüche in den letzten Jahren deutlich gestiegen sind und sich denen im bürgerlichen Familienbild angenähert haben, wird mit Blick auf die Geschichte verständlich. Die bürgerliche Frauenbewegung und die Reformpädagogik, beide einflussreich für die Professionalisierung sozialer Berufe, betonen um die Jahrhundertwende vom 19. ins 20. Jahrhundert die Nähe von Müttern und Kindern zur Natur. Deshalb seien sie enger miteinander verbunden,[101] Frauen die besseren Erzieherinnen und Erziehung solle in der Familie stattfinden.[102]

Im Nationalsozialismus wurde an diese Vorstellungen angeknüpft. Im wichtigsten Erziehungsratgeber, »Die deutsche Mutter und ihr erstes Kind« von Johanna Haarer aus dem Jahr 1934, wurde allerdings systematische Härte gegenüber den natürlichen kindlichen Bedürfnissen empfohlen. Kinder sollten nur zu bestimmten Zeiten gestillt werden und die Trennung von der Mutter und Isolation im Nebenzimmer galten als notwendige und sinnvolle Abhärtung. Das Buch wurde noch bis 1987 immer wieder neu aufgelegt und die Methoden bis mindestens in die 1970er-Jahre in deutschen Krankenhäusern angewendet.[103]

Die Kinderladenbewegung und der Erziehungsstil des »laissez faire« (»machen lassen«) wurden in den 1960er-Jahren als radikaler Gegenentwurf zum autoritären Erziehungsstil und den Methoden von Johanna Haarer entworfen. Mit dem Aufgreifen der Reformpädagogik hielt in der Abgrenzung von patriarchaler väterlicher Erziehung auch die Betonung von typisch weiblicher Mütterlichkeit und Fürsorge verstärkt Einzug. Wegen des für die 1950er-und 1960er-Jahre (in Westdeutschland) typischen Ernährermodells wurden Mütter automatisch als die primären Bindungspersonen erkannt, von denen in der sich etablierenden Bildungstheorie die Rede war. Mit dem Wissen über die positiven Effekte einer sicheren Bindung durch die Erfüllung der kindlichen Bedürfnisse sickerte nach und nach die Betonung der Mütterlichkeit als Bindung in die Gesellschaft ein.

Seit den 2000er-Jahren hat die starke Präsenz der bindungs- und bedürfnisorientierten Erziehung (BO) insbesondere nach Sears & Sears ihren Teil dazu beigetragen, das Mütterlichkeitsideal zu verstärken. Zum einen knüpft dieses Verständnis von Bindung an die Frauen zugeschriebene Fürsorge-Orientierung an. **Es bedeutet nicht nur eine sichere Bindung für das Kind und seine Entwicklung, sondern auch eine Bindung der Mutter an das Kind.** Zum anderen waren vor allem Mütter auf der Suche nach neuen Konzepten für den Umgang mit Kindern und setzten diesen neuen, stärker an den kindlichen Bedürfnissen orientierten Erziehungsstil durch. Das verstärkte die Zuschreibung von Selbstaufgabe, Fürsorge und Liebe zu Müttern noch. Je enger die Bindung zwischen Müttern (Eltern) und Kindern, umso mehr erwiesen sie sich als echte Mütter und Frauen. In der Folge wurden sie beim Versuch, das Versprechen auf Vereinbarkeit von Familie und Beruf einzulösen, stärker als die Generationen vor ihnen mit der Zuschreibung von Fürsorge und Liebe konfrontiert – auch und gerade durch andere Frauen. Das gesellschaftlich (vor allem in Westdeutschland) weiterhin vorherrschende Familienbild ließ berufstätige Frauen als »Rabenmutter« erscheinen.

Doch der Anspruch an ständige Verfügbarkeit und Präsenz der Mutter und die weiter zunehmende Kindzentrierung rufen bei Müttern immer größer Erschöpfung hervor.[104] Es kostet Kraft, Emotionen zu begleiten sowie die eigenen Emotionen zu verarbeiten, während gleichzeitig im Hinterkopf die anderen Care-Aufgaben warten, die auch noch erledigt werden müssen. Die zunehmende Belastung führt bei manchen Frauen dazu, dass sie ihre Mutterschaft bereuen. Bekannt wurde das unter dem Hashtag #regrettingmotherhood.[105] Für diese Selbstoffenbarung ernteten die Mütter nicht zuletzt wegen der Vorstellungen über Mutterliebe viel Unverständnis und Abwehr. Damit wurde aber auch berechtigte Kritik an den Umständen von bzw. Ansprüchen an Mutterschaft übergangen. Und auch die Effekte dieser starken Betonung von Mütterlichkeit auf Väter und ihre Beziehung zu Kindern geraten dabei aus dem Blick. Bindung zwischen Vätern und Kindern lässt sich zum Beispiel eher erforschen, wenn die Mutter nicht im Raum ist.[106] Die Zuschreibung der natürlichen Bindung zwischen Müttern und Kindern drängt sich zwischen Väter und Kinder.

Mental Load: Die Last der Aufgaben

Weil es »neben den sichtbaren Aufgaben im Alltagsleben sehr, sehr viele unsichtbare Aufgaben« gibt, »die nie explizit genannt werden und die dennoch alle so nebenher identifiziert, bedacht, geplant und dann erledigt werden müssen«[107], spricht man heute von Mental Load, also der mentalen Belastung durch Sorge-Arbeit. Drei Faktoren machen Mental Load aus:

- To-dos, und zwar sichtbare und unsichtbare;
- Verantwortung bei einer einzelnen Person;
- mangelnde Wertschätzung (auch aufgrund der Unsichtbarkeit).

Es sind nicht nur viele der tatsächlichen Aufgaben in der Sorge-Arbeit unsichtbar, auch die mentale Arbeitslast als ein Teil der Verantwortung ist es: Planung, Optimierung und »Dokumentation«, also Festhalten von erledigten und noch offenen Aufgaben und zukünftig wichtigen Informationen.[108]

Ein kurzer Blick in die Geschichte erklärt auch, weshalb Care-Aufgaben unsichtbar wurden: Im bürgerlichen Privathaus war die Mutter für die Hausarbeit zuständig. Sie hatte häufig Unterstützung durch Bedienstete oder andere weibliche Familienmitglieder. Die Aufgabe der Hausfrau bestand hauptsächlich im Koordinieren der anfallenden Aufgaben, im Optimieren der Abläufe und im Überprüfen, ob alles erledigt ist. Solange Erwerbsarbeit nicht ausgelagert war und manche Haushaltsarbeiten im Freien erledigt wurden, war Care-Arbeit sichtbar und konnte geschätzt werden. »Durch die Technisierung des Haushaltens wurden diese Tätigkeiten im Verlauf des 19. Jahrhunderts zunehmend unsichtbar.«[109] Mit der Verbesserung der Infrastruktur (Strom und Wasser) erledigte die Hausfrau sie nach und nach selbst und allein mithilfe von neu erfundenen Maschinen, die ihrerseits unsichtbar und wie von Zauberhand die Arbeit zu tun schienen. Der Tatsache, dass die Hausfrau ihre Aufgaben in der Abwesenheit des Mannes erledigte, folgte zunächst im Bürgertum vermutlich der Idee, dass der Mann sich zu Hause erholen konnte und eben nicht neben der Arbeit außerhalb auch noch mit der ihm ja grundsätzlich bewussten und bekannten Arbeit innerhalb des Hauses konfrontiert war (also im Sinne der Arbeitsteilung). Doch mit der Zeit wurden die Aufgaben im Inneren des Hauses dadurch unsichtbarer. Die Bedienung der Maschinen wurde zu einem dieser »kleinen Handgriffe«, zu dem »eben mal schnell« von Haushaltsaufgaben: Kaffee kochen, Spülmaschine einräumen, ein Geschenk zum Geburtstag besorgen, eben schnell mit anpacken beim Geschirrwegräumen in der Gemeinde oder noch einen zweiten Kuchen backen, damit es auch ja reicht. Die Ergebnisse dieser Tätigkeiten können »sich sehen lassen«, während die Mühe im Hintergrund unsichtbar ist. Es sind Handgriffe und Aufgaben, die Frauen in ihrer Sozialisation gelernt haben zu sehen und wahrzunehmen.[110] Die unterschiedliche Sozialisation wirkt trennend, denn sie führt zu gegenseitigem Unverständnis: Die Selbstverständlichkeit, die viele Aufgaben für Frauen haben, macht es ihnen unverständlich, warum der Mann sich daran nicht beteiligt. Und für Männer ist nicht nachvollziehbar, was an den Aufgaben im Haushalt so belastend ist. Oft betreffen übernommene Care-Aufgaben nicht nur den Privathaushalt, sondern auch die Arbeits- und Gemeindewelt, in der Frauen diese unauffällig und unter der Hand übertragen werden.

Viele Frauen spüren die damit einhergehende Belastung nur und sehen ihre Menge selbst nicht.[111] Dabei übernehmen Frauen im Schnitt 44,3 % mehr Care-Arbeit, d. h., Frauen bringen pro Tag 79 Minuten (9 Stunden/Woche) mehr Zeit für unbezahlte Care-Tätigkeiten auf als Männer. Bei Eltern ist der Unterschied noch einmal deutlich höher: Er beträgt 67 %, wenn

https://equalcareday.org/mental-load/#test

das jüngste Kind im Haushalt unter drei Jahre alt ist und liegt bei 71,4 %, wenn mehr als zwei Kinder im Haushalt leben. Letzteres bedeutet effektiv: 7 Stunden und 35 Minuten Care durch die Mutter im Verhältnis zu 4 Stunden und 32 Minuten Care durch den Vater.[112] Sie verbringen auch mehr Zeit explizit mit den Kindern: Der Umfang reiner Interaktion von Müttern mit Kindern umfasste im Jahr 2022 2 Stunden und 8 Minuten pro Tag.[113] Das heißt: Selbstverständlich übernehmen auch Männer Care-Aufgaben! Im Vergleich zu Frauen sind es jedoch eher punktuelle, öffentlich sichtbare und weniger pflegerische Tätigkeiten.[114] Und Frauen, die Vollzeit arbeiten, während der Mann zu Hause ist, engagieren sich sogar stärker in der Care-Arbeit.[115]

Gut gemeinte Ratschläge gegenüber Frauen, sie sollten sich »nicht so stressen«, »auch mal was liegen lassen« oder »ausreichend Pausen machen«, mögen an sich richtig sein, fühlen sich aber wie fehlendes Verständnis für die Dringlichkeit der Care-Arbeit an, die anders als Erwerbsarbeit keine Arbeitszeiten kennt und mit Verantwortung für abhängige Menschen einhergeht. Angesichts der endlosen Liste an notwendigen To-dos scheinen diese Aufforderungen Hohn. Betrachtet man sie vor der Traditionslinie des bürgerlichen Familienbildes, erkennt man darin zusätzlich einen Vorwurf: Sie sind nicht so ausgeglichen, wie ihre Mutter- und Frauenrolle es von ihnen verlangt. Solcherlei Erwartungen stehen oft zwischen den Zeilen von Aussagen über Familienleben und Mutterschaft. Gerade die Erwartungen, dass »Hintergrundaufgaben« wie Abspülen und Aufräumen wortlos und unauffällig erledigt werden, und dass die Mühe und Anstrengung von Care-Arbeit ohne Erwähnung bleibt, gehören zu den Traditionslinien des bürgerlichen Familienbildes, die das Besprechen der Belastungen schier unmöglich machen. Klagen über die Anstrengungen der Haushaltsführung stoßen dann auf Ablehnung.[116] Sie »dürfen« nicht benannt werden, weil jede für sich a) nicht wirklich groß und beschwerlich ist, b) doch alle Frauen früher sie gemacht haben, ohne sich zu beklagen, und sie c) doch eine Freude für die Frau sein sollten, immerhin kann sie damit ihrer Familie ihre Liebe zeigen! Eine unbezahlbare Ehre. Solche Beurteilungen hören Frauen in der Regel von anderen Frauen. Dahinter steckt möglicherweise ein anderes Erleben, denn die Stärke von Belastung ist ja sehr unterschiedlich. Vielleicht geht es aber auch um Schamabwehr: Statt zuzugeben, dass die Ansprüche an Frauen/Mütter vielleicht wirklich zu hoch sind, werden die Klagen darüber lächerlich gemacht.[117] Doch das erhöht nur den Druck und die gespürte Diskrepanz zwischen den alltäglichen Realitäten der Care-Arbeit und den oft an das bürgerliche Familienbild anknüpfenden Bildern von erfüllter und gelassener Mütterlichkeit. Denn es geht bei Mental Load um so viel mehr als das Organisieren von Aufgaben: Sie betrifft auch die emotionalen Anstrengungen von Beziehungsarbeit und das beständige Reflektieren der eigenen Elternschaft.

> Doch das erhöht nur den Druck und die gespürte Diskrepanz zwischen den alltäglichen Realitäten der Care-Arbeit und den Bildern von erfüllter und gelassener Mütterlichkeit.

Während das einerseits vor allem die Rolle der Eltern beschreibt, resultiert daraus eine **Kindzentrierung**. Die Pflicht von Eltern ist dem Verständnis vieler Menschen nach daher auch, »sich eingehend über Fragen zum Thema Kindheit und Erziehung zu informieren« und eigene »Bedürfnisse zugunsten ihrer Kinder zurückzustellen«. Das »beinhaltet die Vorstellung, dass Elternschaft sehr voraussetzungsvoll und auch zeitintensiv ist«.[118] Dieses zentrale Leitbild der verantworteten Elternschaft verdichtet sich im mal motivierend, mal mahnend vorgetragenen: »Unser Alltag ist ihre Kindheit!«

Gleichberechtigte Elternschaft als Ideal und Prozess

Etwa seit den 1970er-Jahren hat sich das Leitbild von Partnerschaftlichkeit und gleichberechtigter Elternschaft herausgebildet und ist heute für viele Eltern das angestrebte Ideal.[119] Sie wollen die für gemeinsame Kinder anfallende Care-Arbeit gerecht aufteilen. Das stellt sie allerdings vor große Herausforderungen. Die berufliche Karriere ist nämlich grundsätzlich weiterhin das Mittel für den Mann, die Verantwortung als Versorger und Ernährer wahrzunehmen. Beförderungen und Gehaltserhöhungen garantieren eine bessere Versorgung der Familie. Trotz aller Veränderungen im Leitbild von Vaterschaft hält sich diese Erwartung an Männer und die Ernährerrolle bleibt ein wichtiger Teil der Identität als Vater.[120] Väter verändern ihre durchschnittliche Arbeitszeit nicht oder kaum durch die Familiengründung.[121] Im Beruf kürzerzutreten, um sich der Familie zu widmen, ist durchaus riskant und bedeutet auch für Männer einen Karriereknick.[122] Engagement für die Familie widerspricht dem Leitbild des verfügbaren und flexiblen Arbeitnehmers, der durchaus auch mal länger arbeiten kann, stößt auf Unverständnis und wird somit zum Wettbewerbsnachteil.[123] Die tatsächliche Umsetzung beruht dabei zum Teil auf der Bereitschaft der Männer, sich für Familie bzw. im Familienalltag zu engagieren.[124] Paradoxerweise werden Väter für ihre Bereitschaft gefeiert, die Mütter bei der Versorgung der gemeinsamen Kinder und des gemeinsamen Haushalts zu »unterstützen«; die Entscheidung der Mütter, sich auch an der Erwirtschaftung eines gemeinsamen Einkommens zu beteiligen, wird dagegen oft kritisch gesehen. »Dabei wünschen sich Väter etwas häufiger als Mütter eine gleiche Aufteilung (50 zu 39 Prozent)«[125] und Frauen würden »gern mehr beziehungsweise überhaupt wieder arbeiten – tun dies jedoch wegen der Kinder nicht«.[126] So hängt es auch vom Rollenkonzept der Mutter ab, ob und wie eine gleichberechtigte Elternschaft möglich wird.[127] Für sie ist gleichberechtigte Elternschaft mit moralischen Anfragen verbunden: Sie stehen unter der mentalen Belastung des Zwangs zur Positionierung im (verinnerlichten und sozial vermittelten) Wertedilemma, ob frau »nur« durch Kinder »ihren Beitrag« für die Gesellschaft leisten will und wird, ob sie »ganz egoistisch« »nur« Karriere macht[128] oder ob sie den Weg »Kind UND Karriere« wählt. Letzterer ist verbunden mit der unwillkürlichen, laut oder im Stillen gestellten Frage: Wie will sie das denn schaffen – und leidet die Familie, leiden die Kinder wirklich nicht darunter?

Das gilt vor allem dann, wenn sie erwerbstätig sein will und deshalb außerhäusliche Betreuung schon für sehr kleine Kinder in Anspruch genommen wird.[129] In beiläufigen Fragen und Bemerkungen transportiert sich der Mutter, dass für sie die Kinder Priorität bei allen Entscheidungen haben müssen. »Ach, so viel arbeitest du? Und wer kümmert sich um die Kinder?« oder: »Wie viele Stunden ist denn das Kind dann in Betreuung? Da blutet mir das Herz!« Dass sich hier unwillkürlich die Mütter angesprochen fühlen, liegt daran, dass sie es sind, die ihre Rolle von der Hausfrau zur Erwerbstätigen verändern – auf Kosten der Kinder, so wird in den Fragen unterstellt. Sie werden umso lauter gestellt, wenn man davon ausgeht, dass Erwerbstätigkeit heute üblich ist. Die Statistiken dazu sind in den ost- und westdeutschen Bundesländern sehr unterschiedlich. In den ostdeutschen Bundesländern bewegt sich der Anteil der in Vollzeit erwerbstätigen Mütter zwischen 42 und 72 % bei Kindern zwischen 0 und 18 Jahren, während nur 9 bis 15 % dieser Mütter in Teilzeit arbeiten. Bei den Frauen in den westdeutschen Bundesländern ist es deutlich anders und stärker beeinflusst von der Lebenssituation. Die Einschränkungen der Arbeitszeit von Müttern bleiben im Schnitt dauerhaft deutlich unter 70 %, auch wenn Erwerbstätigkeit mit steigendem Alter des Kindes und abhängig von der Gesamtzahl der Kinder wieder zunimmt.[130]

Dass sich hier unwillkürlich die Mütter angesprochen fühlen, liegt daran, dass sie es sind, die ihre Rolle von der Hausfrau zur Erwerbstätigen verändern.

Für Frauen gilt »Karriere« von der sozialen Bewertung her weiterhin als Luxus, den man sich leisten kann, wenn alles andere läuft. Vereinbarkeit zu versuchen, kostet schnell Solidarität und Mitgefühl, denn keine der möglichen Optionen wird unhinterfragt akzeptiert. Schon bei finanzieller

Notwendigkeit einer Erwerbstätigkeit wird bei Frauen infrage gestellt, ob sich dahinter nicht nur ein spezieller Lebensstandard verbirgt, auf den man ja durchaus auch verzichten könnte – um der Kinder und ihrer Betreuung durch die Mutter willen. In den sozialen Medien lese ich manchmal Sätze im Stil von: »Sie sagen, das Lächeln der Kinder ist unser Lohn. Ich habe noch keinen Vermieter getroffen, der ein Kinderlächeln als Bezahlung akzeptiert hat.« Wenn eigentlich rationale Notwendigkeiten schon fragwürdig sind, wie viel mehr sind es dann emotionale Notwendigkeiten der Selbstfürsorge und Selbstverwirklichung (um einen Ausgleich zur Care-Arbeit zu haben, der z. B. mit Erfolgserlebnissen, Wertschätzung und der Möglichkeit zur Abgrenzung einhergeht)! Je mehr »Egoismus« dabei vermutet wird – und das gilt vor allem in besonders herausfordernden Lebenslagen wie bei Kindern mit Behinderung –, desto weniger Unterstützung gibt es, obwohl sie gerade dann umso nötiger wäre. Gerade im christlichen Umfeld wird das infrage gestellt und dabei ergänzt, dass Mutterschaft und die Fürsorge zu Hause ein Privileg seien: Du darfst die Kinder prägen! So richtig das ist, bedeutet es doch eine Einseitigkeit, wenn dies nur der Mutter signalisiert wird. Beide Elternteile als gleichmäßig für die Kinder verantwortlich anzusehen, würde hier bedeuten, die Entscheidung für oder gegen Erwerbstätigkeit von beiden aus zu sehen und nicht automatisch der Mutter zur Last zu legen.

Vereinbarkeit klingt, als gäbe es ein Modell, in dem die Konflikte zwischen den Anforderungen durch Familie und Beruf »gelöst« wären. Dagegen bedeutet die Verbindung von Care-Arbeit und Erwerbstätigkeit Stress für diejenigen, die es versuchen.[131] Vielleicht ist das der Grund, weshalb 46 % der Eltern sich eine partnerschaftliche Aufteilung wünschen, aber nur 21 % die Umsetzung gelingt.[132] Der »alltägliche Wahnsinn«[133] mit Stress, Zeitnot und nie fertigen To-do-Listen bringt Mütter an die Grenzen ihrer Belastbarkeit, und zwar oft für sie selbst unerklärlich.[134] Tatsächlich führt der Unterschied in der Belastung dazu, dass »11 Prozent der erwerbstätigen Mütter mit größerem Stundenumfang ihre Arbeitsstunden reduzieren [möchten], weil sie – entgegen den vorherigen Absprachen beziehungsweise eigenen Erwartungen – mehrheitlich für Hausarbeit und Kinderbetreuung zuständig sind«[135]. Die Frau muss als hauptsächliche Care-Arbeitende in der Familie einen Teil ihrer mentalen Kapazitäten für die Organisation »ihrer« Vereinbarkeitsansprüche aufwenden. Nicht selten schreiben Frauen die Überforderung mit dieser viel gepriesenen Vereinbarkeit sich selbst und ihren Unzulänglichkeiten zu. Auch durch die mangelnde Verfügbarkeit von Betreuungsplätzen und flexiblen Arbeitszeitmodellen werden Mütter vor allem in Westdeutschland in die traditionelle Mutterrolle (zurück-) gedrängt.[136] Wird die Betreuungszeit aufgrund Personalmangels verkürzt, steckt oft die Mutter beruflich zurück. Ist das Kind krank, bleiben mehrheitlich die Mütter zu Hause (auch wenn zunehmend Väter »kindkrank« nehmen). Die Anzahl an Urlaubs- und Ferientagen passt nicht zusammen. Selten oder nie ist Vereinbarkeit ohne die Inanspruchnahme von Betreuung durch weitere Familienmitglieder und in Einrichtungen möglich.

Zu den förderlichen Rahmenbedingungen für Vereinbarkeit gehören daher Betreuungsplätze und Familienfreundlichkeit des Arbeitgebers.[137]

Die unterschiedlichen Maßstäbe, die in Bezug auf Erwerbstätigkeit an Mütter und Väter angelegt werden, haben Auswirkungen in den Partnerschaften, weil Männer und Frauen unterschiedliche Erfahrungen mit der Änderung ihrer Rollen machen. So liegt es schließlich an Männern und Frauen, eingeübte Rollenmuster und Alltagszuständigkeiten zu verändern. Dass dieser Prozess herausfordernd ist, ist nicht verwunderlich. Man muss sich vor Augen halten, »dass der Wandel der geschlechtsspezifischen Arbeitsteilung und der Entwicklung egalitärer Strukturen sowohl in der Erwerbs- als auch in der Familienarbeit epochalen Charakter hat und daher nicht von heute auf morgen zu erwarten ist.«[138] **Die konkreten Herausforderungen bestehen in der Sichtbarkeit bzw. Unsichtbarkeit dessen, was zu Care-Arbeit gehört, in den Zuschreibungen von Mütterlichkeit**

und Väterlichkeit, die das Loslassen beziehungsweise Übernehmen von Aufgaben erschweren, in den damit verbundenen Lernprozessen und in den strukturellen Bedingungen. Diese Zusammenhänge zu kennen, macht sensibel für die Belastungen, mit denen Familien in Bezug auf das Geschlecht als Trennlinie konfrontiert sind.

Die Übernahme von (mindestens einem Teil der) Care-Arbeit gewinnt für viele Männer zunehmend an Bedeutung. Dieses fürsorgliche Verhalten wurde Vätern traditionell nicht zugeschrieben und wird deshalb als »neu«, »aktiv« und »involviert« gewürdigt. Sie wollen bei der Care-Arbeit unterstützen und eine enge Beziehung zum Kind pflegen. Veränderungen in Richtung Gleichberechtigung beginnen oft mit einer Phase, in der Männer die Hauptverantwortung für den Familienunterhalt tragen, während gleichzeitig von ihnen erwartet wird, »dass sie sich maßgeblich in die Haus- und Familienarbeit einbringen (was sie heute häufig auch möchten)«[139]. Die Zeit, die Väter für die Familie aufbringen, wird mehr: Von im Schnitt 51 Minuten pro Tag im Jahr 2013 ist sie auf 1 Stunde und 19 Minuten im Jahr 2022 angestiegen.[140] Ihrem Selbstverständnis nach oder auch aus Sicht des Umfelds, vielleicht auch der Frau, »helfen« sie dann bei der Care-Arbeit. Oft werden sie dafür vom Umfeld bewundert, manchmal ernten sie aber auch Spott. Solange ein Mann »nur« hilft, kann er seine Hilfe jederzeit wieder beenden. Die Frau wird aufgefordert, für seine Hilfe dankbar zu sein. Sie sollte es ihm nicht zu schwer machen und sich erkenntlich zeigen, wird ihr vom Umfeld signalisiert.[141] Die Frau trägt in dieser Phase weiterhin die Verantwortung und die Mental Load.[142] Sie plant, optimiert und dokumentiert und sorgt dafür, dass alle Aufgaben erledigt sind, sie delegiert und überwacht ihre Ausführung. Die Übernahme von gemeinsa-

Die Übernahme von gemeinsamer Verantwortung bedeutet deshalb zunächst, dass zuvor unsichtbare und unbewusste Care-Aufgaben sichtbar und bewusst werden.

mer Verantwortung im Sinn geteilter mentaler Belastung bedeutet deshalb zunächst, dass zuvor unsichtbare und unbewusste Care-Aufgaben sichtbar und bewusst werden. Manchmal erwartet ein Partner, dass die Frau ihm zeigt, wie etwas funktioniert, wenn sie will, dass er es übernimmt. Damit überträgt er ihr auch die Verantwortung für seinen Lernprozess. Während gemeinsamer Elternzeit-Monate geraten Väter in eine »Praktikantenrolle«[143]. Das beruht auf der Annahme, dass Frauen besser wissen, wie etwas funktioniert. Oft stimmt das auch, denn Mädchen werden ganz nebenbei in die Aufgaben der Haushaltsführung und Fürsorge für Kinder eingeführt (weil ihnen ein natürliches Interesse an der Fürsorge-Arbeit unterstellt wird und infolgedessen von ihnen mehr Kooperation und Bereitschaft zum Dienst an der Gemeinschaft erwartet wird), während Jungen als die natürlich wilderen und am Haushalt und Kindern eben nicht so Interessierten eher aus diesen Aufgaben entlassen bzw. nicht in die Verantwortung genommen werden. Daraus resultiert auch, was manchmal als »weaponized incompetence« bezeichnet wird: strategische Unfähigkeit als Waffe.[144] Sie kommt oft unscheinbar, sogar wertschätzend und hilfsbereit daher. Die Verantwortung für die Aufgabe bleibt bei der Frau. Strategische Unfähigkeit ist keine böse Absicht, sondern ein psychologischer Schutzmechanismus, um keine Fehler zu machen bzw. die Ursache für Fehler nicht bei sich selbst suchen zu müssen.

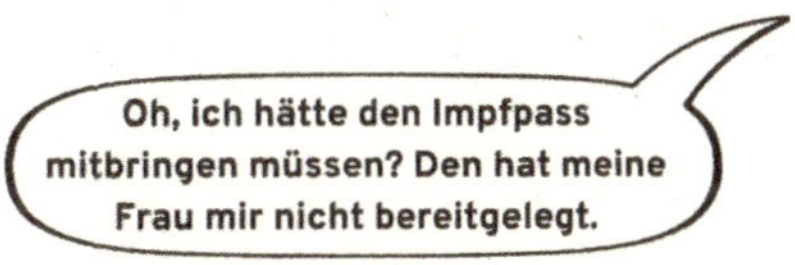

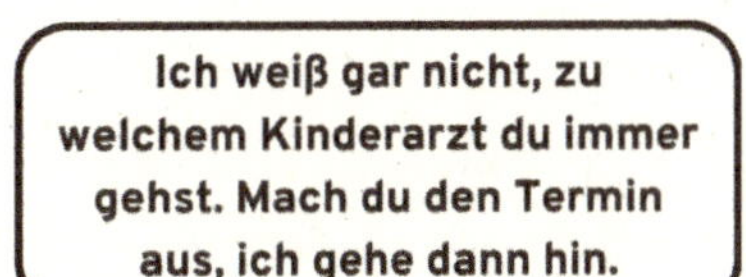

Die Gesundheitsfürsorge ist ein gutes Beispiel, weil Frauen für die Pflege eine »natürliche Fähigkeit« zugeschrieben wird. In vielen Familien kümmern sich Frauen deshalb nicht nur in Bezug auf die Kinder um Arzttermine, Medikamente und gesunde Ernährung, sondern auch für ihre Partner. Sie sind es zumeist auch, die sich um pflegebedürftige

Angehörige kümmern und dafür auch Arbeitszeiten reduzieren. Männer im berufsfähigen Alter pflegen so gut wie nie Angehörige.[145]

»Weaponized incompetence« basiert also auf der Frage, wie überzeugt ein Mann ist, eine Tätigkeit/Aufgabe übernehmen oder lernen zu können. Sie ist das Gegenstück zum »maternal gatekeeping«[146]. So bezeichnet man es, wenn Frauen Partnern Aufgaben nicht zutrauen, sie ständig kritisieren und verbessern oder ihnen die Aufgaben deshalb nicht überlassen, weil diese zu ihrer eigenen Identität gehören. Kompetenzüberzeugung und Zutrauen sind also wesentliche Faktoren dafür, ob ein Mann Verantwortung in der Care-Arbeit übernimmt.[147] Sehr oft sind beide Strategien – die »weaponized incompetence« und das »maternal gatekeeping« – bzw. viel mehr diese Vorwürfe Ausdruck einer Dynamik zwischen Männern und Frauen, bei der Geschlechterunterschiede in der Fähigkeit für Care als viel bedeutsamer angenommen werden, als sie eigentlich sind und in denen Sozialisation wirksam wird.

Deshalb ist es Übungssache, sich aus verinnerlichten Zuständigkeiten und Machtstrukturen zu lösen. Und so geht der Gleichberechtigung ein herausfordernder Lernprozess in Bezug auf »individuelle Grundeinstellungen zur Erwerbsarbeit und zur Aufgabenteilung in Familie und Beruf« voraus.[148] Das braucht Zeit und sehr viel offene Kommunikation, denn die Gewohnheiten im Denken und Handeln sind ebenso unsichtbar wie viele Aufgaben und die Belastung. Sie zu verändern, kostet den Frust der Lernerfahrungen, aber es lohnt sich. Familien, in denen Erwerbsarbeit und Care-Arbeit gleichberechtigt verteilt werden, berichten »deutlich häufiger als andere über ein gutes Familienklima, enge Beziehungen zwischen Eltern und Kindern und gegenseitige Unterstützung der Elternteile«[149]. Arbeitsteilung ist eine kluge Idee bei der Fülle an Aufgaben, die in einer Familie anfallen. Statt die Aufgaben anhand von Geschlecht und der entsprechenden Sozialisation ganz selbstverständlich zu verteilen (oder auf den Schultern der Mütter zu lassen), wollen Elternpaare zunehmend Lebensphasen, Interessen, psychische und körperliche Zusammenhänge und Lebensentwürfe – und damit auch Selbstverwirklichung und Selbstfürsorge – als legitime und wichtige Aspekte bei der Verteilung und Übernahme von (mentaler) Belastung berücksichtigen. Dabei geht es nicht um unbedingte Gleichverteilung, denn das ist nicht gleichbedeutend mit Gleichberechtigung. Die Kapazitäten und Präferenzen für verschiedene Aufgaben sind unterschiedlich.

Allerdings stoßen die Entscheidung für Gleichberechtigung und die jeweilige individuelle Konstellation im Umfeld nicht immer auf Respekt. Sie verändern unter Umständen die Rolle von Männern in der Öffentlichkeit und ihre Kapazitäten für andere Aktivitäten zum Beispiel im Ehrenamt. Spott kommt insbesondere von denen, die im Vergleich mit diesen Männern schlechter dastehen. Konkurrenz zwischen Männern und Beschämung als Mechanismus für konformes Verhalten werden dabei wirksam.[150] Fürsorge allein von Frauen zu erwarten, ist eine Engführung, die trotz aller Emanzipation und Annäherung von Vätern an das Familienleben noch allgegenwärtig ist.

Ungleichheit

In den meisten Familien dreht sich Vereinbarkeit auch eher darum, ausreichend Geld zu erwirtschaften, um Armut zu verhindern: Es braucht heute 1,6 Gehälter, um eine Familie zu ernähren – um Armut zu vermeiden, braucht es also zwei Erwerbstätige.[151]

Insbesondere alleinerziehende Mütter sind mit ihren Kindern wegen des Dilemmas von Care- und Erwerbs-Arbeit von (drohender) Armut betroffen,[152] aber auch die aktuelle Altersarmut ist weiblich.[153] Care-Arbeit bringt finanzielle Sorgen als mentale Belastung früher oder später mit sich. Das gilt vor allem in heterosexuellen Ehen. Statistisch gesehen sind Mann und Frau in diesen Partnerschaften in Bezug auf Bildungsabschluss und Alter eher in ungleichen Beziehungen.[154] Das führt zum Beispiel zu unterschiedlich hohen Gehältern. Ein höheres Einkommen geht mit mehr Deutungsmacht in der Partnerschaft einher,[155] insofern ist das keine Nebensache für das Ziel gleichberechtigter Elternschaft. Frauen verdienen meist weniger als Männer, weil die Löhne für Männer und Frauen unterschiedlich sind und Frauen häufiger als Männer in Bereichen mit niedrigeren Löhnen und in Teilzeit arbeiten.[156] Deshalb entscheiden Familien sich oft dafür, dass die Frau mehr Elternzeit nimmt.[157] Diese Entscheidung hat weitreichende Konsequenzen für die finanzielle Vorsorge und weiteren Einkommenschancen. Hierzu gibt es verschiedene Berechnungen, wie etwa die Gender Pay Gap und die Gender Pension Gap. Letzteres ist der Vergleich eines Einkommens über den ganzen Lebenslauf eines Vaters und einer Mutter.[158] Frauen sind darüber hinaus – aufgrund der unterschiedlichen Sozialisation von Männern und Frauen – mit den finanziellen Fragen oft nicht so vertraut wie die Männer. Sie verdienen weniger, sie zahlen weniger in die Sozialversicherungen ein, sie erhalten dadurch weniger Rente und beim Tod ihres Mannes nur die Hälfte seiner Rente, während der Mann beim Tod seiner Frau ihre volle Rente erhält.[159] Und dann haben wir noch nicht über die Herausforderungen einer Rückkehr von Müttern in den Beruf nach mehreren Jahren Elternzeit gesprochen, über die Berufswahl und Orientierung zu (nur scheinbar) familienfreundlicheren Tätigkeiten im schlechter bezahlten sozialen Bereich oder riskanteren in einer Network-Marketing-Selbstständigkeit, über Homeoffice-Tätigkeiten und die damit verbundene Abgrenzungsarbeit, über die Notwendigkeit von Netzwerken im Beruf bei gleichzeitig strukturell verankerten geringeren Vernetzungsmöglichkeiten von Frauen und die Verschärfung dieses Themas bei Teilzeitstellen oder was eigentlich mit der Identität einer Frau passiert, die sich völlig in der Mutterrolle verwirklicht hat und deren Kinder groß und aus dem Haus sind. Zumal der Anspruch, sich als gute Mutter zu erweisen, ja eben auch die berufstätigen Mütter betrifft.

Was löst das Kapitel in dir aus?

Welche weiteren Aspekte siehst du, die sich trennend zwischen Männern und Frauen auswirken?

Wo erlebst du Aufbrüche zu mehr Gleichberechtigung bzw. Gerechtigkeit zwischen den Geschlechtern?

Inwiefern hast du eigene Vorstellungen zu Mütterlichkeit wiederentdeckt? Welche Gefühle hat das in dir ausgelöst?

Auf Seite 236 findest du einige Anknüpfungspunkte, wie sich die Geschichten zu Männern und Frauen und zu Familie als Priorität in der Gemeinde auswirken und wie wir aus christlicher Perspektive die Geschichten (weiter-)erzählen können.

Verwendete Literatur:

Emotionen reflektieren

Wir sind immer wieder mit Geschlechterstereotypen konfrontiert – sowohl von der Seite, die als konservativ bezeichnet wird, als auch von der Seite, die als progressiv bezeichnet wird, von Vertreterinnen und Vertretern bürgerlicher Geschlechterbilder oder feministischer Vorwürfe gegen diese. Wenn das in uns starke Gefühle auslöst, hat das in der Regel damit zu tun, dass die beschriebenen Dinge für unsere Identität wichtig sind. Dieser Leitfaden kann dir helfen, in solchen Situationen die Gefühle zu regulieren und deine Werte zu reflektieren.

Damit dein Gehirn in der Lage ist zu reflektieren, muss sich der erste Gefühlssturm legen. Das dauert neurologisch etwa 90 Sekunden – alles darüber hinaus bedeutet, bewusst in dem jeweiligen Gefühl zu bleiben. Trinke also ein Glas Wasser, atme 3x tief ein und aus und setze dich dann ganz bewusst an einen Ort, der dir Sicherheit gibt.

Schreibe auf, welche stereotype Geschlechterbeschreibung dich emotional aufgewühlt hat. Welche Bilder und Gedanken tauchen zu dieser Beschreibung in dir auf?

Welche Gefühle hat die Beschreibung in dir ausgelöst? In welchen Situationen im Alltag begegnest du dem Stereotyp?

Was müsste sich ändern (z. B. an der Beschreibung des Stereotyps oder an deiner Lebenssituation), damit deine Gefühle für dich okay sind?

Je nachdem, wie stark deine Gefühle dich gerade beeinflussen, kannst du auch überlegen, ob eine Reflexion zusammen mit anderen (Partner/Partnerin, Freunde, Beratung) für dich hilfreich wäre.

Kapitel 5

Familienleben im Alltag herstellen

Anders als vor 30 Jahren

»Ist Familienleben heute wirklich so viel herausfordernder als vor 30, 40 Jahren?« Ich bin als Referentin für Vorträge eingeladen und ein Mann, ich schätze ihn auf Anfang, Mitte 60, stellt diese Frage. »Ich mein, als wir jung waren, haben wir doch auch unseren Familienalltag zu bewältigen gehabt und haben trotzdem nebenbei in der Gemeinde mitgearbeitet«, erklärt er. Aus anderen Gesprächen könnte ich ergänzen: »Wir waren doch auch politisch engagiert, waren im Verein aktiv, haben echte Nachbarschaft gelebt.« Dieser Mann stellt die Frage, die oft nicht gestellt wird: »Warum können junge Eltern heute das nicht?«

Was macht den Alltag als Familie ganz konkret so anstrengend, dass außer Familienzeit, Care- und Erwerbsarbeit kaum etwas anderes noch Platz zu haben scheint? Im letzten Kapitel wurde klar, dass die eigene Identität mit Elternschaft verbunden ist. Es ist außerdem die zentrale Verantwortung, die wir als Gesellschaft Eltern zuschreiben. Ihre Lebensentwürfe, ihre Rollenbilder und ihre Ressourcen haben einen Einfluss darauf, wie die Kindheit ihrer Kinder aussehen wird. Kinder sind von den Erwachsenen abhängig, und zwar existenziell. Ohne die Fürsorge und die emotionale Zuwendung von Erwachsenen können sie diese nicht überleben. Die Fürsorge für sie ist dementsprechend auch laut Artikel sechs des Grundgesetzes die wichtigste, vorrangige Aufgabe der Eltern: »Pflege und Erziehung der Kinder sind das natürliche Recht der Eltern und die zuvörderst ihnen obliegende Pflicht.«

Es sind also nicht allein die hohen Ideale oder die unbewussten Antreiber oder die Vorstellungen von gleichberechtigter Elternschaft, die Familienleben so anspruchsvoll machen. Sonst müsste und könnte man am »Mindset« der Eltern ansetzen und die Probleme wären mehr oder weniger schnell gelöst: sich mal zu entspannen, weniger zu machen, Sachen auch mal liegen oder fünfe gerade sein zu lassen, wären dann wirklich hilfreiche Tipps. Aber die Erwartungen und die ständige Auseinandersetzung mit ihnen sind nur die Faktoren, die die Belastungen multiplizieren und die Ideale potenzieren das Ganze zur Heraus- bis Überforderung. Die Grundrechnung für die Belastung ist das Management der vielen Aufgaben und To-dos, die sich so stark summieren. Und die sind wirklich mehr geworden.

$$((\text{Aufgaben} + \text{To-dos}) \times \text{Erwartungen})^{\text{Ideale}} = \textbf{Heraus- bis Überforderung}$$

Weil sie aber in der Regel unsichtbar hinter den verschlossenen Türen der Familienwohnungen bleiben, sehen wir sie oft nicht. Weil sie schleichend mehr geworden sind, realisieren wir oft nicht, dass sie mehr geworden sind – auch als Eltern nicht unbedingt. Und deshalb sind und fühlen Familien sich damit auch so oft allein. Auch sie fragen sich ja: Was machen wir falsch, wenn die älteren Generationen das doch auch alles geschafft haben? Und auch heute gibt es doch Familien, die das alles schaffen! Was ist da anders? Wie machen wir es, eine richtige Familie zu sein? So vieles, was Familie »eigentlich« ausmachen sollte, ist nicht mehr selbstverständlich gegeben, sondern muss hergestellt werden. Um das zu illustrieren, zunächst mal eine kleine fiktive, aber durchaus realitätsnahe Alltagsbeschreibung einer Mama.[160]

Ein Szenario

»Erschöpft sinke ich auf den Stuhl und greife nach der Tasse, um einen Schluck kalten Kaffee zu trinken. Es ist erst Vormittag, da sollte man doch noch fitter sein, denke ich. Und beginne aufzuzählen, was ich heute schon gemacht habe:

Ich bin heute Morgen aus dem Familienbett so leise wie möglich aufgestanden und habe mich im Bad angezogen, um alle anderen nicht zu wecken. Dann habe ich Kaffee gekocht und ganze 5 Minuten allein am Küchentisch gesessen. Dabei Nachrichten auf dem Handy gecheckt: E-Mails, Social Media, die Eltern-Gruppen aus der Schule und dem Verein. Nimmt die befreundete Familie das eine Kind heute mit zum Fußballtraining oder muss ich selbst fahren? Hat die Kita heute regulär geöffnet oder sind immer noch so viele krank, dass es nur verkürzte Betreuungszeiten gibt? Und was ist das für eine Schlagzeile, die da in meinem Browser auftaucht?

Dann ist das erste Kind aufgewacht und hat mir Gesellschaft geleistet. Ich habe das andere Kind geweckt und angezogen (und ha!, das schreibt sich so leicht, bedeutet aber: Es wurde Kleidung ausgesucht und auf den Boden geworfen, aufgesammelt, zusammengelegt, in den Schrank geräumt, etwas Neues rausgesucht, mehr oder weniger geduldig danebengestanden, während das Anziehen der Socken lange gedauert hat, in dem Wissen, dass Weggehen bedeuten würde, dass das Kind spielt, statt sich anzuziehen, usw.). In meiner Liste ergänze ich später an dieser Stelle am Rand, dass ich natürlich auch meinem Partner einen guten Morgen gewünscht habe und wir kurz abgesprochen haben, wie wir das heute mit Training und Einkaufen machen, bevor er das Haus verlassen hat. Heute hat er einen Auswärtstermin und muss deshalb früher los, um den Zug zu erwischen. Betten gemacht, gelüftet und die Fenster wieder zugemacht (daran muss man denken). Streit ausgehalten und geschlichtet. Getröstet und Tränen abgetrocknet. Brotdosen vorbereitet (und dabei diese Instabrotdosen vor Augen gehabt, die mit Gurkenscheiben in Dino-Form und Vollkornbrot ohne Kante in Herzform, und die Verwunderung darüber verarbeitet, wie man dafür Zeit haben kann, plus das schlechte Gewissen abgeschüttelt, dass meine Brotdosen ›nur‹ aus Brot, Apfelschnitzen und einem Müsliriegel bestehen), Müslidosen, Milch, Schüsseln, Löffel auf den Tisch gestellt, Milch vom Tisch und von Mündern abgewischt, gefrühstückt, mit Kindern übers Gesichtwaschen und Zähneputzen diskutiert, Zähne beim Kita-Kind nachgeputzt und schnell über Waschbecken und Spiegel gewischt, die Kinder vom Spielen in den Flur zum Anziehen gelotst, schnell noch den Zettel in der Postmappe unterschrieben, der dem Kind jetzt gerade noch eingefallen ist (nächste Woche geht es ins Theater), den nächsten Streit geschlichtet und kontrolliert, ob alle Jacken,

Mützen, Schals anhaben, die Kinder rechtzeitig (check!) zur Schule und in die Kita gebracht, kontrolliert, ob im Fach des Kita-Kindes die Handschuhe sind, die es eben nicht gefunden hat, und beim Hausschuhe anziehen mit dem Kind festgestellt, dass diese zu klein geworden sind, also ›Hausschuhe kaufen‹ auf die lange To-do-Liste im Handy getippt, wieder nach Hause gefahren und unterwegs beim Bäcker noch Brot gekauft.

Jetzt ist es 8:30 Uhr am Morgen. Ich sitze hier am Küchentisch mit meiner Tasse kalten Kaffee und schreibe statt einer ›To-do‹-Liste in einer ›Done‹-Liste all das mal auf. Statt stolz macht mich das jedoch müde. Es bleibt noch so viel zu tun.«

Wenn du magst, erstelle auch für dich eine Liste der Care-Tätigkeiten, die du heute schon gemacht hast, und staune einmal.

Unsichtbare Anforderungen

Nun mag die Beschreibung unterschiedliche Reaktionen auslösen. Vielleicht liest du die Auflistung und fühlst dich sehr gesehen. Das Einzige, was du darin vermisst, ist die Berücksichtigung des Stimmengewirrs und die Bewegung, die so einen Familienmorgen (je nach Charakter der Kinder) zum

Wimmelbilderbuch machen. Oder du denkst, dass dies nur die Beschreibung eines »guten« Tages ist, keiner von denen, an denen ein Kind – oder gar man selbst! – krank ist, verschlafen oder einfach seit Wochen richtig schlecht geschlafen hat. Vielleicht klingen all diese Beschreibungen für dich aber auch wie eine übertrieben detaillierte Darstellung von Alltäglichkeiten und Normalitäten, die die Fragen aufwerfen: Was ist daran anders als »schon immer«? Sind das nicht einfach die Aufgaben, die zum Familienleben dazugehören?

Mit diesen Gedanken bist du auf einer heißen Spur. Denn mitten in all dem, was im Familienleben nicht mehr selbstverständlich ist, was durch Familienstrukturen und die Fragen nach dem Rollenverständnis als Männer und Frauen durch Erwerbstätigkeiten und vieles andere infrage gestellt worden ist, stellen diese Dinge das echte Familienleben her.

Doing Family

In den Sozialwissenschaften wird Familie als »intensive Herstellungsleistung« beschrieben. Das bedeutet erstens die »Konstruktion von Gemeinsamkeit« als Familie.[161] Beziehungen zwischen Generationen und Geschlechtern werden so gestaltet, dass sie als Sinn ergeben: Wir machen das, weil wir eine Familie sind! In dem, wie man sich aufeinander bezieht, sollen Zugehörigkeit und Gemeinsamkeit erlebt werden. Das zielt nicht nur auf das Erleben eines Wir-Gefühls der Familienmitglieder, sondern auch auf die Darstellung als »richtige Familie« in der Abgrenzung nach außen und wird deshalb auch als Performance, also Darstellung von Familie, oder als Displaying Family bezeichnet.[162] Einerseits werden dabei ganz individuelle Vorstellungen von »richtigen« Beziehungen innerhalb der Familie bedient, die sehr vielfältig und unterschiedlich sein können, aber andererseits streben Familien doch auch ähnliche Ideale an wie Gleichberechtigung, Gemeinschaft oder geteilte Verantwortung.[163] In Anlehnung an das bürgerliche Familienideal könnte man sagen, dass Familien versuchen, in ihrem Alltag durch Investition in

Gemeinschaft das echte, »eigentliche« Familienleben zu realisieren und damit

- die Selbstverwirklichung der individuellen natürlichen Persönlichkeit jedes Familienmitgliedes;
- die Entwicklung jedes Einzelnen zu einem besseren Menschen bzw. sogar die Verbesserung der Menschheit durch die Erziehung der Kinder;
- Bildung, Wohlstand und Erfolg für ihre Mitglieder und letztlich für die Gesellschaft;
- Erholung von den Anforderungen und Schutz zu Hause vor den Bedrohungen der anstrengenden und gefährlichen Welt da draußen;
- Liebe, Zuwendung und gemeinsam verbrachte Quality-Time.

SINNSTIFTUNG & DISPLAYING

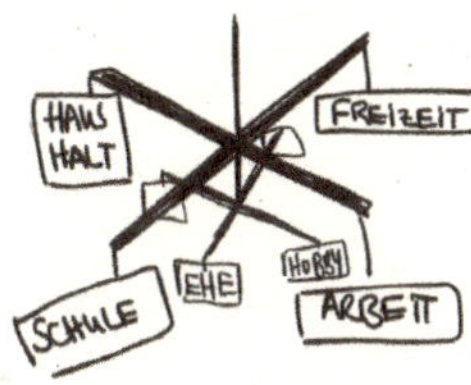

BALANCEMANAGEMENT

Auf einer zweiten Ebene bedeutet »Doing Family«, dass Familien für jedes Familienmitglied und für die Gesellschaft grundlegende Leistungen erbringen, auf die wir als Gesellschaft angewiesen sind.[164] Diese **organisatorische Ebene des Balancemanagements** »umfasst vielfältige koordinierende, logistische Abstimmungsprozesse der Familienmitglieder, um Familie als gemeinsamen Lebenszusammenhang im Alltag praktisch lebbar zu machen.«[165] Dazu gehören die vielfältigen Termine, die den Familienalltag ausmachen, die nicht nur in Bezug auf Zeit und Raum organisiert werden müssen, sondern auch emotional und mental begleitet werden. Manches daran ist gar nicht so neu, wie es vielleicht scheint. Schon im

Bürgertum des 19. Jahrhunderts bedeutete die »fast an Leistungssport« erinnernde ausgeprägte, formalisierte Besuchskultur aus Einladungen und Gegeneinladungen, dass man Termine brauchte, um sich mit Freunden zu treffen.[166] Doch Balancemanagement umfasst so viel mehr. Man kann sich nicht einfach entscheiden, etwas davon auszulassen. Vielleicht könnte man manches anders lösen, aber häufiger, als man denkt, stecken reale wirtschaftliche, soziale oder persönlichkeitsbedingte Zwänge hinter dem, was von der organisatorischen Ebene des »Doing Family« sichtbar wird. Denn unter dem oberflächlich Sichtbaren verbergen sich tiefere Schichten von Belastungen. Das betrifft die vielen verschiedenen Erwartungen an Familie aus den unterschiedlichen gesellschaftlichen Funktionssystemen.

Die verschiedenen Teilbereiche des Lebens wie Recht, Bildung, Betreuung, Wirtschaft und Arbeit, Gesundheit, Finanzen etc. wurden immer kleinteiliger aufgegliedert und zu eigenen Systemen mit eigenen Funktionslogiken. Das heißt zum Beispiel, dass Gerechtigkeit im Rechtssystem einklagbar ist und auf Gesetzen basiert, im Bildungssystem aber von individuellen Bewertungen der Lehrerinnen und Lehrer abhängt. Die Logik im Gesundheitssystem ist zum Beispiel das Wiederherstellen von Gesundheit bei Krankheit. Deshalb muss man für Leistungen dort erst beweisen, dass man krank ist. Jedes gesellschaftliche Teilsystem funktioniert also ein bisschen anders. Das

Besondere an Familie ist, dass sie mit allen gesellschaftlichen Funktionssystemen Berührungspunkte hat.[167] Weil Familien etwas von den Systemen wollen, müssen sie sich dafür den verschiedenen Strukturen und Logiken der Systeme anpassen. Jedes dieser Systeme hat umgekehrt auch eigene Erwartungen an Familien und Familien müssen sie bedienen. Schauen wir uns das konkret für einige der scheinbar einfachen Alltäglichkeiten an, die in den Beschreibungen von eben stecken. In ihnen sind Leistungen für verschiedene gesellschaftliche Funktionssysteme enthalten.

Das Bildungssystem …

… ist für die Lern- und Leistungsfähigkeit der Kinder darauf angewiesen, dass sie mit ausreichend gesundem und abwechslungsreichem Essen versorgt sind – vor der Schule und auch in den Pausen. Das bedeutet: Kita und Schule geben Empfehlungen und Vorgaben weiter, womit die Butterbrotdose gefüllt werden darf.

… ist für die Organisation des Schulalltags und für die Förderung des Kindes darauf angewiesen, dass Eltern Informationen in der Postmappe lesen und bearbeiten bzw. mit ihrem Kind über die Inhalte der Postmappe kommunizieren. Benötigtes Material, Unterschriften für Ausflüge, Informationen zu Arbeitsverhalten oder besonderen Vorkommnissen und vieles weitere werden darüber mitgeteilt.

… erwartet kommentarloses Befolgen der Anforderungen und Priorisierung der Bildung von Kindern.

… erwartet, dass Eltern und Kinder auf die Vollständigkeit und Ordnung der Schulmaterialien achten und ggf. für Nachschub sorgen (Stifte, Hefte in der vorgegebenen Größe und Farbe, Turnschuhe etc.).

… baut für Schulbeginn, Pausen und Schulschluss auf dem zeitlichen »Funktionieren« aller Beteiligten auf, was manchmal eine logistische Meisterleistung ist, und erwartet volle zeitliche Flexibilität von Eltern: Sie müssen jederzeit erreichbar sein und ggf. Kinder abholen.

… bewertet Kleidung von Kindern als angemessen oder nicht angemessen für den Schulalltag und erwartet vom Elternhaus, dass die Vorgaben und Empfehlungen eingehalten und umgesetzt werden (ja, es gibt Schulen mit Regelungen zu bauchfreien Tops, Ausschnitten und schon zu meiner Jugend: wie tief die Baggy sitzen darf).

… erwartet, dass Eltern ihre Kinder bei allen schulischen Angelegenheiten angemessen begleiten. Wie das im Einzelfall (sprich: bei jedem Kind bzw. bei jeder Lehrkraft) konkret aussieht, ist sehr unterschiedlich und kann beispielsweise beim selben Kind bedeuten, in einem Fach nur für das Erledigen der Hausaufgaben zu sorgen und im anderen Fach deren Korrektheit zu überprüfen oder beim einen Kind noch lange für Klassenarbeiten zu lernen und beim anderen durch die Vorgabe »nicht länger als eine halbe Stunde üben« an vertieftem Lernen mit dem Kind gehindert zu werden.

… verwendet immer mehr digitale Plattformen für verschiedene Aufgaben und erwartet die (selbstverständlich zielorientierte) Nutzung durch Eltern und Kinder (im Klartext: pro Kind mindestens (!) eine App oder Webseite mit Benutzeraccount, über die wahlweise Informationen, Aufgaben und/oder Kommunikationsmöglichkeiten mit vielleicht sogar allen Schülerinnen und Schülern der Schule unabhängig der Klassenstufe unbegrenzt zur Verfügung gestellt werden).

… knüpft an die familiären Voraussetzungen zur Teilhabe am gesellschaftlichen, sozialen, politischen und wirtschaftlichen Leben an und ermöglicht Kindern Teilhabe, indem es sie bildet, fördert und (hoffentlich) gerecht bewertet. Eltern achten darauf, dass dies insbesondere für ihr Kind umgesetzt wird, und treten gegenüber den Lehrkräften nicht nur an Elternsprechtagen dafür ein. Die Kommunikation mit der Schule ist umfangreich geworden.

Es ist wichtig, sich vor Augen zu halten, dass es hier gerade nicht um eine Bewertung all dieser Erwartungen geht. Ich liste nur auf, wie der gesellschaftliche Teilbereich »Bildungssystem« mit der Familie verwoben ist. Das setzt Ressourcen voraus: Lesefähigkeit (die nicht zwingend gegeben ist – sei es wegen Analphabetismus, eines geringen Bildungsniveaus oder nicht ausreichender Sprachkenntnisse), Kenntnisse zum Bildungs- und Betreuungssystem, oftmals auch finanzielle Ressourcen, um Bücher, Hefte, Ausflüge und besondere Materialien zu bezahlen.

Gleiches können wir für weitere gesellschaftliche Systeme tun:

Das Gesundheitssystem…

…erwartet von Familien, dass Kindern ein gesunder Lebensstil vermittelt und mit ihnen eingeübt wird. Müsli und Zähneputzen und die damit verbundenen Erklärungen in unserem Beispielszenario sind ein Symbol dafür.

…kontrolliert durch regelmäßige Vorsorgeuntersuchungen z. B. bei Zahnärzten und Kinderärztinnen, ob dieser Erwartung entsprochen wird.

…basiert auf der Einstufung der Erwerbstätigkeit: Mindestens ein Elternteil ist versicherungspflichtig beschäftigt, arbeitslos oder arbeitsunfähig gemeldet oder berentet. Was selbstverständlich klingt, ist trotz Versicherungspflicht in Deutschland nicht selbstverständlich.

…geht von Gesundheit als »Normalfall« aus und erwartet bei Krankheit Nachweise, bevor es Leistungen bezahlt. Das bedeutet auch: In herausfordernden Klassenkonstellationen sind Kinder mit Diagnose hilfreich, weil über sie eine Integrationskraft eingestellt werden kann, die nicht selten dann in der ganzen Klasse unterstützt und nicht nur das Kind, für das sie bezahlt wird.

…kooperiert mit dem Bildungssystem, um eine möglichst flächendeckende Kontrolle über die Basics der gesundheitlichen kindlichen Entwicklung zu haben (Schuleintritts- bzw. Schulfähigkeitsuntersuchung, Schulzahnärztin).

…kooperiert mit dem Jugendhilfe-System: Wenn Familien wiederholt Vorsorgeuntersuchungen nicht wahrnehmen, meldet sich das Jugendamt.

Unbewusst und allgegenwärtig

Wir könnten weitermachen mit dem Wirtschaftssystem, mit den beiden Seiten Arbeitsmarkt und Konsum, mit dem Rechtssystem und seinen vielfältigen Beziehungen zu Elternschaft, mit dem Steuersystem und der öffentlichen Verwaltung usw. Im Durchschnitt sind es mindestens fünf Ämter, die für ein Kind zuständig sind.[168] Je mehr Familien auf staatliche Unterstützung angewiesen sind, umso umfangreicher werden die Anforderungen.

Mit welchen gesellschaftlichen Teilbereichen kommst du selbst in Berührung? Welche bringen dich an deine Grenzen, worüber wunderst oder ärgerst du dich? (Diese Fragen lassen sich auch für Gemeinde durchdenken, denn auch in Gemeinde kommen wir mit verschiedenen gesellschaftlichen Teilbereichen in Berührung.)

Das waren nur ein paar Beispiele für das, was an Herausforderungen und gesellschaftlichen Erwartungen hinter den so simpel scheinenden Tätigkeiten der ersten zwei bis drei Stunden im Alltag einer Mama liegt oder liegen kann. Die nächsten Stunden bringen weitere Tätigkeiten und dahinterliegende Anforderungen. Eigene Erwartungen an die Qualität und den Sinn von Familienleben, an Selbstverwirklichung und Glück mischen sich mit Erwartungen von außen. Sie alle brauchen eine Antwort. Und sei es die Entscheidung: »Das ignoriere ich jetzt!« – was nicht die leichteste Reaktion ist.

Das Alltäglichste an diesem Familienalltag ist dabei, dass es wenig gibt, was für »alle Tage« gilt: Jeder Tag ist ein Mosaik aus Erwachsenen- und Kinder-Terminen, äußeren Umständen und Anforderungen, Aushandlungen zu Verantwortlichkeiten, Wünschen und Bedürfnissen, Gefühlszuständen und … Haushaltsaufgaben. Und noch so vielem mehr. Die Care-Arbeit eben. Alltag im Sinn von Gleichförmigkeit gibt es – zumindest in vielen Familien – kaum. Allein diese Tatsache sorgt für Belastung.

Die verschiedenen Aspekte des Alltags haben alle ihren eigenen Ort. Arbeit findet in Bürogebäuden, Firmen, Werkstätten und Produktionshallen statt. Unter der Überschrift von Schutz und Vorbereitung auf die Verantwortung als erwachsener Mensch werden für Kinder »Sonderumwelten«[169] geschaffen. Kindergärten, Grundschulen und weiterführende Schulen, Horte, Musikschulen, Vereine und andere Freizeit- und Betreuungsangebote sind künstlich geschaffene Schutzräume, in denen Kinder befreit von existenziellen Sorgen und geschützt vor den Gefahren der Lebenswelt der Erwachsenen auf eben dieses Leben vorbereitet werden. Sie sollen eine freie Entfaltung ermöglichen. Kindheit und auch das Erwachsenenleben sind immer individualisierter und dadurch »verinselter«. Die für Kinder wichtigen Orte gleichen bekannten Inseln – was dazwischenliegt, verschwimmt. Immer häufiger wird das Auto für diese Wege genutzt.[170] Eltern fahren für sich selbst und bringen ihre Kinder von einem Ort an den anderen: von der Schule zum Sport und nach Hause, von der Betreuung das eine Kind zur Musikschule und mit dem anderen zum Einkaufen, dann nach Hause und so weiter. Die Zeit für Fußwege fehlt oder Eltern verbinden die Kindertermine mit dem Pendeln zur Arbeit. Je weiter die Wege, desto wahrscheinlicher ist dieses Szenario. Wohnungsnot und der Mangel an Betreuungsplätzen insbesondere in Städten tragen ebenfalls dazu bei.

Die Erwartungen an Familie sind also tatsächlich mehr geworden. Sie werden in unscheinbaren Postmappen durch die Kinder von der Schule mit nach Hause getragen und man wird mit ihnen konfrontiert in Elterngesprächen in der Kita und der Schule (Entwicklungsgespräche für jedes Kind in der Kita einmal bis mehrmals pro Jahr gehören inzwischen zum erwartbaren Standard). Sie werden in der Werbung und in den sozialen Medien kommuniziert und sie geistern durch Gespräche mit anderen Eltern auf Spielplätzen, in Krabbelgruppen und bei Kindergeburtstagen.

Wie viele dieser Details waren dir präsent? Zum Glück denken die meisten Familien nicht ständig daran (auch wenn wir uns als Gesellschaft bei manchen Familien wünschen würden, das ein oder andere wäre ihnen mehr bewusst).

Trotzdem noch einmal: Übertreibe ich nicht damit, all das so detailliert aufzuschreiben? Könnte man das nicht ganz genau so auch für viele andere Tätigkeiten in unserer Gesellschaft machen? Für die Arbeit von Pflegekräften, Lehrerinnen, Zugbegleitern, Bürokräften, Managerinnen und Stadtplanern? Von ihnen wissen wir letztlich doch auch selten, was genau eigentlich zu ihren Tätigkeiten gehört.

Es gibt Ähnlichkeiten – und doch einen fundamentalen Unterschied: Das andere sind Berufe. Sie werden nicht unbedingt gut entlohnt, aber sie werden entlohnt. Finanziell wertgeschätzt. Und zeitlich berechnet. Weil sie in ihrer Bedeutung für die Gesellschaft sichtbar sind. Und das ist mit Care-Arbeit anders – egal, wer sie leistet.

Das Öffentliche im Privaten und das Private in der Öffentlichkeit

Denn ganz in der Tradition des bürgerlichen Familienbildes waren der Alltag und die Gewohnheit durch die Trennung von Privatsphäre und Öffentlichkeit gut geschützt im Haus verborgen. Allerdings gibt es dazu einen

Gegentrend. Die Coronapandemie hat verstärkt und beschleunigt, was sich vorher schon anbahnte. Das Online-Geschehen ist noch mehr Teil des Alltags geworden. Die Trennung von Privatleben und Beruf wurde durch das Homeoffice für viele Menschen aufgehoben – in aller Ambivalenz, die das bedeutet. Im Schutzraum »Zuhause« musste nun auch für den Beruf Platz geschaffen werden und das Zuhause wurde durch Videokonferenzen auch in der Öffentlichkeit der Arbeitswelt sichtbar. Damit wird die Trennung von Öffentlichkeit und Privatsphäre, von Erwerbsleben und Zuhause, wie sie durch das Bürgertum als Standard etabliert wurde, in gewisser Weise wieder aufgehoben. Sie war zwar nie vollständig realisiert, hat sich aber als Anspruch, das Familienleben vor der Öffentlichkeit zu schützen, erhalten und beeinflusst auch die Art und Weise, wie wir über die Nutzung sozialer Medien sprechen. In die Öffentlichkeit gehörte nur das, was auch »repräsentativ« war, also das Ansehen der Familie als gute bürgerliche Familie unterstrich und zum fähigen Erwachsenen gehört. Das verstärkte damals das Ideal des perfekten Familienlebens so wie heute die pastellfarbenen Instagrambilder glücklicher Familien. Schon seit der Gründung von Instagram als bildbasierter Social-Media-Plattform 2010 kann man direkte Einblicke in den Alltag und die Wohnräume von Familien bekommen. Während Influencer und Influencerinnen sorgfältig auswählen, welche Ausschnitte sie ihren Followern und Followerinnen zeigen, werden vielfach von Nutzerinnen und Nutzern auch unbedacht und unreflektiert Menschen, Dinge und Räume gepostet.

In die Öffentlichkeit gehörte nur das, was auch »repräsentativ« war, also das Ansehen der Familie als gute bürgerliche Familie unterstrich.

Die Wirkung dieser Medien ist also offensichtlich zwiespältig. Nicht nur, dass sie gleichzeitig Austausch über die Realität ermöglichen und Ansprüche vermitteln, sie verschärfen durch den Suchtfaktor der Algorithmen das Zeitproblem. Andererseits ermöglichen die Plattformen auch, trotz Bindung an das Haus durch Care-Arbeit am gesellschaftlichen Leben teilzuhaben. Themen im zwiespältigen und hochkomplexen Verhältnis zur Öffentlichkeit sind also Fragen von Schutz und Teilhabe, Selbstbestimmung und Persönlichkeitsrechten.

Über die Veröffentlichung von Privatem formten sich aber ganz entscheidend auch Netzwerke. Schon seit Beginn der 2000er thematisierten Frauen auf den sogenannten »Mutti-Blogs« die Belastungen und Herausforderungen von Familienleben. Die zu Beginn tagebuchartigen Beiträge wurden schnell zur Identifikationsplattform für unzählige Mütter, die feststellten: Wir sind mit unserem Erleben nicht allein. Soziale Medien wurden zur Brücke aus dem Privatraum in die Öffentlichkeit. Diese Funktion darf man nicht unterschätzen, ebenso wie den Einfluss auf die öffentlichen Diskurse zum Thema sexualisierte Gewalt beispielsweise bei der #Me-too-Debatte. Die Unsichtbarkeit von familiärer Care-Arbeit wird über die sozialen Medien sichtbar gemacht und mit Hashtags wie #ehrlicheresstisch wird durch so etwas wie Authentizität ein Gegentrend zur Idealisierung und Selbstdarstellung gesetzt. Die Vernetzung macht sichtbar, dass Belastungen für viele gelten und nicht so individuell sind, wie sie sich anfühlen.

Individualisierte Belastungen

Die Trennlinien des bürgerlichen Familienbildes haben Eltern allein verantwortlich gemacht für ihre Familie. Das Verstecken besonderer Belastungen im Haus und die Darstellung von glücklichen, funktionierenden Familien führen bei allen, aber insbesondere bei sehr belasteten Familien dazu, dass sie sich allein fühlen und auch alleingelassen sind. Die Individualisierung vermittelt den Eindruck, für das eigene Lebensglück und auch für alles Herausfordernde im Leben selbst verantwortlich zu sein. Dabei kommen viele Belastungen im Familienleben eben nicht aufgrund individueller freier

»Entscheidungen«, sondern sind das Ergebnis von gesellschaftlichen Rahmenbedingungen, persönlichen Erwartungen und Einflüssen von außen. Je nach Alter und Persönlichkeit der Kinder, finanzieller Situation, Nachmittagsaktivitäten, Wohnsituation und Zusammenstellung weiterer Faktoren sind die Alltagssituationen von Familien dann sehr unterschiedlich herausfordernd bis belastend. Diese Pluralität und Gleichzeitigkeit von verschiedenen Lebenswirklichkeiten, die weit über die Frage nach Familienformen hinausgehen, müssen wir erst einmal anerkennen.

Rahmenbedingungen und Einflüsse

Mit manchen Rahmenbedingungen und Einflüssen auf Familienleben kann man rechnen, andere sind das, was man früher Schicksal nannte. Auf den eineinhalb Seiten des Alltagsszenarios oben kann man Hinweise auf kleinere erwartbare Unwägbarkeiten entdecken, wie die unregelmäßigen Schließzeiten der Kita durch Fachkräftemangel und die Konflikte zwischen den Kindern. Kranke Kinder und gegebenenfalls auch das Risiko nicht fahrender öffentlicher Verkehrsmittel und Inflation können zwischen den Zeilen auch herausgelesen werden. Aber kein Wort von den wirklich unvorhergesehenen Dingen: kaputte Waschmaschinen oder Autos, Entlassungen, Unfälle oder Wetterkatastrophen, um ein paar plakative Beispiele zu nennen. Und dann nehmen wir noch zeitgeschichtliche Themen in den Blick, die Familien einschränken und belasten, wie Wohnungsnot, die politische Benachteiligung von Familien und Kindern[171] und Neurodivergenz[172] oder die Zunahme an psychischen Erkrankungen in allen Altersgruppen, auch bei Kindern. Es fehlen etwa 300.000 Kitaplätze[173] und auch die Schulpflicht kann wegen fehlender Schulplätze nicht für alle Kinder gewährleistet werden.[174]

Und dann sind da die anderen, gar nicht so ungewöhnlichen Herausforderungen im Leben, die den Alltag von Familien aufs Äußerste anspannen können: Armut und Geldnot, Konflikte, Gewalt, der Tod eines oder einer Angehörigen, Behinderungen, physische und psychische Erkrankungen oder Migration und Alltagsrassismen. Die Effekte davon lassen sich nicht durch einzelne weitere Punkte auf der Liste der Tätigkeiten ergänzen. Sie werfen die ganze Liste über den Haufen und verändern sie. Essen und Kleidung, Hobbys und Freizeitaktivitäten werden durch Herausforderungen wie Armut und Behinderung eines Kindes exponentiell gesteigert, denn eine Einschränkung kommt selten allein. Verschiedene Formen von Benachteiligung und Einschränkung, Herausforderung und Not kommen zusammen (Intersektionalität) und machen den ohnehin herausfordernden Alltag als Familie noch belasteter.

Umso erstaunlicher ist: Trotz Erwerbstätigkeit von Eltern und Termindichte von Kindern verbringen Eltern mehr bewusste Zeit mit ihren Kindern als früher.

Umso erstaunlicher ist: Trotz Erwerbstätigkeit von Eltern und Termindichte von Kindern verbringen Eltern mehr bewusste Zeit mit ihren Kindern als früher.[175] Aber diese Priorisierung der Eltern für gemeinsame Zeit mit den Kindern geht mit Abstrichen an anderer Stelle einher. Die Unzufriedenheit mit Freizeit für sich selbst wächst insbesondere bei Müttern. Sie nehmen sich im Vergleich zu Vätern weniger Zeit für die sogenannte »Me-Time«.[176] Das führt zu einer gezielteren Auswahl von Terminen und einer stärkeren Berücksichtigung von Kapazitäten. Die Lockdowns der Coronapandemie haben das noch verstärkt: Geselligkeit und Miteinander als Familie statt verplanter Zeit waren für manche Familien neben allen Belastungen auch eine Atempause von der Schnelligkeit des Alltags vorher. Zwar hat sich in vielen Situationen wieder die Normalität des Beschäftigtseins eingestellt, das Gehetze des Alltags bleibt aber nicht so unhinterfragt und unsichtbar wie zuvor, sondern wird zunehmend laut thematisiert.

Armut in Familien

Worum es geht:

Mit Armut sind zwei große Belastungen verbunden: erstens die direkte Not, wie Hunger, Probleme in Bezug auf Kleidung, Schulden und Teilhabe an gesellschaftlichem Leben, und zweitens die Scham über Armut, weil sie als selbst verschuldet gilt und mit Abhängigkeiten einhergeht.

Was wir dazu wissen sollten:

In Deutschland lebten im Jahr 2022 7,4 % aller Familien, und das heißt 14,8 % oder 2,2 Millionen aller Kinder und Jugendlichen in Deutschland, in Armut.[177] Das höchste Armutsrisiko haben junge Erwachsene zwischen 18 und 25 Jahren.[178] Armut »ist im Wesentlichen ein Mangel an Mitteln und Möglichkeiten, das Leben zu gestalten«[179]. 43 % der alleinerziehenden Mütter hatten ein Nettoäquivalenzeinkommen von weniger als 18.209 € für das Jahr 2022.[180] Kindergeld und mögliche Transferleistungen sind da bereits eingerechnet. 13,2 % der Minderjährigen waren 2022 auf Leistungen nach dem SGB II angewiesen.[181] Überrepräsentiert am Bezug dieser Leistungen sind Haushalte mit Familien, in denen die Eltern einen niedrigen Bildungsabschluss haben (16 %) und Familien ab dem 3. Kind (23 %).[182] 42 % der Familien in den unteren Einkommensschichten können ihre Kinder aus finanziellen Gründen nicht so fördern, wie sie das gerne würden – und das, während Alleinerziehende im Schnitt 25 % ihres Einkommens für die Kinder ausgeben.[183] Allerdings ist Armut nicht nur eine Frage des Geldes. Denn Kapital gibt es auch in anderer Hinsicht: Wie viel Bildung gibt es in einem Haushalt? Welche Personengruppen sind im Netzwerk einer Familie vorhanden (kennt man zum Beispiel jemanden, der oder die Steuerberatung macht, Arzt bzw. Ärztin, Jurist bzw. Juristin ist)?

Armut drückt sich im Habitus aus, also der Art, wie man gewohnt ist zu sprechen, sich zu kleiden, sich zu bewegen, und ob man weiß, wie man sich beispielsweise in einer Bibliothek verhält. Der Habitus kommt aus verinnerlichten Werten und vermittelt ein Verhältnis zu anderen, zu Gegenständen, zu sich selbst. In einer Welt, in der das bürgerliche Familienideal gilt, wird »bestraft«, wer nicht diesen Habitus hat. Das gilt zum Beispiel im Bildungssystem. Unabhängig von individuellen Leistungen hat der sozioökonomische Hintergrund eines Kindes bzw. einer Familie enormen Einfluss auf Noten und damit auf schulischen und beruflichen Erfolg. Dieser wird schon an der Adresse abgelesen![184] Das dreigliedrige Schulsystem in Deutschland erhält so die Unterscheidung gesellschaftlicher Schichten aufrecht, für die es entwickelt wurde: höhere Bildung für das Bildungsbürgertum, mittlere Reife für das Handwerk und Volksbildung für Arbeiter und Arbeiterinnen. »Bei Kindern und Jugendlichen kann sich Armut äußerst negativ auf das Wohlbefinden auswirken und hat das Potenzial, das Leben junger Menschen über Jahrzehnte zu beeinträchtigen. So geht diese nicht nur mit gesundheitlichen Risiken, beengten Wohnverhältnissen, geringerer Mobilität, fehlenden Freizeitmöglichkeiten, einem kleineren Freundeskreis und verminderter politischer Partizipation einher, sondern auch mit einer eingeschränkten Bildungsteilhabe, schlechterem Schulerfolg und geringen beruflichen Aufstiegschancen.«[185] Die Unterschiede, wie Kinder in der Schule zurechtkommen, lassen sich sogar sozialräumlich abbilden: Sie wohnen in verschiedenen Stadtvierteln und gehen deshalb in unterschiedliche Schulen, deren Kultur sich deshalb enorm unterschiedlich entwickelt. Die Scham, die durch Armut hervorgerufen wird, kann hirnschädigend wirken.[186]

Armut kann bedeuten,

- dass das Bildungsniveau der Eltern und ihr Habitus ihnen nicht ermöglichen, ihre Kinder beim Spracherwerb und bei schulischen Anforderungen zu unterstützen.[187]
- dass Kinder unbetreut sind, weil Eltern arbeiten müssen.
- nicht genügend Geld zu haben für die Kleidung der ständig wachsenden Kinder oder für ausreichend und gesundes Essen.

Die finanzielle Not wird noch erschwert durch den Abgleich mit dem überall präsenten Ideal von Familienleben. Um den Kindern das Gefühl zu vermitteln, es sei alles in Ordnung, geben Eltern dann gelegentlich lieber Geld für das teure Fast-Food-Restaurant statt den Lebensmitteldiscounter aus. Gerade dieser Versuch, am gesellschaftlichen Leben teilzuhaben, ist mit Abwertung verbunden: »Wie könnt ihr Fast Food essen, wenn ihr arm seid?« Gleiches gilt für den Konsum von Zigaretten, die nicht nur ungesund sind, sondern auch gesellschaftliche Teilhabe bedeuten und ein Symbol für Erholung und Selbstfürsorge sind. Die Priorisierung von Gesundheit über gesellschaftlicher Teilhabe ist ein Luxus, den sich vor allem diejenigen leisten können, die nicht von Armut bedroht sind. Auch der Kauf von Gebrauchtem ist leichter, wenn man sich selbstbestimmt zum Sparen entscheidet und nicht durch Armut dazu gezwungen ist. So hindert Armut auch an vielen Hobbys und Freizeitangeboten, an Ferienspielen und an Gemeindeaktivitäten. Sicher gibt es Möglichkeiten, z. B. über das Bildungs- und Teilhabepaket Unterstützung zu bekommen. Allerdings erhalten Anspruchsberechtigte diese Leistungen nur auf Antrag. Einen solchen zu stellen, scheitert oft nicht mal am Stolz oder der Zeit, sondern am Wissen und Können. Nur jede sechste Familie, die Leistungen für Bildung und Teilhabe beanspruchen könnte, hat diese auch beantragt.[188] Die Anträge für Bildung und Teilhabe müssen zudem ein- bis zweimal pro Jahr oder auch pro Anlass (Ausflüge) für jedes Kind mit denselben Angaben und aktualisierten Nachweisen erneut gestellt werden. Natürlich kann man sich die Vorlage abspeichern. Dennoch gehören mehrere Schritte dazu: das Zusammentragen der Nachweise, das Ausfüllen der Anträge in Schriftdeutsch, das form- und zeitgerechte Einreichen, die Weiterleitung einer Bewilligung an die entsprechenden Stellen. Einfach geht anders.

Pflege und Inklusion

Worum es geht:

Alter, Behinderung oder Krankheit können dazu führen, dass Menschen für ihren Alltag und die Teilhabe an der Gesellschaft auf Unterstützung in Form von z. B. Pflege und Eingliederungshilfen angewiesen sind. Pflegende Familienmitglieder organisieren diese Unterstützung oder leisten sie selbst.

Was wir dazu wissen sollten:

2022 waren in Deutschland 5 Millionen Menschen pflegebedürftig. 80 % dieser Menschen wurden zu Hause gepflegt. Pflegebedürftig sind neben älteren Menschen (Eltern, Schwiegereltern, Großeltern) auch Kinder mit Behinderung oder Angehörige mit psychischen oder physischen chronischen Erkrankungen. Pflegende Angehörige sind in der Mehrzahl Frauen,[189] aber manchmal auch Kinder, die ihre Eltern pflegen. Pflege beginnt bei der Sorge für den richtigen Umfang und die richtigen Formen von Pflege. Angehörige von Pflegebedürftigen sind in der Regel die Rückfallebene, wenn institutionalisierte Pflege aus verschiedenen Gründen versagt oder nicht verfügbar ist. Pflege umfasst nicht nur die möglicherweise körperlich anstrengenden pflegerischen Tätigkeiten, sondern auch emotionale Fürsorge und eigene Abgrenzung, ethische Fragen, jede Menge Papierkram und damit auch eine gewisse Öffentlichkeit. Das Spektrum von Pflegebedürftigkeit ist sehr groß. Neben Alter, körperlichen Erkrankungen und Behinderungen, seien sie seit Geburt da oder die Folge von Unfällen, sind auch psychische Erkrankungen und geistige Behinderungen eine Belastung für Familien. Je nach Situation besteht auch dann Pflegebedarf, der aber nicht immer so offensichtlich ist wie bei körperlichen Einschränkungen. Weil Menschen in Begegnungen von einem »fähigen Erwachsenen« und einem sich automatisch zu einem fähigen Erwachsenen entwickelnden Kind ausgehen, führen unerwartete Reaktionen zu Irritation und Unsicherheit, die oft auch mit einer Abwehrhaltung und Ausgrenzung einhergehen. Nicht jede Behinderung ist sichtbar und manche ist auch deshalb unsichtbar, weil es in der Öffentlichkeit keinen Platz für sie gibt. Inklusion ist schlecht umgesetzt, Ausschließungsprozesse werden häufig favorisiert, weil sie Schutzräume ermöglichen und »gerechter« scheinen. Dem einzelnen Menschen könnte in einer sehr speziell angepassten Umgebung besser begegnet werden, so die Einschätzung. Außerdem würden die Menschen mit ihren Besonderheiten anderen begegnen, die »wie sie sind«. So richtig das ist, werden dabei doch unterschiedliche Bedürfnisse derselben Menschen gegeneinander ausgespielt statt zueinander in Beziehung gesetzt: Anerkennung und Zugehörigkeit sind eben nicht nur durch »Gleiche« wichtig, sondern insbesondere auch durch »andere«. Gerade bei mehrfach schwerstbehinderten Menschen wird vom Umfeld schnell die Frage gestellt, ob eine Unterbringung in einer spezialisierten Einrichtung nicht die bessere Lösung für alle wäre. Allerdings reicht die Spanne möglicher Antworten von Ja bis Nein über sehr viele Schattierungen von Jein: von Fachkräftemangel und schlechtem Personalschlüssel auch in Einrichtungen über finanzielle Fragen bis hin zur Frage nach dem Platz lassen sich verschiedene »technische« Aspekte betrachten.[190] Beziehungsfragen und der Wunsch nach Inklusion wiegen jedoch oft wesentlich schwerer bei der Entscheidung.

Zeichen der Inklusion
Manchmal findet man an öffentlichen Plätzen (z. B. an Spielplätzen) Tafeln mit Symbolen als Hilfestellung für Kommunikation ohne Worte. An vielen Ampeln gibt es akustische Signale. Stille Stunden in Supermärkten verhindern Reizüberflutung. Umhängebänder mit Sonnenblumen weisen auf unsichtbare Behinderungen hin.

Gleichzeitig ist das Leben von Familien mit einem pflegebedürftigen Familienmitglied in gewisser Weise öffentlich, weil es den beteiligten Fachkräften offengelegt werden muss. Umfangreiche Antrags- und Auskunftspflichten sind das eine, um die mögliche finanzielle Unterstützung durch den Staat zu bekommen, gegebenenfalls ein und aus gehende Pflegefachkräfte sind das andere. Die sozialen Medien als Ort der Vernetzung mit anderen pflegenden Elternteilen bieten gerade für die oft ans Haus gebundenen Pflegenden eine große Chance. Sie ermöglichen auch Aktivismus und Aufklärungsarbeit zu den Besonderheiten bestimmter Erkrankungen oder Behinderungen, zu Neurodivergenz und dem Alltag pflegender Angehöriger.

Konflikte und Gewalt

Worum es geht:

Konflikte sind allgegenwärtiger Teil des Alltags, werden aber als Gegensatz zur »glücklichen Familie« zum Problem. Die Privatisierung von Familienleben hat die Bewältigung von Konflikten in den verschiedenen Formen in die alleinige Verantwortung von Familien verschoben. Doch sind gerade Familien der Ort, an dem das Risiko für Machtausübung und Gewalterfahrungen (eigene und miterlebte) am höchsten ist. Die Nähe der Beziehungen und die oft existenzielle Abhängigkeit machen verletzlich.

Was wir dazu wissen müssen:

Konflikte in der Familie betreffen bei Weitem nicht nur die Paarbeziehung. Über die Lebensspanne ergeben sich vielfältige Konfliktbeziehungen – zwischen Geschwistern, zwischen Eltern und Kindern, zwischen Partnern, mit Schwiegereltern und der erweiterten Verwandtschaft. Durch die pluraleren Familienformen spielen auch Konflikte zwischen rechtlichen und sozialen Familienbeziehungen zunehmend eine Rolle.[191] Erbstreitigkeiten, Fragen bezüglich der Pflege der Eltern, politische Sichtweisen (zum Beispiel während der Coronapandemie), alltägliche Kleinigkeiten, Wertekonflikte, Konkurrenzen, Eifersucht, Gleichgültigkeit – die Liste möglicher Gründe für Konflikte in Familien ist lang. Die Ausbreitung psychologischen Wissens in der Gesellschaft lässt den Eindruck entstehen, man wüsste doch jetzt, wie das mit Beziehungen funktioniert: gute Kommunikation mit Ich-Botschaften, Perspektivenwechsel, gewaltfreies Äußern von Wünschen – da müssten gelingende Beziehungen doch eigentlich ganz einfach sein.

Aber der Umgang mit Emotionen und die Tradition der Abwehr von Gefühlen sind ein massiver Konflikttreiber. Viele Konflikte beginnen bei Sachfragen und werden zu Konflikten über die Beziehung und das Austragen von Konflikten. Die Unfähigkeit, mit Emotionen umzugehen, Machtverhältnisse und Erwartungen in Bezug auf Augenhöhe und Respekt, »der Ton«, der die Musik macht, und fehlende Konfliktlösungskompetenzen spielen eine Rolle. Statt Gefühle als wichtige Quelle für Selbsterkenntnis und Dynamiken im Miteinander anzusehen, werden sie abgewehrt, relativiert oder übergangen. Zwar wird manchmal davon gesprochen, dass »ein Blick von außen hilfreich ist«, doch gerade bei sehr intimen Beziehungsfragen greifen Tabuisierungen und lassen Konflikte unter der Oberfläche lange schwelen. Oft so lange, bis der Konflikt zu verfahren ist, um gelöst werden zu können. Weil in zwischenmenschlichen Konflikten die existenziellen Fragen berührt werden (nach Anerkennung, Schutz, Integrität und Zugehörigkeit), kann Scham der Grund dafür sein, dass Konflikte nicht bearbeitet werden (können). »Zu viel Scham macht einsam, trennt, isoliert, unterbricht die Beziehung und entsolidarisiert Menschen.«[192] Konflikte stellen deshalb zum Beispiel nicht nur Ideale zu Beziehungen infrage und »dürfen« deshalb nicht sein, sie machen Unfähigkeit und Fehler sichtbar. »Fehler werden in der Regel vertuscht, weil sie oft als existenziell bedrohlicher Zusammenbruch des Selbstwerts erlebt werden und weil unser Umgang mit Fehlern so erbarmungslos ist.«[193]

Wo Trennung nicht als mögliche Lösung im Konflikt gilt, werden Konflikte schwierig, weil es keinen Ausweg aus ihnen gibt. Wo Trennung als die einfachste Lösung gilt, werden Konfliktparteien und alle, die davon Zeugen geworden sind, mit ihren Gefühlen alleingelassen. Weil es scheint, als wüssten wir doch, wie Konflikte geklärt werden, und müssten es nur umsetzen, wirken andauernde Konflikte wie eine Entscheidung der Beteiligten und werden ihnen als individuelle Verantwortung zugeschrieben, statt als Dynamik zwischen den eigenen Anteilen und den Anteilen der anderen Beteiligten und damit der Menschlichkeit gewürdigt zu werden.

Gerade die Frage nach dem Wie von Versöhnung und Wiedergutmachung wird dadurch erschwert.

Anders als oft behauptet wird, ist die Entscheidung zur Trennung in der Regel keine leichte und leichtfertige. Scheidung und Trennung werden in unserer gesellschaftlichen Struktur geächtet und bestraft. Darunter leiden auch die Kinder und die ganzen Familien und dieses Leid wird der Person, die als »schuld« an der Trennung gilt, zugeschrieben und ihr aufgeladen. Unabhängig von der Schuldfrage, die ihrerseits auch eine Belastung darstellt, führen Trennung und Scheidung in Familien zu rechtlichen und organisatorischen Fragen. Eltern müssen große und kleine Entscheidungen für die Kinder weiterhin gemeinsam treffen. Das gelingt mal mehr, mal weniger gut. Unterstützung aus dem sozialen Nahumfeld ist gerade bei Streitigkeiten zwischen den Elternteilen schwierig. Zu oft wird aus einer sachlichen Frage ein persönliches Thema von Loyalität gemacht – oder ein solches Problem wird befürchtet. Hinzu kommt, dass Eltern nicht selten den Anspruch haben, mit ihrem Konfliktverhalten ihren eigenen Kindern ein Vorbild sein zu wollen, oder/und das vom Partner / von der Partnerin erwarten oder auch von den Großeltern.

Der Zeitdruck des Alltags und die verschiedenen Belastungen führen dazu, dass das allgemeine Stresslevel erhöht ist, was dann auch Gewalt in Konflikten wahrscheinlicher macht. Das ist aber nicht der einzige Grund für Gewalt in der Familie. Es gibt sie auch aufgrund von Gewalt bejahenden Werten, z. B. als Gewalt gegen Kinder im Rahmen von Erziehung, als sexualisierte Gewalt gegenüber Kindern oder auch Geschwistern und als Partnerschaftsgewalt. Gewalt findet sowohl körperlich in unterschiedlichem Ausmaß statt als auch durch psychische (Drohungen, Beleidigungen, kleinhalten, z. B. durch ungerechte Verteilung von Geld, aber auch Manipulation, und Gaslighting[194]) und sexualisierte Gewalt: sowohl in Partnerschaften und Ehen als häusliche Gewalt als auch öffentlich beispielsweise in den sozialen Medien. »Sexualisierte sowie körperliche Gewalt geht in Familien zum Großteil von männlichen Familienmitgliedern aus.«[195] Das liegt jedoch nicht direkt in der Natur von Männern, sondern am Zusammenhang von Geschlecht mit den bevorzugten Werten und den akzeptierten Normen: Bei Frauen ist die Orientierung »an christlichen und idealistischen Werten [...] ausgeprägter als die von Männern«, während Männer »gewaltfördernde Werte präferieren und gewalthemmende Werte ablehnen«[196].

Doch gerade bei sexualisierter Gewalt gegen Frauen hat die Begründung der männlichen Bedürfnisse durch die Natur Tradition: »Das ist halt bei Männern so, da kann man nichts machen, außer sie zu befriedigen.« Die Sexualisierung von Frauen(körpern) ist eine logische Konsequenz der Übermacht der Natur. Einen Ausweg bietet nur die Kontrolle der Natur durch Selbstbeherrschung, steht allerdings der Selbstverwirklichung seiner Natur im Weg. Der größte Ausdruck von Männlichkeit ist die sexuelle Potenz. Sie wird damit sowohl zum verletzlichsten Punkt als auch zum Machtmittel. Eine Frau »erobern« und »sein Eigen« zu nennen, sind verniedlichende Worte für den (sexuellen) Besitzanspruch mindestens gegenüber der eigenen Frau. Weil dieser Anspruch die Gleichwürdigkeit in Beziehungen vergiftet, wird das patriarchale Männerbild oft »toxische Männlichkeit« genannt. Die Überzeugung, Frauen wären für Männer gemacht und hätten für sie da zu sein, ist in den patriarchalen Männlichkeitsvorstellungen tief verankert. Das ist komplementär zu dem fürsorglichen und sich dem Mann unterwerfenden Frauenbild. Die Betonung der natürlichen Unterschiede von Männern und Frauen leistet daher (ungewollt) der Gewalt gegen Frauen Vorschub. Verbunden mit diesem Männerbild ist auch die Konkurrenz zwischen Männern auf der Basis von Stärke. Sie muss nicht unbedingt körperlich sein, sondern kann auch darin bestehen, dass ein Mann sich als integrer erweist oder als kreativer, klüger – oder auch als stark im Sinne von selbstbeherrscht. »Traditionell gelten hierzulande körperliche, aber auch soziale Schwäche als schändlich.«[197] Ein schwacher Mann kann überwältigt werden und muss die Scham darüber mit einem Beweis von Stärke überwinden. Das ist wiederum gefährlich für alle, die schwächer sind als er – und auch für die, die in mancher Hinsicht stärker sind als er. Denn er muss sie kleinhalten (körperlich oder psychisch), um selbst ein echter (über-)mächtiger bzw. starker Mann zu sein. Arroganz, Herabwürdigung anderer und schamlos zur Schau gestellte Macht lassen sich so als Reaktion zur Schamabwehr begreifen und erklären auch, warum Männer selbst oft zum Opfer von Gewalt werden.[198] Die Diskrepanzen zwischen modernen gesellschaftlichen Normen und dem als natürlich verinnerlichten Männerbild mit seinen entgegengesetzten Werten, die steigenden Anforderungen in der Familie und die Erwartung, dass Männer ihrer Verantwortung allein gerecht werden, erklären auch, warum insbesondere Männer anfälliger sind für Suchterkrankungen. Denn Süchte (Internet, Spiele, Sport, Alkohol, Pornografie) dienen dem Abbau von Spannungen. Sie haben aber massive Auswirkungen auf die Beziehungen zum Umfeld, befeuern Scham und verstärken häufig die schädlichen Aspekte des Männerbildes.

Nicht-Elternschaft

Worum es geht:

Elternschaft ist von der Natur her nicht so selbstverständlich, wie sie oft scheint. Und sozial ist sie eine sehr sensible Angelegenheit. Gerade durch die Möglichkeiten der Reproduktionsmedizin und der Verhütung wird Elternschaft als individuelle Entscheidung wahrgenommen und lastet daher auf Männern und Frauen.

Was wir dazu bedenken sollten:

Betroffen von ungewollter Kinderlosigkeit ist »fast jedes zehnte Paar zwischen 25 und 59 Jahren«[199]. Mit der Verwirklichung des mit Erwartungen überfrachteten Familienideals sind nicht nur lange und teure Leidenswege verbunden, sondern auch ethische Fragen an sich selbst und durch andere, die man mit sich selbst und anderen ausmachen muss. Vieles davon bleibt in unserer Gesellschaft unsichtbar, ja sogar tabuisiert. Denn es gibt weder eine »Machbarkeitsgarantie« für eine Schwangerschaft und selbst die ist keine Garantie für eine Geburt. Insgesamt jede sechste Schwangerschaft in Deutschland endet mit einer Fehlgeburt.[200] Künstliche Befruchtungen und eine Änderung des Personenstandsgesetzes im Mai 2013 haben die öffentlichen Statistiken zu »Sternenkindern« [201] beeinflusst. Die Änderungen folgen der geänderten gesellschaftlichen Wahrnehmung und Bedeutung von Kindern. Durch sie »verstehen sich Schwangere heute zumeist als werdende Eltern, sobald die Schwangerschaft bekannt ist«[202]. Dieser Anerkennungsprozess steht in krassem Kontrast und Konflikt zum Umgang mit dem Thema Abtreibung. Während aus der einen Perspektive die Zeugung der Beginn des Lebens und damit der Elternschaft ist, wird aus der anderen Perspektive die Elternschaft und damit der Beginn eines Lebens abgelehnt. Dahinter stehen komplexe ethische Fragen und zutiefst individuelles Erleben. Gemeinsam haben sie das Thema »Entrechtung« und eingeschränkte Selbstbestimmung: Der Umgang des medizinischen Personals mit Eltern und Föten bei einer »stillen Geburt« folgt meist noch nicht der Logik von Trauerbegleitung[203], und Eltern von Sternenkindern und Frauen, die abtreiben möchten, werden durch gesetzliche Bestimmungen Grenzen in ihren Handlungsmöglichkeiten gesetzt. Die Ablehnung von Trauer während des ersten Trimesters (in dem »natürliche« Schwangerschaftsabbrüche als nicht unwahrscheinlich gelten) und die Verurteilung von Frauen, die in dieser Zeit ihre Mutterschaft selbst beenden möchten, stehen emotional in merkwürdigem Widerspruch zueinander und lassen sich vor allem durch den Bezug auf die Natur als Macht erklären. Während in Deutschland im Februar 2025 ein Gesetz verabschiedet wurde, das Mutterschaftszeit nach einer Fehlgeburt ermöglicht,[204] gibt es in den USA Bundesstaaten, in denen Frauen bei einer Fehlgeburt nachweisen müssen, dass dies kein Mord war.[205]

Eingebunden ist diese Debatte ebenso wie die um Sterbehilfe auch in das Erbe des Nationalsozialismus. Wir können Fragen nach dem Anfang und Ende des Lebens nie beantworten, ohne die Fragen nach dem Mensch-Sein zu berühren. Zusammen mit der Tatsache, dass sie nie im luftleeren Raum gestellt und beantwortet werden müssen, sondern im Zusammenhang mit sehr realen Situationen, werden sie zu sehr sensiblen Fragen, die man lieber umgeht, als sich ihnen zu stellen. So taucht die große Not der Unsicherheit in diesem Zusammenhang im Reden über Familie in Gemeinde selten auf, obwohl Menschen gerade in Notsituationen nach geistlicher Unterstützung suchen. Zu oft werden diese Fragen in Gemeinden als Fragen von Recht und Unrecht behandelt in der Hoffnung, dadurch Sicherheit und Halt zu geben. Doch so reduzieren sie den Glauben auf das Gesetz, statt die sonst so übliche Perspektive einer persönlichen Beziehung zu öffnen.

Welche weiteren besonderen Herausforderungen im Leben und Alltag von Familie sind dir vielleicht präsent, die hier nicht benannt wurden?

Welche dieser besonderen Herausforderungen spricht dich besonders an? Welche ist vielleicht ein Herzensthema? Mit welcher besonderen Herausforderung hast du in deinem Umfeld Berührungspunkte? Persönlich oder in der Gemeinde? Welche ist dir eher fremd?

Für welches Thema möchtest du dich besonders einsetzen? Für welches Thema willst du Raum schaffen bzw. wem möchtest du Raum und einen Platz in deinem eigenen Leben oder deiner Gemeinde geben oder zusprechen? Denke auch an konkrete Menschen, die davon betroffen sind. Und: Starte mit Gebet für die Menschen und das Thema.

Unter Druck in den Brüchen des Lebens

Dass die oben beschriebenen Leitbilder von Familie Eltern im praktischen und ideellen »Doing Family« unter Druck setzen, kann man sich leicht vorstellen. Es wäre nun leicht, den Eltern zu sagen, sie sollten sich von diesen Ansprüchen lösen. Doch das übersieht, dass sie sich das zum einen schon selbst sagen (was den Druck noch verstärkt) und dass es nicht »ihre«, sondern »unsere« Ansprüche an Elternschaft sind: mehr oder weniger bewusst medial vermittelt, in gesellschaftlichen Strukturen zu Arbeitsmarkt, Bildungs- und Betreuungssystem verankert und sehr direkt als Kritik gegenüber Eltern formuliert. Es sind drei Faktoren, die Eltern und insbesondere Mütter dabei erschöpft sein lassen:

- **Die Ansprüche, die an sie gestellt werden (von sich selbst und anderen) und der permanente Vergleich von Ideal und Realität** erhöhen den Druck auf Familien. Das betrifft nicht nur die emotionalen und familienstrukturellen Aspekte (also ob man die Verbundenheit lebt, die zu Familie dazugehört), sondern ist ganz direkt auch mit ökonomischen Aspekten verbunden: Familien sollen Kindern eine echte Kindheit und Teilhabe am gesellschaftlichen Leben ermöglichen, sie umfassend versorgen und ihnen den Weg in eine gute Zukunft bereiten.

- Die **Anforderungen des Alltags und der gesellschaftlichen Teilsysteme,** die langen To-do-Listen und das Alleingelassensein mit der Verantwortung. Das gilt vor allem bei besonderen Belastungen wie Gewalt, Krankheit und Behinderung, Armut und gesellschaftlichem Ausschluss. Sie werden zunehmend als selbstverschuldet angesehen: Man könnte doch etwas daran ändern, wenn man wollte …
- **Das führt zu permanenter Abgrenzung und Rechtfertigung** sowie zur **Sorge um die eigene psychische Gesundheit,** die ihrerseits Kraft kosten.

In der Familie kann ich ich selbst sein UND Teil einer Gemeinschaft. Familie ist deshalb nicht »vom Niedergang bedroht«, das Gegenteil ist der Fall: Das Leben mit Kindern in der Familie ist für viele Menschen heute ein Heilsversprechen. Die heilige (heile) Familie sei ein Prototyp für Familie als »Resonanzhafen in stürmischer See« bzw. in der feindlichen Welt, schreibt Hartmut Rosa.[206] Familie ist die Hoffnung der Welt auf Identität, Lebenssinn und das Gefühl »anzukommen«[207]. Oder auch: Familie ist der Ort, wo du dich gehen lassen kannst, an dem du ganz du selbst sein kannst, der Ort für Erholung, Ruhe und Frieden, wo du versorgt wirst und Zusammenhalt erfährst.

Konflikte und Gewalt sind ja kein Ideal, sondern eine Realität, mit der Familienmitglieder zurechtkommen müssen.

Die anhaltende Orientierung an den im bürgerlichen Familienideal verankerten Werten zur »Bewertung« von Familien **übergeht vollkommen, dass Familienleben im 19. Jahrhundert und auch heute durch die vielen Brüche menschlichen Lebens geprägt bzw. damit konfrontiert ist**. Demgegenüber haben Familien enorm an Selbstbewusstsein und Stärke gewonnen. Die vielfältigen Lebensformen von Familie sind oftmals das Ergebnis davon, Brüche und ihre Auswirkungen auf Familie nicht mehr zu verstecken, sondern dazu zu stehen: Trennung und Scheidung, Konflikte und Gewalt sind ja kein Ideal, sondern eine Realität, mit der Familienmitglieder zurechtkommen müssen. Sie gelten nicht länger ganz grundsätzlich als etwas, wofür man sich schämen muss oder was mit einem guten Leben unvereinbar ist, sondern sie werden ein Teil des ganz »normalen«, menschlichen Lebens und Alltags von Familien und Gemeinschaften. Gleichzeitig werden sie moralisiert als »so sollte das nicht sein«. Durch die Gleichzeitigkeit einer Normalisierung von Brüchen mit sozialer Ächtung für alles »Egoistische« (Trennungen, Me-Time trotz weinender Kinder, Rauchen trotz Armut, Kita-Besuch der Kinder trotz Zu-Hause-Sein) werden ganz massiv klassische Aspekte des bürgerlichen Familienbildes verstärkt, insbesondere hinsichtlich der Mutterrolle. Unter Begründungs- und Rechtfertigungsdruck wird verhandelt, ob ein Bruch im Leben von Familien »normal« ist und zum Leben als Mensch dazugehört oder ob es sich um ein Problem und einen Schaden handelt, der jemandem als Verantwortung zugeschrieben werden muss und sich ändern ließe bzw. sogar geändert werden muss. Dabei geht es auch um psychische und körperliche Krankheiten: Wären sie vermeidbar gewesen? Wird alles Mögliche zur Verbesserung der Situation getan, auch auf eigene Kosten? Das reicht bis zu der Frage, ob nicht Abtreibung die bessere Lösung für alle Beteiligten gewesen wäre im Vergleich zu einer schweren Behinderung. Ja, eine auch in christlichen Kreisen gestellte Frage. Kritische Fragen werden schnell existenziell.

Manches aus den Beschreibungen klingt extrem dramatisch und als wäre Familienalltag nur furchtbar und schrecklich. Ich habe im letzten Kapitel schon erwähnt, dass tatsächlich manche Frauen wegen dieser Belastungen ihre Mutterschaft bereuen, insofern ist das nicht ganz aus der Luft gegriffen. Aber meine Beschreibung hier ist eher dem Problem der Sozialen Arbeit als meiner beruflichen Identität geschuldet: Wir müssen die Probleme immer riesig machen, damit uns geglaubt wird, dass es da eine Herausforderung gibt, die angegangen werden muss. Gerade weil Familienalltag für viele Menschen trotz der Herausforderungen auch schön und erfüllend ist und weil die meisten Menschen in unseren Gemeinden über ausreichend Ressourcen verfügen, um mit den Herausforderungen klarzukommen, gebe ich hier dem anderen einen (wenn auch kleinen) Raum.

Das Sichtbarmachen der zunehmenden Belastungen bedeutet zunächst vor allem, sie als vorhanden und relevant anzuerkennen. Dem werden manchmal Sorgen entgegengesetzt: Wie erwerben Kinder Resilienz, wenn sie eine scheinbar so überlastete Eltern-Generation erleben? Ist die Klage nicht einfach ein Zeichen dafür, dass Menschen nicht mehr bereit sind, sich den Herausforderungen des Lebens zu stellen? Das Gegenteil ist der Fall: Diejenigen, »die gelassener mit den Anforderungen umgehen«, werden eher Eltern als andere.[208]

Der Wunsch nach einem »Dorf«

Inmitten all dieser Herausforderungen erleben Familien sich weitgehend alleingelassen und bewertet vom Rest der Gesellschaft. Es geht deshalb in der Darstellung der Belastungen nicht so sehr darum, sich zu beschweren, sondern darum, die Verantwortung für Familienleben, für das Versorgen und Erziehen von Kindern, nicht länger allein den Eltern zuzuschreiben, sondern sie als ganze Gesellschaft gemeinsam zu tragen – und zur Priorität zu machen. Denn aktuell werden die Perspektiven von Familien, von Eltern und Kindern in der Gesellschaft und Politik weitgehend vernachlässigt.[209] Angesichts der Tatsache, dass in knapp 25 % der Haushalte in Deutschland Menschen allein leben und von den 41 Millionen Haushalten nur 8,5 Millionen Familienhaushalte sind, und angesichts der Tatsache der alternden Gesellschaft ist nachvollziehbar, wie es dazu kommt, dass viele Menschen keinen Einblick in die Zusammenhänge von Familienleben haben. Das bürgerliche Familienbild hinterlässt insofern Spuren, weil der Rückzug ins Private und die Zuschreibung von individueller Verantwortung zur einzelnen Familie den Aufbau von generations- und milieuübergreifenden Netzwerken erschweren. Das bedeutet nicht nur, dass Familien in der Regel eher mit anderen Familien vernetzt sind, sondern auch, dass es wenig Berührungspunkte für zweckfreie und beiläufige Begegnungen zwischen verschiedenen Generationen und Milieus gibt. Solche losen Verbindungen zwischen Menschen sind jedoch wichtig, um sich nicht einsam zu fühlen. Viele einsame Menschen haben zwar einzelne gute Beziehungen, aber ihnen fehlt das größere Netz an Bekanntschaften. Es fehlen Gelegenheiten für zwanglose Begegnungen, bei denen man sich kennenlernt.

Ein wichtiger Faktor dabei ist, dass durch die Individualisierung Mobilität für berufliche Selbstverwirklichung inzwischen ganz normal ist. Damit ist nicht nur ein tägliches Pendeln von mehreren Stunden gemeint, sondern auch die Bereitschaft, für einen guten Job in entfernte Städte oder gar Länder zu ziehen. So leben viele Familien nicht in der Nähe der (erweiterten) Verwandtschaft, die als erstes Hilfe- und Unterstützungssystem in den vielfältigen Belastungen angesehen und in die Versorgung der Kinder einbezogen wird. Das betrifft nicht nur Menschen, die innerhalb von Deutschland ihren Wohnort wechseln, sondern auch und insbesondere manche Familien mit Migrationshintergrund. Sie kämpfen mit der Distanz zur Familie, die im Herkunftsland oft viel stärker in die Bewältigung des Alltags und in das Familienleben eingebunden ist als in Deutschland üblich. Und sie sind mit weiteren Belastungen im Alltag konfrontiert: das Verstehen der komplexen Zusammenhänge der verschiedenen gesellschaftlichen Teilsysteme in der Bürokratie in Deutschland, die Rolle der Kinder als Übersetzerinnen und Übersetzer, der Spracherwerb und die Hürden im Schulsystem und Arbeitsmarkt, das Wahren der eigenen Identität sowie vielfältige Alltagsrassismen. Nicht zu vernachlässigen sind dabei auch die Auswirkungen klimatischer

Bedingungen, weil das Wetter in Deutschland eher eine häusliche Kultur verstärkt. Räumliche Nähe zur Verwandtschaft ist wiederum nicht gleichbedeutend mit mehr Unterstützung: Die kulturellen Werte des bürgerlichen Familienideals fordern zur respektvollen Distanz auf und dazu, nicht in das Leben anderer hineinzureden. Das lässt private Unterstützung für Familien weniger werden und verstärkt öffentliche Unterstützung. Sie wird immer mehr zur Aufgabe von Fachleuten und ausgebildeten Expertinnen und Experten, die »häusliche Beziehungen strapazierfähig« halten sollen.[210]

Das verstärkt die Frage: Werde ich bewertet und ausgegrenzt, wenn ich oder wir als Familie nicht bestimmten Normen entsprechen? Mit dieser Frage wächst der Druck, ein möglichst gutes Bild von Familie abzugeben, es zu »schaffen«. Allein natürlich, so wie »alle anderen« (scheinbar) auch. Die Trennlinie zwischen den Generationen und zwischen Öffentlichkeit und Privatsphäre hat Eltern in diesen Herausforderungen isoliert. Sie sind allein verantwortlich, statt dass es ein ganzes »Dorf« oder die »Großfamilie« gibt, die Kinder mit erziehen. Diese Idealisierungen und historisierenden Erzählungen sind nicht ganz widerspruchsfrei,[211] aber die Klagen über »keine Großeltern vor Ort« und »kein Dorf um uns herum« haben als Gemeinsamkeit, dass Eltern sich Entlastung in den Herausforderungen des Alltags wünschen.

Räumliche Nähe bedeutet aber auch, wahrgenommen und beobachtet zu werden bzw. selbst die anderen wahrzunehmen und zu beobachten. Aus guten Gründen haben viele Menschen sich vom Dorfleben distanziert, weil sie sich darin beobachtet und bewertet gefühlt haben. Das liegt unter anderem an der stärkeren Präsenz von Normen und Werten in engen Gruppen und der Kontrolle, ob diese eingehalten werden. Hinter den Erzählungen vom Dorf stecken jedoch Idealisierungen von »früher«, die weder der vollen Wahrheit über frühere Realitäten noch ernsthaft einer gewünschten Realität heute entsprechen. Der oft geäußerte Wunsch nach einem »Dorf« als Unterstützungsnetzwerk für Familien entspringt wohl eher den Dorfgeschichten, die als Literaturgattung schon im Bürgertum populär waren und ein ebenso idealisiertes Bild der Dorfbeziehungen vermittelten wie das bürgerliche Ideal zu Familienbeziehungen.[212] In der Realität bedeutet der Einbezug anderer Personen in den Familienalltag eine Verschärfung des »Doing Family«.

Auf Seite 232 findest du eine Geschichte über das »Doing Church« und einige Gedanken zum »Tun« und zum »Sein«.

Verwendete Literatur:

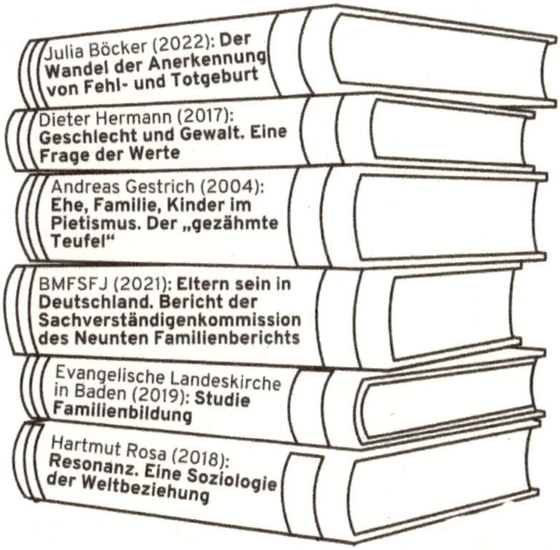

El-Mafaalani et al.:

- **Vorwort**
- **Schieflagen in der alternden Gesellschaft**

Klaus Peter Strohmeier:

- **Kinder sind Außenseiter der modernen Gesellschaft**
- **Was brauchen Kinder?**

Kapitel 6

Generationen auf Augenhöhe?

Bullerbü: Die Geschichte der glücklichen Kindheit

Der kleine Hof, auf dem ich aufgewachsen bin, gehörte zu einer Ansammlung von acht Wohnhäusern und einer Scheune, drei Kilometer vom nächsten richtigen Dorf entfernt, malerisch an einem lippischen Berg (oder: Hügel) gelegen, mit weitem Ausblick Richtung Teutoburger Wald. Wir hatten Schafe, einen Esel, zwei Pferde, Hühner, sehr viele Schweine, Katzen, Kaninchen und einen Hund. Das Gelände rund um den Hof bot viele Spielmöglichkeiten: ein Wald auf der anderen Seite der Straße, ein Steinbruch ein Stück weiter tief im Wald, ein Wäldchen und eine alte Mergelkuhle auf unserer Straßenseite. Eine richtig große Schaukel und immer andere Spielgeräte, die mein Vater von irgendwoher organisierte. Im Winter rutschten wir auf alten Treckerschläuchen den Hang hinunter, im Sommer auf Mamas selbst gebastelter Wasserrutsche. Die zwei Großtanten, die in unserer Nachbarschaft wohnten, waren ein selbstverständlicher Teil meiner Kindheit und Jugendzeit. Die eine schälte täglich bei uns und bei Oma Kartoffeln und versorgte uns Kinder mit Kaugummis und anderen Süßigkeiten aus ihrer Plastikschütte im 60er-Jahre-Küchenschrank. Bei der anderen gab es im Sommer leckeren Johannisbeersaft. Ihr Mofa war meiner Erinnerung nach das einzige motorisierte Fahrzeug auf dem Hof neben Opas Trecker, wenn mein Vater mit dem Bulli (VW-Bus) auf der Arbeit war. Ich bewunderte die damit verbundene Unabhängigkeit. Ebenso bewunderte ich meine Oma, ebenfalls eine sehr unabhängige Frau, die Anfang der 1950er mit 17 Jahren beschlossen hatte, für die Ehe mit meinem 17 Jahre älteren Opa ihr gutbürgerliches Zuhause im Ruhrpott hinter sich zu lassen und den Komfort der Stadt gegen die Mühen des Landlebens (damals noch ohne Strom) einzutauschen. Oma summte immer. Sie liebte Paul Gerhardt und Gerhard Tersteegen. Aber für den Festgottesdienst anlässlich ihrer goldenen Hochzeit baten Oma und Opa die Jugendband aus unserer Gemeinde, die

Musik zu machen. Es wird erzählt, sie seien gefragt worden, ob sie diese Art Musik denn wirklich mögen würden. Ihre Antwort sei gewesen: »Nein, aber wir mögen die Jugendlichen!«

Wenn ich erzähle, wie und wo ich aufgewachsen bin, höre ich oft: »Das war bestimmt eine schöne Kindheit!« Manche sagen auch: »Das klingt wie Bullerbü.« Es ist wahr, ich hatte eine schöne Kindheit. Dafür bin ich sehr dankbar! Allerdings habe ich mit der Art, wie ich gerade von meiner Kindheit auf dem Hof erzählt habe, sicher auch ein paar falsche Eindrücke geweckt. Ich habe zum Beispiel lieber Bücher gelesen als im Wald gespielt. Die meisten Tiere mag ich nicht so gerne. Und die Großtanten und meine Großeltern waren eher Begleiterscheinungen meines Alltags als Hauptfiguren. Vielleicht ist meine Kindheit darin den Bullerbü-Geschichten sogar sehr ähnlich, aber das weiß ich nicht so genau, denn ich habe die Bücher nie selbst gelesen. Was ich weiß, ist, wofür Bullerbü schon fast sprichwörtlich steht: für die Vorstellung von einer »glücklichen Kindheit«. Und die ist mehr als nur ein Kinderbuch, sie ist eine dieser Geschichten, die es in sich haben.

Schreibe oder male auf, was für dich zu einer glücklichen Kindheit gehört bzw. was du über Kinder und Kindheit denkst! Welche Sätze sind dir zu Kindern im Kopf (positiv wie negativ)?

Kindheit heißt für viele Menschen, Zeit zum Spielen, Lachen und Toben, um sich Spiele auszudenken, eigene Erfahrungen zu machen und die Welt zu entdecken. Eine gute Kindheit ist zauberhaft schön, voller Fantasie und

Kreativität, Leichtigkeit und Miteinander. Vor allem bedeutet Kindheit, frei zu sein von den Zwängen, die das Erwachsenenleben ausmachen: für den Lebensunterhalt und den Haushalt sorgen, mit komplizierten und belastenden Lebenssituationen zurechtkommen, weitreichende Entscheidungen treffen, ohne dass man weiß, was wirklich gut ist, und dann mit den Konsequenzen leben, sich politisch und gesellschaftlich informieren und engagieren. Kurz gesagt heißt Kindheit: keine Verantwortung tragen zu müssen.

Kurz gesagt heißt Kindheit: keine Verantwortung tragen zu müssen.

Bullerbü ist das Synonym für eine solche ideale Kindheit, ein schöner und sicherer Ort mit Nähe zur Natur, das »Poesiealbum heutiger Eltern, angefüllt mit schönen Bildern von glücklichen Kindern und einem einfachen, sinnvollen Leben«[213]. Es verdeutlicht die Idealisierungen von Kindheit im städtisch-bürgerlichen Familienideal in der Idylle schwedischer Natur. Diese Aussage mag irritieren. Die Charakterisierung von Kindern und Kindheit im bürgerlichen Familienideal scheint das genaue Gegenteil von Bullerbü zu sein: Sittenstrenge statt Freiheit, Kultur statt Natur, Kinder als Repräsentanten der Eltern statt kindlicher Bedürfnisse im Fokus. Das stimmt. Astrid Lindgrens Geschichte von Bullerbü war in mancher Hinsicht ein Gegenentwurf zur Lebensrealität damals, ein Traum von einer Kindheit. Aber das gilt auch für das Kinderbild im Bürgertum und für die meisten unserer heutigen Vorstellungen von Kindheit. Bullerbü schreibt wesentliche Geschichten aus dem bürgerlichen Familienideal fort: die intakte Familie aus Vater, Mutter, Kind, Kindzentrierung, Natürlichkeit, Freiheit zum Entdecken. Ein großer Unterschied (mindestens) besteht allerdings. Kindheit erscheint in Bullerbü nicht als Übergang zum Erwachsenwerden, sondern als in sich wertvolle Lebensphase. Das Sein im Hier und Jetzt genügt. Die Folge ist eine Umkehrung: Kindheit wird zum Zielbild von Mensch-Sein.

Dass wir Kindheit als Lebensphase anerkennen, ist längst nicht so selbstverständlich, wie es uns heute scheint. Unsere Kinderbilder haben sich erst in den letzten 200 Jahren so geformt. Die Reformpädagogik und die Kinderrechtsbewegungen haben dabei einen großen Einfluss gehabt, nicht zuletzt durch Astrid Lindgrens Bücher. Auch hier gilt es, den Geschichten zuzuhören und ihre Konsequenzen für Familien- und Gemeindeleben zu verstehen. Sie sind ähnlich widersprüchlich wie die Frauenbewegungen und stehen in Wechselwirkung mit den generellen gesellschaftlichen Veränderungen. Manche Entwicklungslinien werden bewusst fortgesetzt, andere unter der Hand. Wieder andere werden unterbrochen und manchmal auch neue aufgenommen. Zum Grundthema im Verhältnis zwischen den Generationen gehört die Frage nach dem Menschenbild und nach dem Verhältnis von Vergangenheit, Gegenwart und Zukunft.

In unserer Geschichte über ein neues Verständnis für Gemeinschaft im Familienleben schlagen wir damit das Kapitel der Maßstäbe für ein gutes Leben im Miteinander der Generationen auf.

Spannungen zwischen den Generationen

Während es früher hieß: »Wenn der Kuchen redet, müssen die Krümel schweigen« und am Esstisch Stille herrschte, fragen sich viele Eltern heute, wie sie bei dem herrschenden Chaos und Lärm am Tisch überhaupt noch Worte miteinander wechseln sollen. Sitzen dann auch noch die älteren Generationen mit am Tisch, schütteln sie mindestens den Kopf oder erzählen von früher mit der Absicht, Einsicht bei den Kindern und Eltern zu erwirken, dass es auch anders gehen könnte. Doch nicht allzu selten ist das Gegenteil der Fall: Eltern und Kinder sind froh, dass sich die Dinge geändert haben. Kinder haben einen anderen Platz bekommen in der Familie. Gleichzeitig sind Eltern dadurch im Kleinen sehr herausgefordert, so wie wir alle im Großen von Vereinen, Organisationen und der Gesellschaft. Heute wird deshalb oft nicht nur über die Kinder und Jugendlichen, sondern auch über ihre Eltern geklagt. Es heißt, sie verwöhnen ihre Kinder und ersparen ihnen als Helikopter- oder Curling-Eltern das Scheitern, sie lassen sie zu kleinen Tyrannen werden und setzen ihnen zu wenig Grenzen. Dass Kinder sich nicht mehr in Gruppen einfügen können, nicht still sitzen, sich nicht konzentrieren und sich nicht allein beschäftigen können, wird den Eltern zugeschrieben. Sie tragen die Verantwortung für das Verhalten und die Fähigkeiten der Kinder, für ihr schlechtes Abschneiden bei Schulvergleichstests, für Mobbing, für psychische Belastungen und für … **(Trage ein, was aus deiner Sicht noch ein echtes Problem mit und für Kinder ist.**)

Doch niemand bleibt immer Kind. Zum Verhältnis der Generationen gehören daher auch die Bilder und Geschichten über die anderen Generationen: die älteren und die alten Menschen und alle, die sich so noch nicht nennen wollen. Auch alt sein ist heute nicht mehr, was es vor 30, 40 oder 100 Jahren war.

Was sind deine (positiven und negativen) Assoziationen zum Erwachsenwerden bzw. -sein?

Was verbindest du mit Älterwerden bzw. Altsein?

Alt sein ist nicht mehr, was es mal war. Nicht nur, weil die Lebenserwartung eine andere ist und deshalb mehr Generationen einer Familie gleichzeitig leben oder weil die Lebensqualität älterer Menschen sich verändert hat, sondern auch weil man immer nur so alt ist, wie man sich fühlt! Und keiner möchte sich alt fühlen, denn das bedeutet zum Beispiel, vergesslich, schwach, auf Hilfe angewiesen zu sein und abgeschoben zu werden. Zwar gibt es auch andere Geschichten über das Alter, die von der Weisheit im Alter zum Beispiel, allerdings scheinen sie immer weniger ein Teil der Wirklichkeit zu sein. Wissen und Anleitung suchen und finden Menschen eher und schneller im Internet. Spätestens mit der Markteinführung des Smartphones im Jahr 2007 hat die Welt in der Hosentasche die Unterschiede zwischen den Generationen sichtbar gemacht. Ein höheres Alter garantiert nicht länger einen Wissens- und Erfahrungsvorsprung. Im Gegenteil: Ältere Menschen fühlen sich oft abgehängt und ausgeschlossen aus dem Teil des gesellschaftlichen Lebens, der online und digital stattfindet. Umso mehr kämpfen sie darum, ihren Platz zu behaupten, den sie sich mit ihrer Lebensleistung verdient haben und den sie nun genießen wollen. Während ihrer Kindheit waren die Alten durch Arbeit und Entbehrungen gezeichnet, ihre Beschwerden groß. Dieses Bild von Altsein trifft auf viele von ihnen heute nicht zu. Die meisten älteren Menschen sind gesundheitlich fit und strukturell wesentlich besser gestellt als zu allen Zeiten vorher. Die Politik wird in weiten Teilen auf sie ausgerichtet, weil sie die größte Gruppe an Wählerinnen und Wählern stellen. Im Jahr 2024 feierten doppelt so viele Menschen ihren 60. Geburtstag, wie Kinder geboren wurden.[214] Während des Lebenslaufs der heute älteren Menschen hat sich die Rolle von alten und jungen Menschen in der Gesellschaft komplett gewandelt. Es gibt weniger junge Menschen und die wenigen sind in der Wahrnehmung vieler älterer Menschen nicht mehr verbindlich. Allerdings hat die Individualisierung auch die älteren Generationen erfasst, insbesondere die, die man besser nicht Seniorinnen oder Senioren nennt, weil sie sich dafür noch zu jung fühlen. Großeltern wollen ihre Zeit als Rentnerinnen und Rentner nicht nur mit den Enkelkindern verbringen, sondern den Ruhestand entsprechend ihren eigenen Vorstellungen gestalten. So sagen sie z. B. in der Gemeinde: »Jetzt sind die jungen Leute dran!«, und fahren auf Kreuzfahrt. Sie wollen sich gerne engagieren, aber lieber punktuell, nicht regelmäßig. Ja, über Unverbindlichkeit lässt sich in allen Generationen klagen.

Die fundamentalen Unterschiede zwischen dem Leben heute und vor 30, 40, 80 oder 130 Jahren bedeuten große Unterschiede im Verhältnis zwischen den Generationen, und zwar in Bezug auf die

- Kind-Erwachsenen-Beziehungen mit der Trennlinie, die zwischen einem »fähigen« und einem »unfähigen« oder einem »fertigen« und einem »unfertigen« Menschen gezogen wurde und wird;
- Eltern-Kind-Beziehungen mit der Trennlinie zwischen der erziehenden und der zu erziehenden Generation und;
- Eltern-Großeltern-Beziehungen mit der Trennlinie zwischen der erziehenden Generation und denen, die in der Großeltern-Generation unterstützen sollen, dabei aber auch beobachten, bewerten und beraten.

Führe dir vor Augen, was du über die Beziehungen zueinander denkst.

Kinder im Fokus

Immer individuellere Lebensläufe und die Veränderungen im Rollenbild von Männern und Frauen haben zu einem enormen Bedeutungswandel von Kindern geführt. Kinder sind dadurch zu einer Entscheidung im Lebenslauf geworden, was zu einer immer größeren Kindzentrierung führt.

Die Entscheidung für ein Kind verpflichtet

Kinder kommen (zumindest in der Theorie) nicht aus Versehen und einfach so, sondern werden geplant. Eltern entscheiden, wann in ihrem Lebenslauf der »richtige« Zeitpunkt für Kinder ist.[215] Die Pille und Abtreibung sind ebenso wie die Reproduktionsmedizin nur Symptome dieser Entwicklung. Sie hat nämlich schon in den 1950er-Jahren begonnen und beruht mehr auf wirtschaftlichen und ideellen Gründen.[216] Dass Elternschaft aber auch vermieden werden könnte, macht sie dann zum anspruchsvollen Projekt. Die Verantwortung für dieses Projekt bzw. für die Kinder und ihre Erziehung ist hoch individualisiert. Astrid Lindgrens Traum von einer besseren Kindheit ist dabei in mancher Hinsicht in Erfüllung gegangen. Kindheit ist heute anders. Zumindest aus der Außenperspektive scheint manches wie in Bullerbü: »Wie bedürfnislose Satelliten umkreisen die Eltern die Spielräume der Kinder. Sie sorgen für gemeinsame Mahlzeiten, saubere Kleidung und schöne Feste.«[217] Das mag dem Displaying Family geschuldet sein, das im vorigen Kapitel bereits Thema war und für das Bullerbü ein nicht zu unterschätzendes Vorbild liefert.[218] Denn all das, was wir in den letzten Kapiteln zu Ansprüchen an Familienleben schon »beobachtet« haben, hat seinen Ursprung und seine Begründung in der Auseinandersetzung mit Vorstellungen über Kindheit. Das zeigt auch die

Kinder angemessen zu behandeln, muss man lernen! Immerhin geht es um die Verantwortung für ein Kind.

immer wieder zu hörende Forderung nach Elternführerscheinen (und vielleicht bald auch nach Großelternführerscheinen): Kinder angemessen zu behandeln, muss man lernen! Immerhin geht es um die Verantwortung für ein Kind. Die einen sagen, Eltern sollen sich selbst und die eigenen Bedürfnisse und Wünsche zugunsten ihres Kindes zurücknehmen und ihm eine glückliche Kindheit ermöglichen, dann wird es ganz von selbst ein guter Mensch. Die anderen sagen, Eltern müssen wieder lernen, Grenzen zu setzen. Beides sind gesellschaftlich vermittelte Ansprüche, zwischen denen Eltern sich positionieren müssen. Und so fragen Menschen sich heute nicht selten: Bin ich (schon) bereit, für ein Kind zu sorgen? Kann ich dieser Rolle, kann ich einem Kind gerecht werden? Sind meine Lebensumstände passend für ein Kind?

Was ist aus deiner Sicht die wichtigste Aufgabe, die wichtigste Verantwortung von Eltern? Was ist für dich das Ziel in der Elternschaft und was ist für den Weg zum Ziel das Wichtigste?

Die Rolle der Eltern ist es heute, die gesunde Entwicklung und das Glück von Kindern zu gewährleisten. Sie verwirklichen durch Kinder ihre Identität als Mutter bzw. Vater im Lebenslauf. Neben dem Zeitpunkt entscheiden Eltern über viele andere Dinge, die den Lebenslauf des Kindes (mehr oder weniger) beeinflussen: stillen oder Fläschchen, Musik oder Sport als Hobby, welcher Wohnort, Haus mit Garten oder Wohnung und viele Aktivitäten, Waldkindergarten oder »normale« Kita (wenn es die noch gibt) mit einem offenen, teiloffenen oder geschlossenen Konzept, reguläre oder frühe oder späte Einschulung, welche weiterführende Schule, wie viel Nachhilfe und Unterstützung, welche Kinderbücher, wie viel Medien und so weiter und so fort.

Beziehung als Qualitätsmerkmal

Einerseits wünschen Eltern sich Unterstützung und Entlastung dabei, doch gleichzeitig gilt die Eltern-Kind-Beziehung als geradezu heilig und besonders. Weil Eltern sich für ein Kind entscheiden, wird das einzelne, individuelle Kind zum »gewünschtesten Wunschkind«[219] und zum Gegenüber in einer Beziehung. Auch weil partnerschaftliche Beziehungen unsicher sind und auch wieder gelöst werden können, gewinnt die Verbindung zum Kind an Bedeutung. Was Menschen allerdings am Ende zusammenhält bzw. einen bindenden Charakter hat, sind nicht so sehr Abstammungsverhältnisse oder wirtschaftliche Zwänge, sondern die Liebe. Sie ist die Funktionslogik im gesellschaftlichen Teilsystem Familie. Nicht nur (wie im bürgerlichen Familienbild) zwischen Eheleuten, sondern auch zwischen Eltern und Kindern wird damit die emotionale Verbindung als das eigentliche Bindeglied und als Garant für Glück angesehen.[220] Das geht so weit, dass manche Therapeuten davon sprechen, dass Eltern sich in ihre Kinder »verlieben«.[221] Schon für manche Paarbeziehung gilt, dass die Partner nur noch im Doppelpack angetroffen werden. Mit Familie ist das noch krasser. Die Bedeutung, die der Eltern-Kind-Beziehung gegeben wird, beinhaltet auch, dass in diese Beziehungen investiert werden muss. Trotz der biologischen Zusammengehörigkeit sind sie eben nicht selbstverständlich und automatisch dauerhaft, sondern können gelöst werden, wenn die Liebe nicht trägt. Schon um die Jahrhundertwende vom 19. ins 20. Jahrhundert sprach

> Dadurch wird eine gute und intensive Eltern-Kind-Beziehung unter der Hand zum Gütesiegel für erfolgreiche Elternschaft.

Ellen Key, eine einflussreiche schwedische Reformpädagogin, vom »Recht des Kindes, die eigenen Eltern zu wählen«[222]. Dadurch wird eine gute und intensive Eltern-Kind-Beziehung unter der Hand zum Gütesiegel für erfolgreiche Elternschaft: Wenn Kinder sich als Jugendliche nicht von den Eltern distanzieren wollen, haben die wohl alles richtig gemacht! Die Kinder haben dann offensichtlich die Abhängigkeit nicht als etwas Negatives erlebt. Paradoxerweise wird damit die Ablösung, die eigentlich das zentrale Merkmal der Jugendzeit ist, zur Gefahr für die Eltern-Kind-Beziehung und darf nicht zu heftig ausfallen. Diese Zusammenhänge zeigen wohl am besten die Umkehrung im Generationenverhältnis, die vom bürgerlichen Familienbild ausgehend bis heute stattgefunden hat. Das führt in der Konsequenz dazu, dass Eltern sich ganz auf ihre Kinder ausrichten. Es erklärt noch einmal aus einem anderen Blickwinkel die Bedeutung von Mütterlichkeit bzw. Bindung und Beziehung und warum die intakte Beziehung zwischen Eltern und Kindern zum obersten Ziel geworden ist.

Dieser Anspruch transportiert sich in den sozialen Medien, in Erziehungsratgebern und in Gesprächen auf dem Spielplatz, in Krabbelgruppen und an allen anderen Orten, wo Eltern zusammenkommen. Das Leitbild verantworteter Elternschaft bedeutet, dass Eltern sich intensiv mit der optimalen Entwicklung und Versorgung von Kindern beschäftigen, mit ihren Rechten und ihrem Platz in der Gesellschaft und mit der Frage, wie die familiären Beziehungen möglichst gut gestaltet werden können. Den Bedürfnissen von Kindern tatsächlich und faktisch gerecht zu werden, ist der eine Teil. Das Gefühl zu haben, als Eltern alles richtig zu machen, ist ein ganz anderer: »Eltern haben, trotz ihrer eigenen erhöhten zeitlichen Investitionen in die Kinderbetreuung und der regelmäßigen Unterstützung durch Großeltern, zunehmend das Gefühl, dass sie ihren Kindern nicht ausreichend gerecht werden und diese aus Zeitmangel nicht wie gewünscht fördern können.«[223] Dieser hohe Anspruch auf emotionale und intensive Verbindung zwischen Eltern und Kindern wurde durch die Idealisierung von Kindheit bewirkt. Er lässt das Recht auf Erziehung[224] manchmal aus dem Blick geraten, bedeutet sogar manchmal die bewusste Ablehnung von Erziehung. Das wird nachvollziehbar (wenn auch nicht unbedingt richtig), wenn man sich die Geschichte über Kindheit, Erziehung und die Rolle von Müttern und Vätern dabei vor Augen hält.

Die Entwicklung von Kindern beeinflussen

Es scheint uns heute vollkommen selbstverständlich, dass Kinder sich zu Erwachsenen entwickeln und in diesem Prozess Begleitung brauchen. Doch diese Überzeugung hat sich erst seit dem 16. Jahrhundert langsam entwickelt. Die Vorstellungen über die Art von Begleitung haben sich dabei über die Zeit gleich mehrfach geändert: Sollen Erwachsene erziehen und, wenn ja, wie? Oder bilden Kinder sich selbst weiter durch Auseinandersetzung mit den Anregungen, die Erwachsene ihnen geben? Oder werden Kinder einfach durch die Umwelt beeinflusst? Oder alles drei gleichzeitig? Und was ist dann die Rolle der Erwachsenen darin? Sie zeichnet sich durch ein **natürliches Machtgefälle** aus. Aus der schlichten Tatsache, dass Erwachsene schon weiterentwickelt sind, ergibt sich z. B. eine körperliche, psychische, kognitive und sprachliche Überlegenheit. Außerdem ist ihre Rolle in der Gesellschaft und gegenüber den Kindern mit mehr Macht verbunden. Dieses Machtgefälle wird zunächst als **Auftrag zu Erziehung** verstanden, gilt aber heute als ein **Risiko, mit dem verantwortlich umgegangen werden muss**. Im Hintergrund dieser Veränderung steht ein verändertes Bild vom Menschen und damit auch vom Kind.

Ein Wendepunkt im Menschen- und Kinderbild

Über lange Zeit galten Kinder als kleine Erwachsene und wurden wie solche behandelt. In der Folge der Reformation verstärkte sich dann die Idee, dass (alle) Kinder durch Erwachsene belehrt, gebildet und erzogen werden müssten. Die Epoche der Aufklärung im 18. Jahrhundert erfand schließlich Kindheit als eigene Lebensphase. Der einflussreiche Philosoph Jean-Jacques Rousseau formulierte Entwicklungsstufen auf dem Weg zum Erwachsenwerden und unterschied damit ganz klar die Fähigkeiten und Rollen von Kindern und Erwachsenen. Das bürgerliche Familienbild im 19. Jahrhundert stellt dann einen Wendepunkt im Menschenbild dar. Es vereint die zwei gegensätzlichen Bilder über die Natur des Menschen in sich: »das« christliche und »das« aufklärerische Menschenbild. Sie werden in der Idee von Erziehung und Bildung verbunden, denn beide wollen die hohe Berufung des Mensch-Seins verwirklichen, das gute (christliche/bürgerliche) Leben.

Die Aufklärung ging davon aus, dass der Mensch als Kind von Natur aus eigentlich gut ist, aber während seiner Entwicklung durch die Gesellschaft verdorben wird, weil er nicht unterscheiden kann, welcher Einfluss gut für ihn ist und welcher nicht. **Das Kind ist deshalb auf Erziehung angewiesen, die sein natürliches Gut-Sein fördert und das Böse von ihm fernhält bzw. entfernt, bis er das mündig selbst übernimmt.** Damit wird Kindheit zeitgleich zu einer Lebensphase, in der ein Mensch noch nicht fertig ist, sondern sich erst einmal entwickeln muss, in der also Unmündigkeit erlaubt ist. Je älter ein Mensch wird, umso mehr muss er sich selbst erziehen, also seine guten Anlagen zum Vorschein bringen und sich vom Bösen fernhalten. Tut er das nicht, ist er selbst schuld an seiner Unmündigkeit, also daran, dass er immer noch von geistlichen und weltlichen Autoritäten beurteilt wird. Diese aufklärerische Sicht auf Kinder war in einer Hinsicht sehr anschlussfähig an das christliche Menschenbild: in Bezug auf den Anspruch, Kinder zu Repräsentantinnen und Repräsentanten des bürgerlichen Ideals zu machen. Das bürgerliche Ideal war dabei eine Mischung aus dem mündigen, aufgeklärten und sich zum wahren Menschen bildenden Bürger und dem guten Christen.

Die christlich bzw. biblisch begründete Erziehung ging allerdings von einer vollkommen anderen Sicht auf den Menschen aus: das Herz des Menschen ist durch die Erbsünde von Jugend an böse (1Mo 8,21). Die Natur des Menschen zeigt sich in seinem Eigenwillen, der von den Trieben beherrscht wird (Eph 2,3). Kindliche Gefühlsausbrüche wurden wie bei Erwachsenen als ein Ergebnis der sündigen Natur, also des Eigenwillens gedeutet (Gal 5, 20). Es wurde zwar betont, dass nur der Glaube als freie Entscheidung wirklich von der sündigen Natur rettet, aber Gehorsam gegenüber den Eltern zu lernen, würde Gehorsam gegenüber Gott im Prozess der Heiligung erleichtern. Man ging davon aus, dass es zum Besten eines Menschen wäre, wenn dieser Eigenwille schon als Kind gebrochen würde. **Erziehung treibt das Böse bzw. den Eigenwillen aus und bringt so das Gute hervor.**

Gewalt in der Erziehung

Pädagogen argumentierten schon früh, dass Einsicht und Überzeugung sowie Vorbilder die wichtigsten Mittel für dieses Ziel wären. Aber in einer Gesellschaft, in der Verstöße gegen Normen und Regeln auch bei Erwachsenen hart bestraft wurden, war Erziehung mit gewaltsamen Methoden letztlich nicht verwunderlich. Das können wir rückblickend verurteilen, es stellt aber erst mal historisch gesehen den Kontext und Ausgangspunkt dar, von dem aus sich das Konzept der Erziehung formte. Bestraft wurde alles, was am Kind nicht dem Bild des »guten Menschen« entsprach (egal, ob damit humanistisch gut und wahrhaft menschlich oder biblisch gut und wahrhaft christlich gemeint war). Das große Ziel war Gehorsam und die Methoden, die heute als »Schwarze Pädagogik«[225] bezeichnet werden, beruhten auf Beschämung und Bestrafung, also auf verschiedenen Formen von Gewalt und Machtausübung. Väterliche Gewalt war Pflicht und Verantwortung. Sie wurde als Beweis der väterlichen Liebe interpretiert, die das Kind durch die Strafe auf den richtigen Weg führte.[226] In der Theorie war sie das letzte Mittel und sollte höchstens gemäßigt und gezielt als Unterstützung für eine Besserung eingesetzt werden. Der willkürliche und unbeherrschte, aber auch der standardmäßige Einsatz von Gewalt wurde unter Berufung auf

Schwarze Pädagogik basiert auf Beschämung

Vier Formen der Beschämung nach Stephan Marks (2019):

- Ächtung und seelische Gewalt, existenzielle Drohungen: an den Pranger stellen, »wie kannst du nur«, »böser Junge«
- körperliche Grenzverletzung und Gewalt, Schläge, Essensentzug
- Entzug der Zugehörigkeit und Ausgrenzung: vor die Tür setzen, Drohung mit der Hölle
- Brechen der Integrität und des Eigenwillens durch Zwang

Weil »die Angst vor Ausgrenzung, vor Peinlichkeit, eine machtvolle Motivation für konformes Verhalten« ist (S. 45), erreichten die Methoden scheinbar ihr Ziel. Andererseits rief und ruft das Erleben von Gewalt auch Widerstand hervor. Die starke Ohnmachtserfahrung wird dann durch »Trotz, Wut, Rache und Gewalt« in das Gefühl von Macht verwandelt (S. 39). Wenn von Machtkämpfen die Rede ist, geht es oft um solche Ohnmachtserfahrungen bei Kindern und Eltern und um das Greifen nach Gewalt, um diese zu beenden.

christliche Werte zunächst strikt verurteilt und geächtet.[227] Das änderte sich im Laufe des 19. Jahrhunderts dahin gehend, dass zu Beginn des 20. Jahrhunderts unter Bezug auf die Bibel ganz explizit christliche Erziehung mit Schlägen und anderen Formen von Gewalt als Weg zu Gehorsam und Heiligung verknüpft wurde.[228] Diese Überzeugung hält sich (leider!) bis heute. Studien zu Erziehung in christlichen Familien und die Untersuchung von explizit christlichen Erziehungsratgebern zeigen eine höhere Zustimmung zu Gewalt in den Denominationen, in denen die Bibel (in Teilen) wörtlich ausgelegt wird und die bürgerlich-christlichen Rollenbilder betont werden.[229] Die Zuschreibung dieser Gewalt zum Vater und die Betonung von Bibelstellen wie: »Vergiss nicht, dein Kind zu bestrafen. An einer Tracht Prügel wird es nicht sterben. Im Gegenteil, du rettest es damit vor dem Tod«

(Spr 23,13-14) erhöhen die Skepsis gegenüber dem christlichen Glauben und einem christlich begründeten Familienbild.

Väterlichkeit

Verantwortlich für die Erziehung war im Bürgertum und noch bis in die 70er-Jahre per Gesetz der Vater als Autorität. Er trug Sorge dafür, dass die gesellschaftliche Ordnung eingehalten wurde.

Gutmütige Väterlichkeit bedeutete ein Zugeständnis an Freiraum und Ausprobieren, das so lange galt, wie es den Vater, seine Regeln und die gesellschaftliche Ordnung nicht infrage stellte. Die Tatsache von Gewalt in der Erziehung im Bürgertum bzw. insgesamt in der Familie und ihre Zuordnung zum Vater wird als Geschichte über das Patriarchat im Christentum erzählt. Es verbindet Vorstellungen über den christlichen Glauben und Väter bzw. Männlichkeit mit Macht und Gewalt. Dadurch entsteht im öffentlichen Diskurs eine problematische Verbindung der Themen Mann-Sein bzw. Männlichkeit, väterliche Autorität, Macht und der Überzeugung, durch Bestrafung das richtige Verhalten bewirken zu können. Die männliche Geschlechterrolle wird so zum Kippbild zwischen einer Geschichte von männlicher Stärke als Verantwortung, Autorität und Schutzfaktor beim riskanten Entdecken der Welt und einer Erzählung über einen toxischen, weil absoluten und aggressiven Machtanspruch von Männern. Das stellt Männer insgesamt und Väter im Besonderen vor eine echte Herausforderung, eine gute Geschlechterrolle zu entwickeln.

> Die männliche Geschlechterrolle wird so zum Kippbild zwischen einer Geschichte von männlicher Stärke als Verantwortung, Autorität und Schutzfaktor und einer Erzählung über einen toxischen, weil absoluten und aggressiven Machtanspruch von Männern.

Die Zuschreibung von Macht zur väterlichen Position wollen viele (junge) Väter heute nicht mehr. Sie haben sie selbst als negativ erlebt oder sehen die negativen Folgen bei anderen. Bei ihren Rollenvorbildern für Vaterschaft war diese Macht manchmal noch selbstverständlich, galt als legitim und notwendig – irgendjemand musste halt dafür sorgen, dass Kinder die Regeln lernen. Auch die »abwesenden« Väter hatten viel Macht und damit Einfluss auf die Entwicklung und Erziehung ihrer Kinder. Sie dienten oft genug als Drohkulisse oder enthielten durch ihre Abwesenheit ihren Kindern Anerkennung und Schutz vor. Die Instrumentalisierung von Vätern durch Mütter mit der Ankündigung »Wart ab, bis der Vater nach Hause kommt!« hat ihren Teil dazu beigetragen, die als toxisch beschriebene Männlichkeit zu verstärken.

Mächtig ohnmächtig

Nicht zu unterschätzen ist im Themenkomplex Gewalt in der Elternschaft: Allzu oft war und ist psychische und körperliche Gewalt der Versuch, eigene Hilflosigkeit und Scham und das damit verbundene Ohnmachtsgefühl zu überwinden. Körperliche Überlegenheit ist dabei nur eine Form von Macht. In Stresssituationen wird häufig auf alte, in der Kindheit erlebte und so erlernte Muster zurückgegriffen.

Selbst da, wo die Verbindung von Männlichkeit mit Gewalt abgelehnt wird, wird sie oft ungewollt gefördert. Denn Probleme von Jungen und Männern werden als Impulsivität statt Besonnenheit dargestellt, als »dem Verlangen nachgeben, statt Selbstbeherrschung zu üben« und Macht missbrauchend, statt dass sie demütig eingesetzt wird. Infolge der Geschichte des Patriarchats geht es für Männer also darum, die Kontrolle zu behalten – über sich, aber auch über ihre Position im Sozialgefüge. Die Zuschreibung dieser negativen Dinge zur Männlichkeit erschwert es uns (Frauen und Männern), Männern echte Freiräume bei der Entdeckung ihres »väterlichen« Umgangs mit Kindern zu lassen und die Geschichte über Männlichkeit und Väterlichkeit anzupassen oder neu zu erzählen. Das wirkt sich mehrfach aus.

Jungen und Männern werden Erfahrungen der Fürsorge für andere vorenthalten, weil ihnen in ihrer Erziehung und Sozialisation auf der Grundlage von Geschlechterstereotypen weniger Erfahrungsspielräume dafür geboten werden. Das hat nicht nur Folgen für ihren Umgang mit Kindern, sondern auch Auswirkungen auf andere Kontexte, in denen fürsorgliche Perspektiven von Bedeutung sind (Verantwortung in Partnerschaft, als Leitung oder in der Gesellschaft). Wenn Jungen und Männer keine Fürsorge für Säuglinge und Kleinkinder übernehmen, lernen sie nicht, den Zustand von Ohnmacht angesichts übermächtiger Gefühle bei anderen über längere Zeiträume auszuhalten und darin weiter zugewandt zu bleiben. Gerade weil Selbstbeherrschung als Stärke gilt, hat die Begleitung und Regulation das Ziel, Gefühle zu beherrschen. Doch das zu lernen, dauert. Wenn diese Aufgabe Frauen zugeschoben wird, steckt dahinter eine krasse Überhöhung von Frauen, als wären unangenehme Gefühle von Kindern (und Männern) für sie leichter auszuhalten und vielleicht sogar instant zu lösen. Außerdem ist das ein Weg, sich aus der Verantwortung zu stehlen, und führt zu geringer Frustrationstoleranz. Hier findet aber ein deutlicher Wandel statt. Viele Väter, die sich beteiligen, übernehmen aktuell die Haltung und den Umgang mit Kindern, die sie bei Müttern beobachten und erleben, denn ihnen wird ja eine natürliche Begabung und Intuition für den Umgang mit dem Kind zugeschrieben. So sinnvoll es ist, dass Kinder auch durch Väter zunehmend einen fürsorglichen Umgang erleben, so problematisch ist es, wenn Väter eine »zweite Mutter« sind, also Kinder von beiden Elternteilen ausschließlich diese fürsorgliche Haltung erleben.[230] Die große Herausforderung dabei ist, dass die Eigenschaften, die als typisch männlich gelten, aus den Idealbildern von Familie nach und nach komplett ausgeschlossen wurden. Dadurch fehlt im Umgang mit Kindern der Teil, der als männlich und damit schlecht gerahmt wird: der Mut zur Exploration, also zum Risiko, das mit dem Testen und der Erweiterung von Grenzen und mit Herausforderungen einhergeht: »Väter regen im Vergleich zu Müttern viel häufiger ihr Kind in einer Weise an, die seine Fähigkeiten wie auch sein Selbstvertrauen stark herausfordern.« Von dieser Funktion der Familie bleibt in der Definition nach Schier und Jurczyk nur ein kleiner Rest in der Formulierung, dass Familie ein Lernzusammenhang ist.[231] Das muss nicht ausschließlich von Männern kommen, es ist aber der väterlichen Rolle zugeschrieben: Der Vater trennt die enge Bindung zwischen Mutter und Kind und lädt das Kind zum Ausprobieren ein. Väter tragen vor allem durch Spielen und durch die Art dieses Spielens zur Förderung emotionaler Selbstregulation und Kommunikation bei ihren Kindern bei.[232] Diese stereotype Beschreibung[233] verdeckt, dass alle Erwachsenen beide Verhaltensweisen übernehmen können und sollten. Väter bzw. Männer sehen sich jedoch oft einem Misstrauen gegenüber ihren Absichten und ihrem Verhalten gegenüber Kindern ausgesetzt. Man könnte dies als Reaktion auf die oben beschriebenen Erwartungen an Väter und Männer und damit als »patriarchales Echo« beschreiben. Aufgrund der unterschiedlichen Sozialisation bringen Väter diese Impulse in der Tendenz stärker als Mütter in den Umgang mit Kindern ein. Wenn wir Jungen als natürlicherweise wilder und unbeherrschter ansehen und ihnen deshalb dafür mehr Freiraum zugestehen, lernen sie mehr Risikofreude und weniger Selbstbeherrschung, was ihnen später zum Vorwurf gemacht wird. Diese Art von Geschlechterstereotypen führt nicht nur dazu, dass Gewalt durch Frauen kaum thematisiert werden kann (egal, ob sie aus Überforderung resultiert oder absichtlich geschieht), sondern auch dazu, dass »Aggression« als positive Antriebskraft keinen Raum findet.

> Denn dann fehlt das Gegengewicht, das nicht ausschließlich von Männern kommen muss, aber der väterlichen Rolle zugeschrieben wird: Exploration, also das Entdecken und Erforschen der Welt.

Die väterliche Rolle muss nicht ausschließlich strafend sein, sondern hat die Aufgabe, das Kind in der Komfortzone und dem Schutzraum des

Hauses bzw. der sicheren Beziehung auf die harte Außenwelt vorzubereiten. Dazu gehört, Grenzen zu erleben, an die eigenen Grenzen zu gehen und sie auch zu überschreiten. Das bedeutet »naturgemäß« eine Menge an Gefühlen, die dann auch begleitet und reguliert werden müssen. Diese Aufgabe dann wieder den Müttern zu überlassen, begünstigt ein negatives Bild der Wirkung, die Männer auf Kinder haben. Der Grat, auf dem sich väterliches Verhalten (egal ob von Männern oder Frauen) zum Erweitern von Grenzen bewegt, ist schmal. Am Ende ist es die Mischung aus der Haltung des Erwachsenen, der Deutungen durch andere und dem kindlichen Erleben, ob zum Beispiel ein spöttisch geäußertes »Feigling!« eine Ermutigung oder Entmutigung darstellt. Und auch, ob »Experimentieren und Risiken wagen« ein echter Freiraum mit Begleitung durch einen Erwachsenen ist oder eine herablassend inszenierte Show erwachsener Stärke, ist eine Wahrnehmungsfrage aller Beteiligten. Ein »väterlicher« Umgang mit Kindern ist in dieser Hinsicht manchmal eine Gratwanderung und etwas, das erst neu entdeckt bzw. wertgeschätzt werden muss. Er könnte auch von Frauen übernommen werden. Die Frage nach dem Umgang mit Grenzen und nach dem Zielbild von Erziehung ist dabei ausschlaggebend.

Kinder sind die besseren Menschen

Der Bedeutungswandel von Kindern und das Leitbild verantworteter Elternschaft führt dazu, dass zumindest manche Eltern sich immer mehr mit der Frage auseinandersetzen, was Kindheit eigentlich bedeutet und wie man Kinder gut begleiten kann. Gerade in den sozialen Medien wird das sehr stark diskutiert und es führt zu einer Haltung in der Erziehung, die Kinder als die besseren Menschen erscheinen lässt.

Das bürgerliche Familienbild geht davon aus, dass aus abhängigen Säuglingen durch Entwicklung unabhängige Erwachsene werden, die sich selbst versorgen können. Dann sind Kind-Sein und Erwachsen-Sein etwas fundamental Unterschiedliches und der Maßstab für fertiges Mensch-Sein ist der mündige Erwachsene.[234] Diese Sichtweise aus dem Erziehungskonzept des Bürgertums ist tief in unser Denken über das Verhältnis von Kindern und Erwachsenen verwurzelt und hat die gesellschaftlichen Strukturen geprägt. Kinder entwickeln sich in dieser Perspektive von abhängig zu selbstbestimmt, von unmündig zu eigenverantwortlich, von impulsiv zu selbstbeherrscht oder von egozentrisch zu gemeinschaftsfähig. Sie werden aufgrund der Tatsache, dass sie sich entwickeln, zum Symbol für das Neue und die Veränderung.[235] Gleichzeitig haben Eltern einen erzieherischen Auftrag und sollen Kinder zu mündigen Erwachsenen formen. Das ermöglicht Augenhöhe in der Zukunft.

Doch schon Ende des 19. Jahrhunderts hat sich dagegen Widerstand geformt und er findet sich seitdem immer wieder: Kinder sind nicht nur die Zukunft, sie sind die Gegenwart! Kindheit ist nicht nur eine Zeit des Übergangs von unfertig zu fertig, sondern eine in sich selbst wertvolle Zeit! Kind zu sein, heißt, im Jetzt zu sein. Mehr noch: In der Reformpädagogik seit dem Ende des 19. Jahrhunderts, in der Laissez-faire-Bewegung der 60er-Jahre und in der aktuellen Unerzogen-Bewegung werden Kinder gar zu den besseren Menschen. Sie sind unschuldig und unverdorben von der Gesellschaft, und wenn man für sie eine einfache und glückliche Kind ermöglichen würde, würden sie das »eigentliche«, ursprünglich-natürliche und gelingende Mensch-Sein verwirklichen. **Das Leben der Erwachsenen wirkt im Gegensatz zu den guten Eigenschaften des Kindes wie ein Zerrbild des Mensch-Seins**. Was wäre möglich in der Welt, wenn wir alle so unschuldig und natürlich wie die Kinder wären, so lernbereit, so offen für Veränderung, so unvoreingenommen gegen die Vielfalt! Kinder stehen damit nicht nur wegen der Entwicklungstatsache für Veränderung. Sie sind einfach das Potenzial für eine bessere Menschheit.

Kinder stehen damit nicht nur wegen der Entwicklungstatsache für Veränderung. Sie sind einfach das Potenzial für eine bessere Menschheit.

Reformpädagogik

Die väterliche Autorität in Verbindung mit Gewalt als Erziehungsmittel ist eine wesentliche Ursache für die Ablehnung der christlichen Tradition in der Reformpädagogik, die um die Jahrhundertwende vom 19. ins 20. Jahrhundert populär wurde und die Pädagogik bis heute nachhaltig beeinflusst. Ausgehend vom Menschenbild der Aufklärung betonen Reformpädagoginnen und Reformpädagogen die gute Natur des Kindes, seine Entfaltungskräfte und den guten Einfluss der Natur auf Kinder.

Eine bekannte Vertreterin ist Maria Montessori und eine heute weitverbreitete Methode ist die Erlebnispädagogik. Die Reformpädagogik selbst hat sich im Laufe der Zeit verändert und sie hat einen prägenden Einfluss auf die Pädagogik und das Bild vom Kind insgesamt gehabt. Vor allem hat sie eine stärkere Orientierung am Kind, seinen Fähigkeiten und Bedürfnissen gefördert. Als Bewegung ist sie stark auf das Bildungssystem ausgerichtet. So wurden und werden immer wieder Reformschulen gegründet, in denen alternative Konzepte für das Lernen ausprobiert werden, die näher an den Kindern und ihrer Natur sein sollen. Sie liefern wertvolle Impulse für Veränderung.

Allerdings gibt es in der Reformpädagogik auch ein zwiespältiges Verhältnis zur Natur und dem Körper. Dazu gehören rassenhygienische Vorstellungen und sexualisierte Gewalt unter dem Deckmantel der Entdeckung von Körperlichkeit.

Vor ihnen liegt ein ganzes Leben, in dem sie ihre Menschlichkeit im besten Sinne entfalten können. Im Zuge dessen wird das Kind jedoch vollkommen überhöht, es erscheint als die Erlösung und als Friedensbringer.[236] Diese Vorstellung von Kindern als den besseren Menschen und die Überzeugung, der Kontakt mit der Natur allein würde Menschen bessern, wirken in der heutigen Pädagogik häufig nach, ohne dass die Idee, Kinder wären unschuldig und die Gesellschaft böse, wirklich zu Ende gedacht würde. Erwachsene haben dann den Auftrag, Kinder zu begleiten und zu unterstützen und sie gezielt in ihrer Persönlichkeit und vor allem Menschlichkeit zu fördern. Menschlichkeit wird vor allem im Hinblick auf Empathie und Beziehung (also weiblich gedeutete Eigenschaften) gesehen. Vergleich bzw. Wettbewerb und Wettkampf als männlich gedeutete Eigenschaften zum Beispiel sind nicht als typisch menschlich im Blick. Sie resultieren demnach aus der bösen Gesellschaft, der männlich verstandenen Kultur. Es wird deutlich, wie weitreichend die Geschlechterzuschreibungen in diese Themen hineinreichen.

Nicht zuletzt tragen Eltern die Verantwortung für ihre Wirkung auf ihre Kinder. Sie ist das zentrale Erbe, das sie der Welt hinterlassen. **Ihre Erziehung soll der Beitrag zu einer besseren Menschheit sein und das gelingt am besten durch eine gute Beziehung.** Die Gegenwart wird deshalb umso bedeutsamer, damit aus einem glücklichen Kind im Heute ein guter Mensch in der Zukunft wird.

Augenhöhe

Spätestens seit den gesellschaftlichen Umbrüchen der 1960er-Jahre wollen mehr und mehr Eltern ihren Kindern gegenüber nicht in einer Machtposition sein. **Sie wollen ihren Kindern auf Augenhöhe begegnen, ihnen sichere Räume für eine gesunde Entwicklung bieten und ihnen so viele Hindernisse wie möglich aus dem Weg räumen, damit sie eine glückliche Kindheit erleben können und gleichzeitig ihr volles Potenzial entfalten können.** Infolge der kritischen Auseinandersetzung mit der »Schwarzen Pädagogik« wurde von verschiedenen Stilen der Erziehung gesprochen. Sie bewegen sich zwischen Autonomie (wachsen lassen) und Autorität (führen) einerseits und der Orientierung an den Bedürfnissen der Eltern bzw. anderer Personen und den Bedürfnissen des Kindes andererseits.[237] Aus der Kritik am Patriarchat wurde ein schneller Wertewandel weg von Gehorsam und Disziplin hin zu Selbstbewusstsein und Selbstständigkeit. Schon in den 1980er-Jahren wurde der Wandel »vom Befehlshaushalt zum Verhandlungshaushalt« beschrieben. Dieser hat zu demokratischeren Familienstrukturen geführt, die schon in der Reformpädagogik der Jahrhundertwende als Zielbild benannt wurden und auf Dialog und Kommunikation als zentralen Werten beruhen.[238]

Dieser Wandel setzt sich weiter fort. Eltern sehen Kinder immer weniger als »sich erst noch Entwickelnde« und wollen Gleichberechtigung weiter fördern. Außerdem haben sie immer weniger den Eindruck, dass sie oder andere Erwachsene wissen, wie das mit dem Leben geht – und trauen (unschuldigen) Kindern oft viel mehr Intuition und Moral zu als den durch ihre Erfahrungen »verdorbenen« Erwachsenen. Die großen Herausforderungen der Zeit- und Weltgeschichte, die Multioptionalität, Individualisierung usw. machen es nicht eben leichter, einem Kind in das Leben hineinzuhelfen. Kinder werden daher im Familienleben immer stärker in Entscheidungen einbezogen und Eltern bemühen sich darum, ihnen Verantwortung für eigene kleine und größere Entscheidungen zu übergeben. Augenhöhe bedeutet daher, dass Eltern sich als Mächtigere und Fähigere in der Verantwortung sehen, ihr Kind in seinen Herausforderungen zu unterstützen und ihm Wege in die Kooperation zu eröffnen. Die alten, auf Hierarchien und Verhaltensregeln beruhenden Erziehungsmaßnahmen sollen abgeschafft werden und stattdessen sollen Beziehung, Bindung und Bedürfnisse im Vordergrund stehen. Kinder werden nicht auf ihr Verhalten, sondern auf ihre Absichten hin angesprochen. Es geht um Verständnis und Geduld. Kindheit ist ein Entfaltungsraum für die ganz individuelle Persönlichkeit der Kinder geworden.

Eingebettet ist das in die öffentliche Beobachtung familiärer Erziehung, die oft als zu nachgiebig und grenzenlos bewertet wird. Zu oft wird das auf laute Stimmen wie zum Beispiel die Laissez-faire-Bewegung in den 1960er- und 1970er-Jahren oder die aktuelle Unerzogen-Bewegung zurückgeführt und von ihnen auf alle Eltern übertragen. Demnach wäre jegliche Form von Erziehung ein unberechtigter Eingriff in die Selbstbestimmung des Kindes. Im Namen der Kinderrechte wird dann davon gesprochen, dass jede

Form von Erziehung Unterdrückung und Machtmissbrauch sei. Sie sei mit Respekt vor der Persönlichkeit und Entwicklung von Kindern sowie ihren Grenzen nicht vereinbar: »Weil ich mein Kind liebe, erziehe ich es nicht.«[239] Solche Aussagen führen dazu, dass Kinder- und Elternrechte gegeneinander ausgespielt werden und manchmal den Kinderrechten mit Skepsis begegnet wird. Eltern müssen sich zu diesen Konzepten und dem darin geäußerten Anspruch positionieren. Immerhin legt der Umkehrschluss nahe, dass Eltern, die erziehen wollen, ihr Kind nicht lieben. Das verunsichert bereits herausgeforderte Eltern noch mehr. Sie müssen sich zudem in einer wachsenden Szene von Bindungs- und Bedürfnisorientierung (BO) zurechtfinden, zwischen den Aussagen differenzierter Fachleute und der Masse an Kommentaren selbst ernannter Expertinnen und Experten unterscheiden und unter vielen kommerziellen Anbietern von Elterncoaching und -beratung diejenigen finden, die fachlich qualifiziert sind und zu ihnen passen. Für die meisten Eltern bleibt BO allerdings vor allem ein Maßstab und Ideal, das zwar beeinflusst, wie sie ihre Erziehungsbemühungen bewerten, das sie aber wegen fehlender zeitlicher und kräftemäßiger Ressourcen nicht 1:1 verfolgen. Wenn Familien bindungs- und bedürfnisorientiert mit ihren Kindern umgehen, vermitteln die Formen und Methoden der Aushandlung von Bedürfnissen Außenstehenden nicht selten das Bild, die Kinder würden sich durchsetzen, während das Ergebnis aus der Innensicht von Eltern ein guter Kompromiss sein kann. Die Priorisierung von Beziehung ist nicht gleichbedeutend mit dem Abschaffen und Aufgeben von Erziehung, sondern bedeutet vor allem die Erkenntnis, dass für Erziehung die Art der Beziehung eine Rolle spielt.

Die Gegenwart ist dabei das, was am stärksten zählt. Mit Blick auf das Zeiterleben von Kindern werden gemeinsame Erlebnisse und schöne Erfahrungen im Jetzt fokussiert. Die Fokussierung auf »Qualitätszeit« ist dabei ebenfalls ein Ausdruck von Augenhöhe, weil dem Kind vermittelt werden soll, dass es gegenüber allen anderen Anforderungen Priorität hat. Das Projekt der glücklichen Kindheit als Augenblick der Intensität[240] bedeutet in diesem Zusammenhang den elterlichen **Dienst an den Kindern und durch sie an der Menschheit. Die Aufgabe der Eltern ist es dann, durch Förderung die Entfaltung ihres Mensch-Seins zu ermöglichen.** Das ist mit zwei Aufgaben verbunden. Kinder werden vor Dingen geschützt, die sie noch nicht können, und dabei gefördert, ihre jeweilige alterstypische Entwicklungsaufgabe zu bewältigen, um ihr volles Potenzial auszuschöpfen. Die Veränderungen im Blick auf Erziehung bedeuten dabei, dass viele (nicht alle) Eltern versuchen, die Gemeinschaft in der Familie so anzupassen, dass sie zu den Kindern passt, statt Kinder durch Erziehung in die Regeln und Normen der Gesellschaft einzuführen und ihr Verhalten daran anzupassen. Dabei stellen sie sich und ihre Bedürfnisse zwar hinter den Kindern zurück, aber geben sie in ihrer eigenen Wahrnehmung nicht so vollkommen auf, wie es allgemein in der Gesellschaft beurteilt wird.[241] Augenhöhe kostet allerdings Zeit, Nerven und Aufwand für alle, für die beteiligten Eltern und Kinder und auch für die Umwelt, die miterlebt, dass eine demokratische Erziehungshaltung und Augenhöhe kein Spaziergang sind. Und »zu vielen Familien fehlen heute Zeit und Raum und die Gelegenheit, solche dialogischen Beziehungen entspannt miteinander zu leben«[242]. Die Klage, dass Kinder sich nicht mehr an Regeln halten und sich in die Gemeinschaft einfügen können, liegt deshalb wohl eher an Überforderung von Eltern – und auch Schulen.[243] Die Schere zwischen Kindern, die aufgrund fehlender gemeinsamer Zeit und großer Erschöpfung gar nicht erzogen werden, und Kindern, die von ihren Eltern bindungs- und bedürfnisorientiert er- bis verzogen werden, wird immer größer. Das ist zum einen massiv mit finanziellen Ressourcen verknüpft, die in der Folge Ressourcen an Zeit und Kraft freisetzen.[244] Zum anderen ist das die Folge der strukturellen Differenzierung der Gesellschaft, durch die Kinder immer mehr in Sonderumwelten leben.

Räume für Kinder

Kinder haben in den letzten Jahrzehnten gerade durch das Bild von Kindheit einen widersprüchlichen Bedeutungswandel erlebt: Während sie vom Rand in die Mitte des Familienbildes gewandert sind, wurden sie, wie die Familie insgesamt, aus der Mitte an den Rand des gesellschaftlichen Lebens gedrängt. In der Familie gewinnen Kinder an Bedeutung, als Teil der Gesellschaft verlieren sie Räume und Bedeutung. Die generelle Ausrichtung der Gesellschaft auf fähige Erwachsene bedeutet, dass es nur zwei gesellschaftliche Teilsysteme gibt, in denen Kinder auftauchen; das Familiensystem und das Bildungs- und Betreuungssystem. Für Kinder wurden im Laufe der Zeit immer mehr pädagogisch strukturierte »Sonderumwelten« geschaffen, die sich durch Schutz und Förderung auszeichnen sollen, aber gleichzeitig zum Ausschluss von Kindern aus der Welt der Erwachsenen führen.[245] Sie dienen dem Anspruch von Erwachsenen, nicht durch Kinder gestört zu werden, während sie sich dem echten Leben aus Erwachsenentätigkeiten widmen. So gibt es eine klare Auffassung darüber, wo Kinder (allein) sein dürfen und wo sie nicht hingehören. Das gesellschaftliche Credo ist zwar »Kinder sollen Kinder sein«, und dazu gehört, dass sie ihre Bedürfnisse und Gefühle äußern und dabei laut sein dürfen. Aber bitte nicht in der Nachbarwohnung oder nur zu bestimmten Zeiten (sonst gibt es eine Abmahnung vom Vermieter), nicht in den öffentlichen Verkehrsmitteln (sonst könnte der Busfahrer anhalten und die Familie rausschmeißen), nicht im Gottesdienst (die Eltern könnten doch rausgehen) und nicht, wenn man sich mit ihren Eltern unterhalten will (sie können doch auf den Spielplatz gehen oder in ihre mit Spielzeug überfüllten Zimmer!).

Schutzräume

Diese Sonderumwelten gelten auf der Grundlage der Vorstellungen über Kindheit auch als kindgerechte Rückzugsräume aus der regulierten Öffentlichkeit, in der man sich zu benehmen wissen muss. »Kinder werden nicht gesehen und gehört«, nannte man das im Bürgertum und in gewisser Weise haben die Schutzräume und Sonderumwelten unter dem Deckmantel von »kindgerechten Umwelten« diesen Satz strukturell verankert. Schutzräume sollen dazu dienen, dass Kinder ihr eigentliches, ursprünglich-natürliches Mensch-Sein entdecken und entfalten, während sie zeitgleich darauf vorbereitet werden, sich in der Welt der Erwachsenen zu behaupten und sie zu gestalten. Wie widersprüchlich das ist, zeigt sich am Beispiel der Natur. Sie ist Freiheit und Ursprünglichkeit und Gesundheit und Lebendigkeit und es gilt als typisch Kind, in der Natur sein zu wollen. Allerdings kommen Kinder – anders als in Bullerbü und vor 100, 60 oder auch noch 30 Jahren in Deutschland – heute oft nur in Begleitung von Erwachsenen in den Genuss der Natur. Das liegt zum einen daran, dass der Weg dorthin für manche weit und voller Gefahren ist. Und die Natur selbst ist ja letztlich auch nicht ungefährlich. Deshalb gibt es speziell ausgebildete Natur-, Erlebnis-, Kräuter- oder Waldpädagoginnen und -pädagogen, die bei speziellen Ausflügen (mit den Einrichtungen für Kinder oder bei besonderen Festen) etwas über die Natur vermitteln. Der Weg zum Spielplatz ist dagegen meistens kürzer, die Spielgelegenheiten sind geprüft und alles ist darauf ausgerichtet, dass man weich fällt, wenn man fällt. Das zeichnet Spielplätze und alle anderen Umwelten aus, die extra für Kinder gemacht sind: Sie halten das Risiko möglichst gering, laden zum zweckfreien Spiel ein und sind dabei so gestaltet, dass durch die anregende Umwelt für die Kinder unbewusst möglichst viele Fähigkeiten gefördert werden. Schutz und Förderung gehen Hand in Hand und liegen in der Verantwortung der Erwachsenen. Kinder brauchen diesen Schutz, weil sie aufgrund ihres Alters bzw. der Entwicklungstatsache besonders verletzlich sind: Ihnen fehlen die Lebenserfahrung und auch die kognitiven Fähigkeiten, um Risiken in einer gefährlichen Welt richtig einzuschätzen. Das reicht von realen Gefahren im Straßenverkehr, der die Bewegungsmöglichkeiten von Kindern deutlich eingeschränkt hat, bis zur Angst vor Indoktrination. Die Themen Vielfalt und

Sexualität allgemein sind Gegenstand einer Debatte darüber, was kindgerechte Aufklärung ist und was unangemessene Beeinflussung.

Aufbewahrung

Aber nicht nur die Gefahren, sondern auch die Zeitstrukturen haben sich verändert. Kindheit und Erziehung finden heute in weiten Teilen in Einrichtungen und damit zudem auch öffentlich statt. Kindergartenkinder verbringen im Schnitt 30 Stunden in der Woche in ihrer Einrichtung, Abiturienten 46 Stunden.[246] Das ist weitgehend der Berufstätigkeit von Eltern geschuldet. Auch wenn Krippen, Kindergärten und Kindertagesstätten als besondere Orte für Kinder gelten, stehen sie historisch und strukturell betrachtet im Dienst der Erwerbstätigkeit der Eltern (die ihrerseits dazu dient, den Lebensunterhalt für die Familie zu sichern). Daraus resultiert auch, dass Kinder und ihre Förderung nicht im Fokus des gesellschaftlichen Interesses stehen. Der demografische Wandel lässt in Bezug auf die finanzielle Förderung Kinder und Alte in eine Konkurrenz-Situation kommen. Jeder vierte Euro des Bundeshaushalts ist ein Zuschuss in die Rentenversicherung,[247] während die Sonderumwelten für Kinder mit Fachkräftemangel, maroden Gebäuden und Chaos in der Digitalisierung zu kämpfen haben. Kinder erleben also in ihren Sonderumwelten gerade das nicht, was ihnen als klassische deutsche Tugenden vorgestellt wird und was sie lernen sollen.[248]

Bewertungsräume

Zum anderen sind die Institutionen für Kinder (Schule, Kita, verschiedene Bildungs- und Freizeitangebote) aber auch mehr oder weniger pädagogisch wertvoll inszenierte Lerngelegenheiten. In Deutschland sind insbesondere Kindertagesstätten sehr stark als Spielräume gestaltet, die freie Entfaltung und gezielte Anregungen ermöglichen. Sie sind durch pädagogische Einflussnahme und psychologische Begutachtung geprägt. Mit der (naturwissenschaftlichen) Beobachtung kindlicher Entwicklung begann auch das

Festlegen von Normen und der Vergleich. Zu bestimmten Zeitpunkten während der Kindheit kann ein gewisser Standard an Fähigkeiten erreicht worden sein – und sollte es dann auch. Eigentlich betrifft Entwicklung aber viel mehr graduelle Veränderungen und Prozesse, die sehr viel mehr mit Rückschritten und »Umwegen« zu tun haben, als die oft verwendeten Bilder von Entwicklungsstufen (z. B. nach Erikson) es vermuten lassen. Doch die gute und gesunde Entwicklung der Kinder wird zum Ausweis der guten Eltern und zur gemeinsamen Verantwortung mit den Fachkräften in den Institutionen. Kinder bzw. ihre gelingende Entwicklung werden zum »Produkt«.[249] In Kombination mit der Leistungsorientierung der modernen Gesellschaft wird die kindzentrierte Förderung zum Leistungsanspruch. Die Schule ist daher in Deutschland der hauptsächliche Faktor, der über das Wohlbefinden von Kindern und Jugendlichen entscheidet.[250] Über 40 % der Eltern helfen regelmäßig bei Hausaufgaben.[251]

Professionalisierte Räume

Der Vorstellung eines »einfachen Kind-Seins« steht der immer stärkere Anspruch gegenüber, über die Entwicklung von Kindern und ihre Bedürfnisse Bescheid zu wissen und sich dafür auszubilden. Das gilt vor allem in jeglichen pädagogischen Kontexten (also auch zum Beispiel in der außerschulischen Jugendbildung und der religiösen Bildung, zu der viele Gemeindeangebote gehören), aber es gilt zunehmend auch im privaten Kontext. Weil Kindheit als eine besondere und besonders verletzliche Lebensphase gilt, scheint ein »professioneller« Umgang mit ihnen wichtig. Ausbildungen zum Babysitten und die Jugendleitercard (Juleica) gibt es schon lange. Letztere wird zunehmend zur Voraussetzung von Förderungen. Zur Professionalisierung gehört insbesondere die Aufklärung über Gewalt und das Beachten der organisationalen Schutzkonzepte. Die Achtung persönlicher Grenzen ist ein wichtiges Ziel im Umgang mit Kindern. Die oben beschriebene Entwicklung im Verständnis von Erziehung und das Erbe grenzüberschreitender und -verletzender Erziehungsmaßnahmen tragen dazu ebenso bei wie die erschreckend hohe Anzahl der Fälle von sexualisierter Gewalt gegenüber Kindern und Schutzbefohlenen. Gerade weil ein wesentlicher Anteil von sexualisierter Gewalt im häuslichen Umfeld und im sozialen Nahraum passiert, scheint die angemessene frühkindliche Aufklärung notwendig. So richtig und wertvoll das alles ist, erschwert und verhindert es gleichzeitig die Verantwortungsübernahme für Kinder. Unter der Überschrift von Schutz wird versucht, Kinder möglichst nur mit zugewandten Menschen in Verbindung zu bringen, mit Leuten, die sie sehen, d. h., die sie wahrnehmen und ernst nehmen, die ihnen bedürfnisorientiert begegnen, die dieselben Werte teilen wie die Eltern und die sie nicht belasten mit Dingen, vor denen sie aus Sicht der Eltern geschützt werden sollen. Der Umgang mit Kindern wird immer stärker unter pädagogischen und psychologischen Gesichtspunkten bewertet und verliert damit an Leichtigkeit. Für Rat im Umgang mit den Kindern werden eher Professionelle aus der Kita oder Beratungsstellen gefragt, weil die Unterschiede zwischen der Eltern- und Großelterngeneration grundlegende Ansichten betreffen.[252]

Entlastete Räume

Auch wenn die meisten Kinder heute in Deutschland eigene Zimmer haben, spielen viele von ihnen gerne in der Gegenwart der Eltern im Wohnzimmer oder der Küche. Durch dieses »Dabeisein« werden sie in mancher Hinsicht sozialisiert und an eine bestimmte Kultur von Schutzräumen gewöhnt. Dazu gehört auch, dass Kinder sich um nichts kümmern müssen, aber vieles dürfen, was sie wollen. Ihre Initiative zum Backen und Kochen zum Beispiel wird gerne aufgegriffen und ihnen wird helfend zur Seite gestanden. Sie sollen das Tun als etwas Schönes erleben und nicht mit zu viel Klein-Klein belastet werden. Also holt man die Waage heraus, während das Kind die Schüssel holt, stellt die Küchenmaschine bereit, während das Kind abwiegt, und räumt benutztes Geschirr eben in die Spülmaschine, während das Kind dem Rühren der Küchenmaschine zusieht. Ein gutes Gefühl – gemeinsam verbrachte Zeit und das Kind hat noch etwas dabei gelernt! Es hat sogar sehr viel gelernt, und zwar nicht nur, wie man Mehl und andere Zutaten abwiegt, sondern auch, dass Kuchenbacken leicht geht, dass die Küche sich wie von selbst aufräumt und dass in der Küche alles vorhanden ist, was man braucht. Je nach Lebenssituation einer Familie kann es sein, dass das Kind den Einkauf all der Zutaten überhaupt nicht mitbekommt. Dieser Teil des Alltags wird gern aus dem Leben von Kindern ausgeklammert. Zum einen, weil es Stress bedeutet, Kinder mitzunehmen (das Horrorszenario des schreienden Kindes auf dem Boden des Supermarkts ist nicht umsonst fast schon sprichwörtlich), sondern auch, weil die gemeinsam verbrachte Zeit ja wertvolle Qualitätszeit sein und nicht mit lästigen Haushaltspflichten verplempert werden soll. Allein diese Tatsache bedeutet eine vollkommen andere Sozialisation als sie früher üblich war, wo ein Kind durchaus selbst zum Einkaufen geschickt wurde. Je nach Lebenssituation ist das auch heute noch möglich, wird aber möglicherweise überwacht durch Uhren oder Handys. Der Alltag von Kindern ist stark vom Alltag der Eltern bzw. Erwachsenen getrennt. Das Ergebnis ist, dass Kinder als Außenseiter[253] von vielen Dingen der alltäglichen Lebensführung keine Ahnung haben, sodass der Eintritt in die Erwachsenenwelt immer weiter nach hinten verlagert wird.

Räume der Unwirksamkeit

Kinder machen kaum Erfahrungen von Anerkennung für einen wertvollen Beitrag zur Gemeinschaft. Die Orte, an denen sie sich größtenteils aufhalten, und ihre Möglichkeiten, auf die Gesellschaft insgesamt Einfluss zu nehmen, sind von einer relativ starken Bedeutungslosigkeit gekennzeichnet. Ihre Möglichkeiten der aktiven und bewussten Auseinandersetzung mit der Umwelt mit dem Ziel, die eigenen Grenzen und das Wissen zu erweitern und »zu wachsen«, sind durch die von Erwachsenen festgelegten Schutzräume begrenzt. Ihre Aktivität wird als zweckfreies Sein beurteilt und soll das in der Überzeugung vieler Erwachsener auch bleiben. Kindern echte Verantwortung zu übertragen und sie in die Gestaltung von erwachsenen Lebenswelten mit einzubeziehen, wird als Überforderung angesehen. Schutzmaßnahmen schützen Kinder dann nicht nur vor Risiken, sondern auch vor der Notwendigkeit und Möglichkeit, für eigenes Handeln und für die Gemeinschaft Verantwortung zu übernehmen. Ihnen fehlen Erfahrungen, in denen sie ein Gespür für die realen Folgen und die Reichweite ihres eigenen Handelns entwickeln können. Erfahrungen von Selbstwirksamkeit, wie sie durch eigenständiges Einkaufen für die Familie oder durch andere Aufgaben im Familienalltag früher viel selbstverständlicher erlebt wurden, müssen heute sehr bewusst und gezielt hergestellt werden. Sie passieren nicht einfach so. Allerdings unterscheiden sich echte und inszenierte Beteiligung vor allem in Bezug auf das Scheitern. Das Recht des Kindes auf seine eigenen Fehler und schmerzhaften Lernerfahrungen inklusive der Verantwortung für die Konsequenzen wird hier manchmal übergangen. Die Sorge, dass das Kind durch Schwierigkeiten und Belastungen Schaden nimmt, verhindert das wirklich notwendige gemeinsame Aushalten von Krisen und den Respekt gegenüber schlechten Entscheidungen. Kinder ernst zu nehmen, bedeutet zutrauen und zumuten. Dafür ist es notwendig, dass die Entscheidungen, die Kinder treffen dürfen, echten Einfluss haben.

Räume voller Medien

Kindheit ist, wie auch Erwachsen-Sein, heute ohne Medien unvorstellbar. Sie gehören zum Alltag dazu. Das ist nicht zwingend ein Problem, kann es aber werden. Die Problematisierung von Medien an sich ist dabei größer als der tatsächliche negative Effekt: Es gibt ihn laut einer Studie der Oxford Universität nicht.[254] Schwierig ist vor allem, dass die verschiedenen Medien (von Spielkonsolen über soziale Medien bis hin zum Fernsehen) eine direkte Konfrontation mit der Lebenswelt der Erwachsenen sind, die Kinder nicht immer einordnen können. Hier wären Kinder auf Begleitung und

Unterstützung durch Eltern und andere Erwachsene angewiesen. Schutz über die Einschränkung von Zugänglichkeit verhindert nur einen Bruchteil der Einflüsse durch die virtuelle Welt auf die reale Welt von Kindern und Jugendlichen. In ihren Einrichtungen sind Kinder den Folgen des Medienkonsums anderer Kinder ausgesetzt. Diese zeigen Videos und Nachrichten oder berichten von dem, was sie durch Medien vermittelt erlebt haben. Weil die Bedeutung der Medien im Alltag immer größer wird, wächst die Abhängigkeit der Kinder von erwachsenem Schutz, aber insbesondere von Befähigung zum kritischen Denken und zu Unterscheidungsfähigkeit.

Räume der Abhängigkeit

Kinder sind also in verschiedener Hinsicht immer mehr auf die Eltern angewiesen, um am gesellschaftlichen Leben teilzuhaben. Auch wenn sich Familienleben um Kinder und ihren Alltag dreht, sind es die Erwachsenen, die diesen Alltag entsprechend ihren Vorstellungen von Kindheit gestalten. Die so oft monierte Abhängigkeit von Kindern nimmt dadurch zu statt ab. Sie bleiben immer länger darauf angewiesen, dass Erwachsene sie an die Hand nehmen und ihnen im Detail zeigen, wie das Leben funktioniert. Aus dem natürlichen Unterschied wird eine lange soziale Abhängigkeit, die durch die Welt der Erwachsenen bestimmt wird. Schon Hobbys und Freizeitaktivitäten sind angefüllt mit Voraussetzungen (Zeiten für die verschiedenen Aktivitäten und Verpflichtungen im Blick haben, Wege organisieren, die Ausstattung besorgen). Die Vielfalt an Möglichkeiten der Freizeitgestaltung erschwert spontanes Verabreden. Über die Straße laufen und klingeln funktioniert selten. Der Effekt: Man probiert es gar nicht mehr bzw. auch das läuft in der Regel über die Eltern.

Individualisierte Räume

Familien bemühen sich heute, jeweils das einzelne Kind zu sehen. Das mag ein Grund sein, warum immer mehr Familien nur ein Kind bekommen.

49 % der Familienhaushalte waren 2023 Ein-Kind-Familien, das heißt: 23,2 % aller Kinder leben allein mit Eltern, ohne Geschwisterkind.[255] Das ist – ganz wertfrei – eine bedeutende Veränderung für das Aufwachsen von Kindern. Denn die Dynamik zwischen Geschwistern ist im Guten wie im Schlechten ein wesentlicher Faktor in der Sozialisation von Kindern. Lebten im Jahr 1975 noch in 19 % der Familienhaushalte drei oder mehr Kinder, sind es heute noch gut 13 %.[256] Etwa 47 % aller Kinder leben mit einem anderen Geschwisterkind im Haushalt. Weil Familien weniger Zeit im Haushalt verbringen, sind Kinder nicht auf Geschwister als Spielkameraden und -kameradinnen angewiesen. Der Einfluss von Gruppen auf die Entwicklung und Erfahrungen in der Kindheit (und seien es die Kinder, die morgens zusammen im Bus unterwegs sind) ist nicht zu unterschätzen. Durch die Position in der Geschwisterreihenfolge, durch die unterschiedliche Sozialisation von Jungen und Mädchen, durch die besuchten Schulen und die unterschiedlichen Freundesgruppen formen sich sehr verschiedene Kindheiten, in denen Kinder aber immer weniger als Gruppe und mehr als Individuen wahrgenommen werden.

Freiräume

Wie in den Vorstellungen aus dem bürgerlichen Familienbild hinterlegt, ist die Privatsphäre des Hauses dabei der Ort, an dem Kinder eigentlich am besten aufgehoben wären. Dort sind sie geschützt vor den Anforderungen der Öffentlichkeit. Das Zuhause steht wie die Natur für die Freiheit, man selbst zu sein, und außerdem für Liebe und Nähe persönlicher Beziehungen sowie Erholung. Weil der Alltag von Kindern mit so viel Zeit in öffentlichen Umgebungen verbunden ist, soll die Zeit zu Hause für sie dann Freizeit sein. Gemeinsame Zeit zu Hause soll schöne und erholsame Zeit sein und nicht mit Ansprüchen verdorben werden. Das bedeutet, dass Kinder auch zu Hause immer weniger verlässlich Verantwortung übernehmen müssen. Dadurch fehlen ihnen aber auch in diesem Rahmen Erfahrungen von

Selbstwirksamkeit als bedeutsamer und notwendiger Teil der Gemeinschaft. Die Fokussierung auf Spiel als »eigentliche« Tätigkeit von Kindern und die Gegenwart als Entscheidungskriterium für Notwendigkeiten werden hier zum Problem. Es fehlt oft ein Gerüst zum Erwerb von Verantwortungsfähigkeit, weil Erziehung nicht auf die Zukunft orientiert ist. Das verstärkt den problematischen Trend zur psychologischen Kontrolle und das Produzieren von Nesthockern.[257] Je unerwünschter die Ablösung vonseiten der Eltern ist, umso schwerer ist sie durchzusetzen. Je subtiler die Macht, desto höher ist der psychologische Druck. Gerade der Schutz vor Verantwortung für Konsequenzen führt zu einer »Form elterlichen Engagements, bei dem Eltern sich auch noch im späten Jugendalter und frühen Erwachsenenalter ihrer Kinder sehr stark in der Verantwortung sehen, deren Aktivitäten zu überwachen und Angelegenheit zu regeln«[258]. Es hilft, die Autonomiephasen von Kindern auch als Autonomiephasen der Eltern zu begreifen, in denen diese sich wieder in die Rolle der selbstständigen und von Kindern unabhängigen Erwachsenen einfinden.

Parallelräume

Insgesamt wächst der Abstand zwischen dem Leben der Kinder und dem Leben der Erwachsenen. Die Erfahrungen, die Kinder heute mit Gleichaltrigen und mit Erwachsenen machen und machen können, haben sich sehr verändert. Dass nur in 8,5 von den knapp 41 Millionen Haushalten in Deutschland minderjährige Kinder leben und die Lebenswelten von Kindern so sehr von denen der Erwachsenen getrennt sind, bedeutet, dass viele Erwachsene über lange Zeitfenster ihres Lebens kaum oder keine Berührungspunkte mit Kindern im Alltag haben, obwohl »nach wie vor die meisten Menschen im Laufe ihres Lebens als Eltern« leben.[259] Dadurch werden Kinder im Alltag der meisten Erwachsenen unsichtbar. Nicht wenige Menschen kommen zum ersten Mal mit Säuglingen und Kleinkindern in Kontakt, wenn sie Eltern werden. Und wer zu Großeltern wird, hat ebenfalls oft seit langer Zeit keinen direkten und intensiveren Kontakt mit Kindern und Jugendlichen gehabt. Die Beziehungen, die zwischen Kindern und ihren Eltern und Großeltern bestehen, sind aber besser als je zuvor.[260] Die Kindzentrierung mit der Bereitschaft, gemeinsame Zeit an den Kindern auszurichten, spielt hierbei sicher eine Rolle. Auch dass Eltern sorgfältig den Rahmen für die Beziehungspflege zwischen Großeltern und Kindern gestalten, wirkt sich hier aus. Denn parallel zu den positiv erlebten Beziehungen stellen Kinder für Eltern und Großeltern durchaus eine Überforderung im praktischen Alltag dar und führen zu Konflikten zwischen diesen beiden Generationen. Sie entzünden sich an den Kindern, drehen sich aber oft eigentlich um das Miteinander zwischen Eltern und ihren Eltern.

Nimm dir Zeit, deine Gedanken und Erkenntnisse bis hierher aufzuschreiben:

Einerseits erleben Kinder eine Kindheit, wie keine Generation vor ihnen sie hatte – andererseits scheint Kindheit wegen der Erziehung im öffentlichen Raum und der hohen Anforderungen nicht mehr echte Kindheit zu sein und sein zu können. Doch letztendlich ist Kindheit eine Idee, für die immer wieder neue Formen gefunden werden müssen. So ist auch die Diagnose der »Sonderumwelten« die Perspektive von Erwachsenen. Für Kinder ist das, was sie erleben, ganz »normal«. Sie können aktuell weder den Vergleich mit »früher« anstellen, noch überblicken sie die Konsequenzen, die durch die gesellschaftlichen Strukturen entstehen. Gerade darin liegt die

Verantwortung von Erwachsenen. Sie ist mit einer gewissen Gelassenheit zu sehen. Denn Erziehung ist immer ein Realexperiment.

Leben im Generationenzusammenhang

Für das Miteinander der Generationen wird ein Zusammenhang meiner Ansicht nach häufig übersehen: Die letzten 80 Jahre haben zu wesentlichen Änderungen in der Lebensrealität von Kindern geführt und das bedeutet, dass die älteren Generationen im Laufe ihres Lebens nicht nur selbst die Trennlinie zwischen Kindern und Erwachsenen überschritten haben, sondern auch einen enormen Schub im Bedeutungswandel von Kindern miterlebten. Die Dynamik, die damit verbunden ist, bildet nur einen Ausschnitt aus dem Miteinander der Generationen, der aber für Familienleben bedeutsam ist.

Geschichten über Kindheit

Wie die Veränderungen zum Thema Kindheit erlebt werden, lässt sich in den Geschichten über die eigenen Erfahrungen entdecken. Sie vergleichen früher und heute und erklären, was in der eigenen Kindheit noch anders und besser war und was (aus heutiger Sicht) fehlt. Dass es sehr unterschiedlich ist, wie ein Mensch den Prozess des Erwachsenwerdens erlebt, ist in einer individualistischen Gesellschaft wie unserer selbstverständlich. Neben dem Zeitfenster, in dem wir unsere Kindheit erlebt haben, spielt ja auch eine Rolle, wo wir sie erlebt haben (ob in Deutschland oder Syrien und ob auf einem Bauernhof oder in der Stadt) und unter welchen Bedingungen (ob in Armut oder Reichtum, ob im Krieg oder im Wirtschaftswunder, ob als Einzelkind oder mit vielen Geschwistern). Aber selbst wenn die meisten Faktoren bei zwei Menschen gleich sind, wie bei Geschwistern zum Beispiel, unterscheidet sich das individuelle Erleben, Erinnern und Beurteilen der Vergangenheit.

Geschichten zu erzählen, bedeutet auch, sich die eigenen Ideale bewusst zu machen, und verbindet die Vergangenheit mit der Gegenwart. Gerade wenn Großeltern und Eltern ihren Kindern von der eigenen Kindheit erzählen, werden Unterschiede deutlich und manches Verhalten verständlich.

Im Rückblick auf die eigene Kindheit wird aber auch manche spätere Herausforderung im Leben als Folge der eigenen Erziehung erkannt oder so gedeutet. Elternschaft konfrontiert mit der eigenen Kindheit. Sie weckt Erinnerungen an Dinge, die man vergessen hat, und lässt erkennen, dass auch die glücklichste Kindheit Spuren hinterlässt, mit denen ein Mensch zu kämpfen hat. Das heute breite Wissen um pädagogische und psychologische Zusammenhänge führt dazu, dass viele Eltern sich mit den eigenen Erfahrungen vor dem Hintergrund des heutigen Wissens auseinandersetzen. Vor dem Hintergrund idealisierter Beziehungen zwischen Eltern und Kindern heute wird die Beziehung zu den eigenen Eltern einer Neubewertung unterzogen. Die Debatten über Erziehung in den sozialen Medien verschärfen die Beurteilungen der eigenen Eltern und ihrer Erziehungsmethoden. Daraus resultiert eine generelle Skepsis gegenüber dem Umgang der älteren Generation mit Kindern, die zu einer Trennlinie zwischen den Generationen wird. Dabei wird manchmal übersehen, dass jeder Umgang mit Kindern in einem zeitgeschichtlichen Kontext steht: Eltern früher haben entsprechend ihrem Wissensstand und der gesellschaftlichen Situation erzogen. Sie haben sich und manche ihrer Wertvorstellungen im Lauf ihres Lebens verändert. Andere erhalten sie aufrecht, weil sie ein Teil ihrer Identität geworden sind, oder vielleicht auch, weil eine kritische Auseinandersetzung damit ohne zu große Scham oder Konflikte nicht möglich ist.

Den Kreislauf durchbrechen

Die Methoden der »Schwarzen Pädagogik« und Vernachlässigungen, vielleicht auch manche radikale Gegenbewegung, haben Spuren im Lebenslauf von Menschen hinterlassen, die heute Eltern und Großeltern sind. Auch der

Effekt vom isolierenden Umgang mit Säuglingen wirkt sicher noch heute in der Gesellschaft. Der Tipp, Kinder schreien zu lassen, ist jedenfalls noch nicht aus der Welt. Wie schädlich das gewesen ist, lässt sich nicht messen, sondern nur erahnen. Von Bindungspersonen getrennt zu sein, hat eine existenzielle Dimension[261] in der Entwicklung von Selbstbewusstsein und in den Fähigkeiten für Beziehungsgestaltung. Eltern und Großeltern haben diese Methoden vielleicht am eigenen Leib erfahren und sie teilweise selbst genutzt. Das mag sich »toxisch«, also vergiftend, auf Verhaltensweisen und bestimmte Situationen ausgewirkt haben und heute noch in Beziehungen auswirken. Sich mit den Folgen von schlechten Erfahrungen in Beziehungen auseinanderzusetzen, kann Unsicherheit und das Bedürfnis nach Distanz auslösen. Daraus resultiert das »UnDoing Family«, das neben dem für verschiedene Lebensphasen typischen Wechsel von mehr oder weniger Nähe zu Familienmitgliedern bewusst gewählte Trennungen beinhaltet: durch »aktives Vergessen und Neutralisieren von Beziehungen, gezielte Distanzierung oder sogar Auflösung und Zerstörung von Beziehungen«[262]. Die Trennung von als toxisch erlebten Personen oder wiederkehrenden Situationen dient dem Schutz vor Beschämungen und psychischen oder physischen Verletzungen.

> Als **Cycle Breaking** wird es bezeichnet, wenn über Generationen weitergegebene Traumata durch Therapie bearbeitet werden und damit die Weitergabe unterbrochen wird. Cycle Breaking stellt ein Motiv dar, auf das in der bindungs- und bedürfnisorientierten Szene oft Bezug genommen wird. Die eigene Art des Umgangs mit den Kindern wird als Durchbrechen des Kreislaufs aus Schreien, Schlagen und Demütigen gewertet, was für die eigenen Kinder eine bessere Zukunft ermöglicht.

Unabhängigkeit vs. Verbindung

Dadurch verliert aber gleichzeitig Familie als Gruppe mit einer langen Familiengeschichte an Bedeutung. Die biologische Zugehörigkeit zu einer

Ahnenfolge, die Zeit und Raum überschreitet, und die Fortsetzung von Familientraditionen werden unwichtiger im Vergleich zum Glück der einzelnen Person. »Jeder ist seines Glückes Schmied« wird zum Anspruch auf Unabhängigkeit von familiären Zusammenhängen, vom Beruf der Eltern und von dem Ort, aus dem man kommt. Sie gilt in zwei Richtungen: Es soll erstens möglich sein, sich von der Familie loszusagen, ohne dass die eigene Existenz dadurch bedroht ist. Die Unabhängigkeit bedeutet zweitens aber auch, dass die Verantwortung der Familie für jedes (erwachsene) Familienmitglied geringer wird. Dabei entsteht außerdem eine Spannung zwischen dem Wunsch nach einer engen Verbindung zwischen Eltern und Kindern einerseits und dem Ziel der Unabhängigkeit von der Herkunftsfamilie andererseits. Die familiären Dynamiken dabei können sehr unterschiedlich sein und bewertet werden. (Räumliche) Nähe gilt als Beweis für eine gute Beziehung, aber sie kann ebenso gut für eine fehlende Ablösung stehen oder für demonstrative Abgrenzung genutzt werden. Sie bringt eigene Herausforderungen mit sich, die genauso sehr mit Abgrenzung vor Eingriffen in die eigene Erziehungshoheit zu tun haben können wie mit dem Leiden daran, wenn Großeltern sich nicht für die Enkel interessieren. Sie bedeutet jedenfalls nicht immer die Entlastung, die Eltern sich vorstellen, die weit weg von ihren Herkunftsfamilien leben.

Letztlich gab es schon immer unterschiedliche Modelle davon, wie Generationenbeziehungen gelebt werden. Söhne und Töchter blieben am selben Ort, vielleicht sogar auf demselben Hof oder zogen weg, sie übten denselben Beruf aus oder fanden einen anderen, sie wurden von den Eltern ermutigt, eigene Wege zu gehen, oder wählten sie aus Trotz und im Widerspruch zu den Eltern. Heute geht es in diesen Dynamiken nicht mehr um so etwas wie eine berufliche Tradition der Familie, sondern – vielleicht auch durch das Bürgertum und die Überhöhung der Bedeutung von Elternschaft für die Identität und den Erfolg eines Menschen – um die Art von Familienleben und Kindererziehung.

Das Thema Grenzen wird dabei zum Konfliktfeld mit älteren Generationen. Einerseits lassen Eltern ihren Kindern viele Freiräume, andererseits stecken sie anderen enge Grenzen, wie diese mit den Kindern umgehen dürfen. Insbesondere bei kleinen Kindern sind für viele (Frauen) aus den älteren Generationen ein »Über-den-Kopf-Streichen« oder »Auf-den-Arm-Nehmen« unbedarfter und intuitiver Ausdruck von Wertschätzung und Zuneigung. Doch Eltern wollen ihre Kinder zum Schutz vor Übergriffen von klein auf darin bestärken, dass sie selbst über ihren Körper bestimmen dürfen und dass solche Gesten ihre Zustimmung brauchen. Wenn Kinder oder Eltern daher Menschen der älteren Generationen eine Grenze setzen und Nein sagen, fühlen diese sich gemaßregelt und sind tief betroffen. Manche Eltern haben Sorge, dass ein Kind direkt durch solches Verhalten Schaden erleiden könnte, andere wollen vorsorglich dem Kind zusprechen, dass es auch gegenüber Älteren und Autoritäten Nein sagen darf. Die Schutzabsicht wirkt sich trennend zwischen den Generationen aus und hinterlässt tiefe Spuren im Miteinander. Der Vorwurf, dem Kind mit einer Geste der Zuneigung zu schaden, trifft tief. Der Umgang mit der körperlichen Dimension von Beziehungen wird schwieriger und ist von genereller Skepsis bis zu Misstrauen begleitet. Das macht ein unkompliziertes Miteinander unmöglich. Das direkte Einfordern von Distanz wirkt beschämend, insbesondere wegen der unterschiedlichen Interpretation des Wertes »Respekt« im Generationenverhältnis. Ältere erleben sich selbst nicht respektiert und werden (in ihrer Wahrnehmung manchmal respektlos) zu Respekt gegenüber den Kleinsten aufgefordert. Es ist unter diesen Voraussetzungen schwer, sich über die Werte und Vorstellungen im Miteinander auszutauschen und Verständnis zu gewinnen. Das Verhältnis zwischen Kindern, Eltern und anderen Erwachsenen bewegt sich dabei in einem komplizierten Spannungsfeld zwischen Schutz für die Kinder, der manchmal notwendig ist und manchmal übergriffig, zwischen Interaktionen, die manchmal übergriffig sind und manchmal spielerische und unbeholfene Kontaktaufnahme, zwischen Stärkung des kindlichen Selbstbewusstseins durch Schutz oder durch das Zutrauen, selbst für die eigenen Grenzen einzustehen. Die Anwesenheit der Eltern verändert jede Situation sehr deutlich und kann sowohl einen angemessenen Schutz bedeuten als auch die Entwicklungsmöglichkeiten eines Kindes und die Beziehungen zwischen den Generationen massiv einschränken. Das Miteinander der Generationen ist jedenfalls auf gegenseitigen Respekt angewiesen, bei dem die Veränderungen über die Zeit anerkannt und ins Gespräch gebracht werden. Und wo das nicht möglich ist, da darf (zeitweise oder dauerhaft) Trennung und UnDoing Family ebenso eine Perspektive sein wie in Bezug auf Partnerschaften, Berufe und Gemeinden (um ein paar plakative Beispiele zu nutzen).

Das Recht auf Scheitern und Entwicklung

Die immer offenere Thematisierung negativer Erfahrungen in Beziehungen stellt außerdem die Frage nach Schuld in den Raum und wirkt wie ein Recht auf gute Beziehungen: Zur Familie darf gehören, wer gut für mich und meine Kinder ist. Das geht bis zur These, dass nur diejenigen Eltern werden sollten, die in Therapien ihre Kindheitstraumata bearbeitet hätten. Erwachsene werden mit ihren schlechten Erfahrungen als Gefahr für die unschuldigen Kinder wahrgenommen: »Dear God, heal me. I have children who don't deserve the broken version of me.«[263]

Besonders problematisch wird es, wenn der Anspruch ist, im Umgang mit Kindern schuldfrei zu sein. Gerade weil manche Artikel zu bindungs- und bedürfnisorientierter Erziehung es so darstellen, als würden Kinder uneingeschränkt kooperieren wollen, wenn man ihnen gerecht begegnet, scheint jedes Nichtkooperieren ein Hinweis darauf zu sein, dass man ja irgendetwas falsch macht. Eltern verzweifeln daran, es richtig machen zu wollen, messen und bewerten sich, haben wenig Verständnis und Geduld mit sich (und in den sozialen Medien mit anderen) und übersehen, dass auch Erwachsene sich entwickeln dürfen. Die Ansprüche an die Fähigkeiten, die von einem erwachsenen Menschen erwartet werden können, wachsen. Gleichzeitig hört man immer wieder Aussagen in Richtung von: »Wir hatten ja keine Vorbilder für diese Art der Erziehung!« Erwachsene, die selbst mit Begrenzungen durch ihre Lebensgeschichte oder durch äußere Gegebenheiten der Gesellschaft konfrontiert sind, erhoffen sich, dass ihre Kinder das mit der Menschlichkeit einmal besser machen werden.

Dabei geht erstens die Perspektive verloren, dass auch Erwachsene sich entwickeln, und zweitens, dass zur Menschlichkeit und zu diesem Entwicklungsprozess auch das Scheitern dazugehört. Wir alle treffen Entscheidungen, die mal gut sind und mal zu Schuld führen. Das trifft insbesondere auf den Umgang mit Kindern zu und auf die Versuche, einen guten Einfluss auf sie zu nehmen. Der eigene Wunsch nach einer glücklichen Kindheit und dass sie ihren Alltag als anstrengend und belastend erleben, lässt viele Eltern und andere Erwachsene dann die Schutzräume für Kinder besonders betonen. Möglicherweise sind es diese Projektionen und die schmerzvolle Auseinandersetzung mit den eigenen Erlebnissen, derentwegen die Bedürfnisorientierung so populär ist. Sie sind mit einer leisen oder auch großen Hoffnung für die Zukunft verbunden: dass die Eltern-Kind-Beziehung die Pubertät überlebt, dass das Kind insgesamt eine positive Entwicklung macht, die Welt positiv beeinflusst und den Eltern auf diesem Weg bescheinigt, dass sie alles richtig gemacht haben. Das steht aus meiner Sicht im Zusammenhang mit dem Projekt der besseren Menschheit: Eine bedürfnisorientierte Erziehung könnte ja zu einer friedvolleren Gesellschaft führen. Dieses Motiv über heutige Elternschaft wird in den Eltern-Bubbles der sozialen Medien immer wieder angesprochen. Die Überhöhung der Kindheit als das eigentliche, friedliche Mensch-Sein ist der eine Teil dabei. Er führt dazu, die Schutzräume von Kindern immer weiter auszudehnen. Der andere Teil dreht sich um das Fernhalten aller bösen Einflüsse, die von den Erwachsenen ausgehen. Neben den Folgen aus der eigenen Kindheit gehören dazu auch die heutigen Verhaltensweisen von Erwachsenen gegenüber Kindern und die Betonung von Grenzen. Die Verantwortung für eine gute Beziehung liegt in jedem Fall bei allen Beteiligten. Kinder sind dabei nicht nur Objekte der Beziehungen, aber müssen die Verantwortung für Entscheidungen auch nicht allein tragen. Gerade an dieser Stelle ist ein Dorf als erweitertes Familiensystem mit ergänzenden Beziehungen enorm hilfreich. Denn das entlastet Eltern aus ihrer alleinigen Verantwortung und es entspricht dem, was Kinder für ihr Wohlbefinden brauchen: nicht nur zwei Eltern, sondern »möglichst viele mit ihnen auch emotional verbundene nahe und nahbare Erwachsene«[264]. An dieser Stelle stehen Familien aktuell vor großen Herausforderungen, die nicht nur die Kleinfamilien selbst betreffen, sondern uns alle.

Auf Seite 257 beschreibe ich, wie sich die Veränderungen im Miteinander der Generationen auf Gemeinde auswirken, und benenne einige Praxisideen.

Vielleicht möchtest du dir vorher Zeit nehmen, selbst Ideen zu spinnen.

Verwendete Literatur:

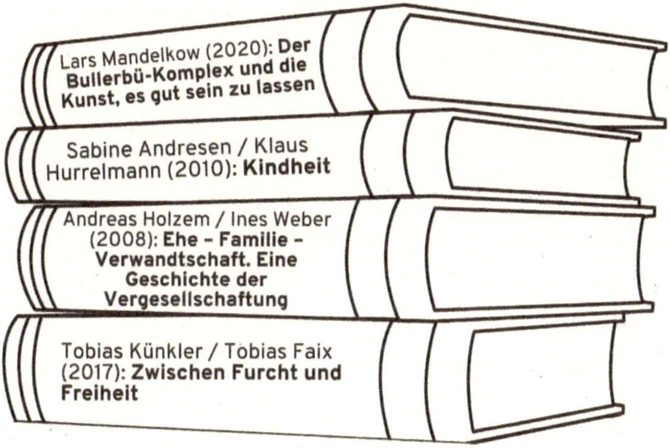

Die Eltern von heute

Die Eltern von heute machen einen wahnsinnig guten Job.

Wobei es kein Job ist, denn eine Bezahlung gibt es nicht – außer ein viel beschworenes »Kinderlächeln«, das unbezahlbar ist und viel kostet, mit dem man keine Miete und kein Essen bezahlen kann und das nach Meinung mancher trotzdem reichen muss.

Eltern von heute suchen Orientierung und finden Optionen, die Entscheidungen erfordern, was Kraft kostet und Zeit für Abwägung und Miteinander-Reden.

Sie wollen es besser machen, sehnen sich nach Ermutigung. Sie wissen manchmal nicht, wie sie alles schaffen sollen, brauchen Entlastung, tragen ihre Verantwortung als Eltern, werden bewertet und fühlen sich, als würden sie für nicht ausreichend befunden.

Die Eltern von heute hören Ansprüche und wollen genügen, ihren Kindern gerecht werden – vor allem den Kindern! – und ihrem Recht auf Kindheit.

Kindheit ist ein Sehnsuchtswort. Eltern erkennen sich selbst und all die Sehnsüchte in ihrem Herzen nach Kindheit und Leichtigkeit und Verantwortungslosigkeit und Freiheit und wollen es für ihre Kinder besser machen, wollen ihnen das ermöglichen, was sie selbst vermissen.

Die Kinder sollen es besser haben. Nichts vereint Eltern aller Generationen und Zeiten so sehr wie diese Haltung. Aus den eigenen Hoffnungen wird das Erziehungsprogramm für die nächste Generation – am besten ohne Erziehung, denn die ist ja irgendwie Gewalt, oder?

Die Eltern von heute erziehen zu wenig und setzen keine Grenzen, können sich nicht lösen und erlauben zu viel.

Egal ob Medien, Schule, Freizeitgestaltung, ob Gesundheit, Freundschaften, Leistungsbereitschaft: Die Eltern von heute setzen die falschen Prioritäten und hören nicht auf den Rat, was sie stattdessen besser täten.

Wirklich? Oh nein!

Welche Kraft, welche Stärke diese Eltern zeigen, wenn sie Grenzen setzen üben, für sich und ihre Kinder, wenn sie bereit sind, sich zu hinterfragen, und laut das als richtig Erkannte sagen.

Die Eltern von heute – bewertet, erschöpft und allein, stehen trotzdem wieder auf, machen weiter, auf ihre Kosten, um jeden Preis. Um Schaden zu vermeiden. Für die Kinder, um sie zu ermutigen, zu schützen, sie zu SEHEN. Und ja, dabei passiert es ihnen wie allen Eltern, nein: wie allen Menschen, dass sie einen anderen Schaden zufügen.

Sie erklären ihre Erziehung denen, die sie nicht verstehen (wollen), und hoffen nicht nur für ihre eigenen Kinder, sondern für unsere Gesellschaft.

Eltern von heute brauchen offene Ohren und Herzen. Eltern und Kinder brauchen Menschen, die bereit sind, ihre Wege mit ihnen zu gehen.

Denn seien wir mal ehrlich: Eltern von heute stört das Bild von Gesellschaft, von Elternschaft, von Arbeit, von Kindern und damit davon, wie Gemeinschaft gelebt werden soll.

Und Störungen stören. Aber Störungen zeigen auch, dass etwas nicht in Ordnung ist. Und ganz vielleicht ist ja in unserer Gesellschaft wirklich etwas nicht in Ordnung?

Die Eltern von heute stören, weil sie ihre Kinder Störenfriede sein lassen. Und das ist gut so!

Kapitel 7

Ein neues Verständnis für Gemeinschaft

Ein Anfang

Je nachdem, aus welcher Perspektive du dieses Buch gelesen hast, waren die Begegnungen mit Geschichten über Familienleben in den letzten Kapiteln vielleicht bestätigend oder überraschend, augenöffnend oder auch befremdlich. Die Bandbreite an Erfahrungen mit Familienleben ist groß, und obwohl ich versucht habe, verschiedene Lebenswelten mindestens zu erwähnen, bleibt doch sehr vieles über Familienleben heute in Deutschland noch ungesagt. Nicht nur zu jedem Thema könnte ein eigenes Buch geschrieben werden, sondern es fehlt zum Beispiel das Thema Interkulturalität und auch die Medien habe ich nur punktuell mit aufgenommen. Und schon ohne diese Themen wurde sowohl die Belastung deutlich, die Familien erleben, als auch das Streben und Suchen nach Glück in der Gemeinschaft. Es entsteht in und durch Familien ein neues Verständnis dafür, dass wir Gemeinschaft brauchen und wie wir sie leben wollen. Familien geben heute eine spezifische Antwort auf die Frage: »Habe ich hier Platz?« Dieses neue Verständnis hat Auswirkungen auch auf Gemeindeleben, und zwar nicht nur wegen der veränderten Anforderungen und Themen in der Arbeit mit und für Kinder und Familien, sondern auch in der Art, wie wir über Gemeinde denken und sprechen.

Familie ist ein Netzwerk der besonderen Art – so wie Gemeinde auch. Sie sind beide um Liebe und Fürsorge und Gestaltungskraft zentriert. Das bedeutet auf einer Ebene bedingungslose Zugehörigkeit und auf anderen Ebenen ganz schön viel Arbeit. Der Wert von Familie ist ungebrochen hoch – der von Gemeinde auch, gerade in der Abgrenzung von alten Idealen und Geschichten von (Macht)-Missbrauch. Gemeinde über die äußeren Strukturmerkmale zu beschreiben, als sei dann alles über Gemeinde gesagt, ist genauso einseitig, wie Familie als »Vater, Mutter, Kind(er)« zu beschreiben. Auch in Gemeinde sind mit den Strukturen tiefere Anliegen verbunden, die unsichtbar geworden sind. In Familie scheinen friedvolle

Beziehungen, Glück und Selbstverwirklichung erreichbar und dauerhaft herstellbar zu sein. Das setzt massiv unter Druck, verleitet zum Bewerten von Familien und verschärft Konflikte und Belastungen, die schon »natürlicherweise« im Alltag von Familien vorhanden sind. »Die Ortsgemeinde ist die Hoffnung der Welt« heißt es mit dem Slogan von Willow Creek. Auch Gemeinde soll das Zuhause sein, in dem Frieden, Harmonie in Beziehungen und Erholung zu finden sind. Die Ideale zu Familie wirken auch in Gemeinde nach, weil in ihr Familienstrukturen und -logiken herrschen.

Gemeinschaft machen und sein

Familie als »Doing« zu begreifen, als das aktive Handeln, um Gemeinschaft herzustellen und den gemeinsamen Alltag zu organisieren, könnte sich als wertvoller Übertrag beim Blick auf Gemeindeleben erweisen und als Anknüpfungspunkt in der Arbeit mit und für Familien. Es kommt nämlich dem, was Jesus über Familienzugehörigkeit sagt, sehr nahe. Auf die Frage: »Wer sind meine Mutter und meine Brüder?« antwortet Jesus: »Wer den Willen Gottes TUT, ist mein Bruder und meine Schwester und meine Mutter« (Mk 3,35; Hervorhebung von mir).. Wenn die Bibel ein christliches Ideal von Familie beschreibt, dann ist es dieses: Doing Nachfolge, Doing Church als Konsequenz von Being Family – Gottes Familie.

Familien und Gemeinden eint: Hinter den äußeren Formen steckt dasselbe »Doing«, derselbe Versuch, Gemeinsamkeit herzustellen und Wege zu finden, miteinander als Individuen Gemeinschaft zu gestalten und zu leben – Doing Family und Doing Church. Erschöpfte Hauptamtliche jagen den Leitbildern verantworteter, reflexiver und intensivierter Elternschaft bzw. Leiterschaft hinterher, während sie im Struggle des »Doing Church« gefangen sind. Das Gehetze des Alltags macht Gemeinschaft zu einem Produkt, zu einer Herstellungsleistung, für die Hauptamtliche und Leitende die Verantwortung tragen. Das Wir-Gefühl herzustellen, wird zur zentralen Aufgabe von Leitenden, die Förderung jedes Individuums zu ihrem Anspruch, während sie gleichzeitig das Management für die verschiedenen Zielgruppen-Angebote jonglieren. Wie an Familien werden auch an Gemeinden immer mehr Anforderungen durch die anderen gesellschaftlichen Teilbereiche gestellt, die in der Regel von ehrenamtlichen Mitgliedern – also Familienmitgliedern – gestemmt werden: Anträge, Finanzen, Vereinswesen, Brandschutz, Kinderschutz, Verbandsfragen. Vorstandsarbeit in Verbänden und Vereinen wird immer umfangreicher. Manche sagen, sie sei kaum noch ehrenamtlich schaffbar, doch sie in hauptamtliche Hände zu legen, ist finanziell ebenso wenig tragbar. Die Gemeinde ist dabei beides gleichzeitig: das Privathaus, in dem man Ruhe und Erholung und Geselligkeit findet, gleichzeitig aber auch die Öffentlichkeit, in der man leistet und bewertet wird und in der ein Performance- und Exzellenzanspruch gilt, sich als »richtige« Kirche darzustellen sowie den Ansprüchen der Nutzer gerecht zu werden. Das führt zu einer starken Bühnen-, Veranstaltungs- und Programmorientierung, während gleichzeitig der Anspruch an Gemeinschaft und persönliche Beziehungen gepflegt wird oder werden soll. So werden vor allem Angebote mit einer Komm-Struktur geschaffen. Doch die Herausforderungen des gesellschaftlichen Lebens lassen das Finden von Mitarbeitenden immer mehr zu einer Herausforderung werden. Gleichzeitig ist es in Gemeinde so wie in der Familie: Man gehört schnell dazu, wenn man sich wie ein Familienmitglied verhält. Mitarbeit wird zum entscheidenden Kriterium für die Zugehörigkeit zu Gemeinde, die nicht formal über Mitgliedschaft geregelt sein muss, sondern schon zum Gefühl von Verbindlichkeit führt, wenn man sich stark engagiert. Diese Verknüpfung von Mitarbeit mit Quasimitgliedschaft macht es leicht, dazuzugehören – für alle, die entsprechende Fähigkeiten und Ressourcen haben, sich auf diese Weise einzubringen. Und sie kann zerstörerisch sein. Dabei geht es aber weniger um die Problematik des »Leisten-Müssens« und der erschöpfenden

Ausbeute, wie manchmal bemängelt wird. Nicht die Anstrengungen sind das eigentliche Problem, so wenig wie jede einzelne Tätigkeit rund um das Familienleben an sich problematisch ist. Man nimmt viele Mühen auf sich, wenn das Gefühl der Zugehörigkeit stimmt. Aber wenn es verloren geht oder nur noch aus dem Erfüllen der Aufgaben besteht, wenn das Wir-Gefühl nur mühsam aufrechterhalten wird, wenn das Doing anerkannt wird, aber die Person dabei übersehen wird, wenn die Erfüllung der Aufgaben an Einzelnen hängt und sie keine Pause machen können, dann kann Mitarbeit wie Elternschaft bis zur Erschöpfung führen.

Ähnlich wie im Privathaus der Familie sind viele Aufgaben unsichtbar und damit auch, wer sie übernimmt. Wie die Rollen zwischen Eltern und Kindern in Empfangende und Verantwortliche aufgeteilt sind, ist es auch in Gemeinde: häufig mit der Unterscheidung in »Besucherinnen und Besucher« von Gottesdiensten einerseits und (aktiven) Gemeindemitgliedern andererseits, eine Form von »innen und außen« oder »fremd und dazugehörig«. Gemeinde wird als Versorgungsgemeinde verstanden, so wie Familie sich über ihre Versorgungsleistungen für die Mitglieder herstellt.

Wo entdeckst du in deiner Gemeinde den Mechanismus von »Doing«, das Herstellen von Gemeindeleben durch Tun?

Es wäre nun ein Leichtes, jedes »Doing« als Werkgerechtigkeit zu verurteilen und darauf hinzuweisen, dass es ja Gott ist, der versorgt, dass es mehr um Sein als um Tun geht, dass wir Empfangende sein dürfen. Das ist zwar wahr, wäre aber als Lehre aus dem Wissen um das »Doing Family« aus meiner Sicht zu kurz gegriffen. Das »Doing« ist keine bewusst gewählte Methode. Im Gegenteil – wie oft sprechen Menschen von der Sehnsucht, einfach sein zu können! Mein Eindruck ist, dass es gerade die »Herstellung des Seins« ist, die das Tun anstrengend und belastend macht. Doing Family und Doing Church sind zunächst, ganz wertfrei gesprochen, eine Reaktion angesichts des Verlusts von Selbstverständlichkeiten. Zu tun, was man tun kann, was als Nächstes vor den Füßen liegt und was ein Schritt Richtung Gemeinsamkeit sein könnte, bringt Handlungsfähigkeit in die Unsicherheit. Das Doing selbst, die Tätigkeiten an sich, sind in Sicherheit und Unsicherheit ziemlich identisch. Sie gehören zu Familie bzw. Gemeinde dazu. Es besteht also eine Wechselwirkung zwischen Tun und Sein. Geistlich gesprochen: Glaube und Werke gehören zusammen (Jak 2,17). Familie und Gemeinde zu sein, führt zu bestimmten Tätigkeiten und diese Tätigkeiten stellen Familien- bzw. Gemeindeleben her. Das eine ist nicht besser oder schlechter als das andere. Beides kann aber einseitig Beziehungen belasten, wenn das Familie- oder Gemeinde-Sein zur Forderung für bestimmtes Verhalten wird (»Das müssen wir so machen, weil wir Familie/Gemeinde sind«) oder wenn sich auf der Zugehörigkeit ausgeruht wird und sich das Sein nicht im Tun widerspiegelt (»Ich darf die Sau rauslassen, weil ich eh dazugehöre«). Die Gefahr, auf der einen oder anderen Seite vom Pferd zu fallen, ist so alt wie die Menschheit und sie betrifft Familie und Gemeinde als zwischenmenschliche Beziehungen ebenso sehr wie den Glauben und die Beziehung zu Gott. »Doing« und »Being« bleiben ein Spannungsfeld! Als Christinnen und Christen haben wir die Chance, dieses Spannungsfeld aus dem Glauben an das Evangelium heraus für Familien- und Gemeindeleben neu und ganz praktisch auf das »Doing Family« bezogen fruchtbar zu machen. Darin liegt auch das eigentlich Christliche am bürgerlichen Idealbild.

Familiengeschichten statt -ideale

Wenn wir eine andere Geschichte über Familienideale erzählen wollen, dann müssen wir noch einmal nach dem suchen, was am bürgerlichen Familienbild eigentlich christlich ist. Dabei hilft uns die Oberfläche der äußeren Strukturen mit ihren Trennlinien nicht weiter. Sie sollen garantieren, was darunter an Vorstellungen und Werten verborgen ist:

> Ruhe und Frieden an einem Ort der Fülle und Sicherheit. Freundlichkeit und Zuwendung zum Individuum. Individualität und Selbstverwirklichung als von Gott geschaffene und begabte Persönlichkeit. Erfüllende Gemeinschaft in gegenseitiger Hingabe. Unterordnung, Liebe und Dienst, also Fürsorge, Solidarität, Verantwortung.

Wir müssen den Ursprung dieser Werte im Evangelium und in der Nachfolge neu entdecken, um sie für Familienleben wirklich (wieder) fruchtbar werden zu lassen. Aktuell werden sie ausgerechnet durch die Diskussion über Familienformen in christlichen Kreisen verdeckt und überlagert. Vielleicht hat das damit zu tun, dass diese Werte weniger mit Ehe und Familie zu tun haben als vielmehr mit Nachfolge. In der Entstehung des idealen Familienbildes war die Familie nämlich nicht der Ort der **Herstellung** dieser Werte, sondern der Ort, an dem sie sich als Nachfolge Christi **bewähren** sollten.[265] Sie sind Gabe Gottes und Wirkung des Heiligen Geistes, die eben auch – und vielleicht demütigerweise zuerst – in der Familie sichtbar werden sollen. Sie müssen nicht als

> In der Entstehung des idealen Familienbildes war die Familie nicht der Ort der Herstellung dieser Werte, sondern der Ort, an dem sie sich als Nachfolge Christi bewähren sollten.

Beweis fürs Christ-Sein hergestellt werden, sondern entfalten sich ganz unterschiedlich nach dem Maß der Gnade Gottes (Röm 12,3).

Ruhe und Frieden kommen aus dem Vertrauen auf Gott und in den Herausforderungen des alltäglichen Lebens als Familie bewähren sie sich, bewährt sich der Glaube. Das bedeutet keine Konfliktfreiheit und immerwährende Harmonie, sondern Frieden angesichts der Tatsache von Unterschiedlichkeit.
Aus der (nicht immer gleich starken) Gewissheit, dass Gott mich sieht, resultiert die wachsende und unterschiedliche Bereitschaft, sich einander wechselseitig unterzuordnen.
Freundlichkeit, Sanftmut und Liebe sind die Früchte des Heiligen Geistes, die wachsen, wie er es will, und sie bewähren sich im Umgang miteinander.
Individualität und Selbstverwirklichung sind nicht nur in der Natur angelegt, sondern vielmehr die Wirkung des Heiligen Geistes im Menschen: seine Gabe.
Diese Gaben dienen der Einheit, die aber nicht in der Familie und ihrem Zusammengehörigkeitsgefühl besteht, sondern auf Christus beruht.
Unterordnung, Dienst und Hingabe sind Kennzeichen für die Liebe zu Gott, für die Nachfolge Christi und dafür, dass Christinnen und Christen alles, was sie tun, so tun, als wäre es für Gott (Kol 3,28).

Was ich hier nur holzschnittartig aufgeführt habe, ließe sich noch sehr weit auffächern. Die genannten Themen sind im Alltag von Familien hochrelevant. Umso erstaunlicher finde ich es, wenn in Gemeinden nur dann explizit über Familie gesprochen wird, wenn es um die Familienform geht, und dass eine »christliche Familie« weithin an der Form »Vater, Mutter, Kind(er)«

festgemacht wird. Aber das bürgerliche Familienideal ist nicht das Bild »der« christlichen Familie. Ein »christliches Familienbild« müsste

1. auf einer ganz anderen Ebene verfasst sein;
2. zwischen strukturellen Merkmalen und Werten unterscheiden und sich deshalb
3. als äußerst dynamisch erweisen, weil es genau wie alles Leben immer eine Antwort auf die jeweiligen Lebensumstände einer Zeit und Gesellschaft geben muss.

Wenn wir als Nachfolgerinnen und Nachfolger Jesu nach seiner Sicht auf »Familie« fragen, können wir schon deshalb nicht ganz selbstverständlich vom Maßstab einer christlichen Familie sprechen, weil er Familie als Wert dekonstruierte. Das Judentum war noch viel stärker an der Familien- und Stammeszugehörigkeit orientiert. Jesus stellte aber diese Zugehörigkeit und Nachfolge als Gegensatz dar, als er sagte, dass er Familien entzweien wird (Mt 10,34-39). Das klingt ziemlich individualistisch und selbstbestimmt. Wir beziehen uns dafür auf Verse, die aussagen, dass Gott denen, die an ihn glauben, das Recht gibt, Kinder Gottes zu heißen (Joh 1,12). Doch Hausgenossen Gottes zu sein (Eph 2,19), ist gerade in der antiken Kultur nicht individualistisch gedacht, sondern entspricht dem Verständnis von Familie als Hausgemeinschaft. Dabei ist aber nicht eine Art »Kernfamilie« gemeint, sondern die Gemeinschaft der Christen im Reich Gottes. Dieses Reich Gottes betrifft das Volk Israel und als Ergänzung dazu die Gemeinde. Die »einzig richtige Antwort« auf die Frage nach der christlichen Familie ist also meiner Ansicht nach:

Die Gemeinde ist die christliche Familie, die Familie der Kinder Gottes. Sie ist wirklich ein »Netzwerk der besonderen Art«, dessen Kennzeichen die Gemeinschaft ist: »Eure Liebe zueinander wird der Welt zeigen, dass ihr meine Jünger seid« (Joh 13,35).

Deshalb sage ich: Gemeinde ist nicht nur in ihren Dynamiken und Strukturen so ähnlich wie Familie, sie **ist** Familie. Was wir darunter genau verstehen, ist aber heute ebenso wie zur Zeit der ersten Christen dem jeweiligen Zeitgeist geschuldet. Das Bild an sich ist – auch wegen der problematischen Engführung von Familie auf Kernfamilie und autoritäre Erziehung in einem hierarchischen Verhältnis – in den Hintergrund geschoben worden. Doch wir könnten für das Leben in Familien und Gemeinden frische Perspektiven auf den Glauben gewinnen, wenn wir neu für alle unterschiedlichen Menschen in Gemeinde aus den vielen Geschichten in der Bibel schöpfen. Dafür müssen wir aber, statt nach Idealen und Prinzipien zu suchen, zulassen, dass diese Geschichten vor allem Erzählungen über menschliches Scheitern und die Gnade Gottes darin sind. Und es wäre augenöffnend, wenn wir nicht nur die Geschichten über die großen Helden erzählen, sondern ihre Familien und Freunde in den Blick nehmen.

Doch es ist das Evangelium inmitten unserer Menschlichkeit, das Gemeinde attraktiv macht: Hoffnung auf Versöhnung, auf Zuversicht, auf Zukunft und Zugehörigkeit.

Praxisidee: Geschichten erzählen und visualisieren

Die Bibel ist ein Buch der Geschichten. Diese Geschichten verbinden Menschen über Zeit und Raum und beschreiben typisch menschliche Erfahrungen. Man kann sich in ihnen wiederfinden: in den Hoffnungen und Realitäten, im Entsetzen über Gräueltaten und im Unverständnis für die Dynamiken, die in Familien und Gesellschaften wirken. Es sind Geschichten über die Realitäten des Lebens, die ermutigen können. Sie geben Hoffnung über das Jetzt hinaus, weil man mit der Erfahrung nicht allein ist.

Die Bibel erzählt viele kleine und eine große Familiengeschichte und ist damit ein wunderbares Buch für die Gemeinde, die aus vielen kleinen und einer großen Geschichte besteht. In diesen Geschichten tauchen Menschen mit sehr verschiedenen Lebenssituationen auf, in denen die Familienzugehörigkeit mal mehr (wie bei Josef) und mal weniger (wie bei Elia zum Beispiel) eine Rolle spielt. Getragen werden aber auch diese Geschichten von der Zugehörigkeit zum Volk oder zu der Familie Gottes.

Jede Geschichte hat einen Kontext, der oft unbewusst ist und erst durch kritische oder neugierige Fragen erkennbar wird. Das gilt für alle Geschichten: für die, die wir heute über unser Leben und unsere Erfahrungen in den verschiedenen Lebensbereichen erzählen, und für die Geschichten, die wir in der Bibel oder aus der Geschichte der Christenheit erzählen. Dass sie Momentaufnahmen und Ausschnitte sind, bedeutet, dass sie aus einer bestimmten Perspektive erzählt sind, für die es einen (guten) Grund gibt. Sie sind damit Wahrheit, aber nicht die ganze. Sie verknüpfen manches und lassen anderes aus, verleihen einzelnen Dingen große Bedeutung und spielen mit Gegensätzen. Damit gestalten sie die Wirklichkeit und können sie auch im Rückblick verändern. »Was mich betrifft, hat Gott alles Böse, das ihr geplant habt, zum Guten gewendet. Auf diese Weise wollte er das Leben vieler Menschen retten« (1Mo 50,20), deutet Josef sein Leben im Rückblick. Seine Geschichte hat er vermutlich nicht zu jedem Zeitpunkt seines Lebens so erzählt. Im immer Neu-Erzählen dessen, was ihm begegnet ist, hat er diese Sichtweise entwickelt. Sie ist eine glaubende Antwort auf die Herausforderungen, die ihm begegnet sind, die sein Leben und seine Vorstellungen darüber durcheinandergewirbelt und infrage gestellt haben. Josefs Geschichte zeigt sehr offensichtlich, was für alle biblischen Geschichten gilt: Das individuelle (Er-)Leben steht im Zusammenhang mit der Gemeinschaft, zu der man gehört. Was Josef erlebt, dreht sich nicht nur um ihn. Es wird im Erzählen seiner Geschichte mit seiner Familie und seinem Volk verknüpft.

Und so sollten auch wir viel, viel mehr Geschichten erzählen und dafür Gelegenheiten schaffen. In einer visualisierten Welt ist es außerdem ratsam, Bilder malen zu lassen oder Fotos anzuschauen und sie als Anlass für ein Gespräch zu nutzen. Wie wäre es zum Beispiel, »Familienfotos« aus der Bibel zu malen und sie in der Gemeinde aufzuhängen, quasi wie eine Ahnentafel? Das würde sichtbar machen, wie realitätsnah die Bibel ist.

Lasst uns mit biblischen Geschichten Gelegenheiten für das Gespräch über verschiedene Lebenssituationen schaffen. Wir können sie zum Anlass nehmen, über unsere eigenen Geschichten zu sprechen und trotz aller Unterschiedlichkeiten und individuellen Lebensrealitäten Gemeinsamkeiten zu entdecken. Damit erzählen wir nicht nur eine Geschichte über die Gleichheit von Menschen, sondern leben eine Geschichte der Gemeinschaft.

Lasst uns zum Beispiel mit diesen Geschichten Gemeinschaft stärken:

- Geschichten über Ideale, Träume, Fantasien, Visionen und wie sie das Leben von Einzelnen und Völkern beeinflusst haben
- Geschichten über Konflikte, Streit, Trennungen und furchtbare Ereignisse
- Geschichten über die Bedeutung von Familie und Gemeinde im Leben von Menschen – in unseren eigenen, aber auch zum Beispiel in Missionsgeschichten, besonderen Projekten und Bekehrungsgeschichten
- Geschichten über Familienleben und die Bedeutung von Männern, Frauen, Kindern, Tanten, Onkeln, Singles und Unfruchtbaren und viele weitere Lebenssituationen im Kontext Familie
- Geschichten darüber, wie wir zu unseren heutigen Vorstellungen von Familie kommen
- Kirchengeschichte als Zeugnis von Gottes Gnade, vom Scheitern und davon, dass wir auf unsere Lebensumstände Antworten finden müssen
- Geschichten darüber, dass Entscheidungen manches möglich und anderes unmöglich machen, und Gottes Gnade und Leiten darin
- Geschichten über den Impact Einzelner in all ihrer Widersprüchlichkeit und historischen Bedingtheit (Georg Müller, August Hermann Francke, Johann Hinrich Wichern, Amy Carmichael …)

- Geschichten über die Geschichte – um zu zeigen, dass Kontext wichtig ist und dass unser Leben heute eingebettet ist in eine größere Geschichte; dass wir nicht nur Individuen sind, sondern Teil von etwas Größerem
- Geschichten über Einzelne und Gemeinschaften = Pioniere und ihre Kämpfe, Mitläufer-Geschichten im Guten und im Schlechten und vor allem auch Geschichten über diejenigen, die der Berufung anderer dienen (Miriam und Aaron bei Mose, Josef über weite Teile seines Lebens als Diener anderer, Debora, Mordechai statt Ester, Jonatan statt David)

Selbstverwirklichung und Selbstverleugnung

In Gemeinden werden die Vorstellungen über Männer und Frauen, ihr Verhältnis zueinander und die Erwartung, dass Familie und Beziehungen für Frauen Priorität haben, meist eher unterschwellig vermittelt: in den Beispielgeschichten in Predigten und in Kommentaren beim Gespräch, in Fragen und Berichten zum Alltag, in Überlegungen und Anfragen zu Mitarbeit (wer in welchem Bereich und für welche Position) und sogar schon bei den Kindern, die eher wild oder eher still an ihren Gruppenangeboten teilnehmen. Trotz unseres Wissens um die Pluralisierung von Familienformen gehen wir sehr häufig von »Vater, Mutter, Kind(ern)« und dem damit verbundenen Familienideal aus. Das wirkt nicht nur ausschließend gegenüber allen, die ein anderes Modell leben, sondern weckt Assoziationen zu den Rollen als Männer und Frauen. Dadurch bleiben Eltern mit den Herausforderungen durch die gesellschaftlichen Veränderungen allein und fühlen sich vielleicht sogar für ihr Erwerbs- und Versorgungsmodell von Familie verurteilt und erfahren den christlichen Glauben nicht als lebensdienlich, sondern als weltfremd.

Manches von dem, was wir über das Geschlechterverhältnis denken, ist uns so selbstverständlich, dass wir es vielleicht gar nicht bemerken. Anderes sind bewusst übernommene Überzeugungen. Die gesellschaftliche Auseinandersetzung mit den Rollen und dem Wesen von Männern und Frauen erzählt verschiedene Geschichten und konfrontiert uns mit vielleicht gegensätzlichen Ansichten, mit Erzählungen und mit Forderungen. Vielleicht stößt uns das sauer auf, weil es nicht mit unseren Überzeugungen zusammenpasst. Das geht allerdings umgekehrt vielen Menschen auch so mit den Moralvorstellungen, die mit dem christlichen Familienbild zusammenhängen. Auch wenn die zugrunde liegenden Werte wie Frieden, Erholung und Selbstverwirklichung von weiten Teilen der Gesellschaft als wertvoll anerkannt werden, ist die Lehre über Rollenbilder von Männern und Frauen im christlichen Kontext mindestens umstritten. Das stellt ein echtes Hindernis für den Glauben und das Leben in Gemeinschaft dar. Die Kritik entzündet sich vor allem am Bild der Frau als Mutter. Wie wir gesehen haben, hat dieses Bild weitreichende Konsequenzen für das Ziel gleichberechtigter Elternschaft. Als Christinnen und Christen tragen wir unbewusst und ungewollt durch das pauschale Festhalten am Familienbild zu diesem Konflikt bei. Dabei erschöpft sich das Geschlechterthema z. B. nicht in der Frage, ob Frauen lehren und leiten dürfen oder nicht. Es geht darum, dass beim Bericht über den Männerabend das gemütliche Schweigen am Feuer betont wird, während vom Frauenabend erzählt wird, das Reden hätte kaum ein Ende gefunden. Natürlich, oder? Der Effekt: Unsere Erzählungen über Männer und Frauen trennen uns, statt uns zu vereinen. Wir lachen darüber, aber sehen uns bestätigt in der Annahme, dass Männer und Frauen ganz grundsätzlich verschieden sind. Deshalb brauchen Männer die stillen Abende ohne das Geschnatter der Frauen und Frauen den Austausch mit anderen Frauen, weil ihre Männer ja immer nur schweigen und an nichts denken. Oder vielleicht ist es auch anders und es sind die Vorstellungen und das Wiederholen der Stereotype, die uns trennen. Die

Bibel betont dagegen zum Beispiel in Galater 3,28 die Überwindung von Trennlinien und die Einheit durch Christus:

> »Nun gibt es nicht mehr Juden oder Nichtjuden, Sklaven oder Freie, Männer oder Frauen. Denn ihr seid alle gleich – ihr seid eins in Jesus Christus.«

Vor diesem Hintergrund könnten wir mit Leichtigkeit aus dem Gegeneinander von Patriarchat und Feminismus aussteigen, indem wir nach einem christuszentrierten Verständnis für das Miteinander von Männern und Frauen suchen – egal, ob in der Elternschaft, in der Gemeinde oder in anderen Kontexten. Der Ansatzpunkt dafür liegt meines Erachtens beim Thema Unterordnung und dem Zusammenhang mit Selbstverleugnung und Selbstverwirklichung. Dabei geht es um nichts Geringeres als um das Kreuz:

»Wer von euch mir nachfolgen will, muss sich selbst verleugnen und sein Kreuz auf sich nehmen und mir nachfolgen« (Mt 16,24/Mk 8,34/Lk 9,23).

Selbstverleugnung als christliche Tugend steht in unserer Wahrnehmung der Selbstverwirklichung als Zeitgeist gegenüber. Doch ganz so einfach ist es nicht. Denn wir machen (trotz Galater 3,28) das Geschlecht zum zentralen Merkmal der Identität jedes Menschen, auch von Christinnen und Christen, und beschreiben es als natürlich und gottgegeben. Dadurch wird jede Forderung und Empfehlung an Männer und Frauen, ihrem Geschlecht entsprechend zu leben, eine Aufforderung zur Selbstverwirklichung. Und um es richtig kompliziert zu machen, wird diese Selbstverwirklichung noch zur Selbstverleugnung. Frauen verwirklichen ihre Identität als Frauen, indem sie ihr Kreuz des Frau-Seins auf sich nehmen. Unterordnung bedeutet demnach, die Rolle anzuerkennen, die das Geschlecht (bzw. die gesellschaftliche Vorstellung oder auch biblische Interpretation vom Geschlecht) vorschreibt. Dasselbe gilt auch für Männer. Sie verwirklichen ihre Identität als Männer, indem sie ihr Kreuz der Verantwortung auf sich nehmen. Und plötzlich werden Unterordnung von Frauen und Macht von Männern zum Beweis der Nachfolge und gesellschaftliche Machtstrukturen verschwinden unter einem Mantel von Demut und Dienst. Selbstverwirklichung und Selbstverleugnung werden zu zwei Seiten derselben Medaille. Dabei geht es beim Kreuz gar nicht um Medaillen, sondern um die Bereitschaft, den anderen höher zu achten als sich selbst (Phil 2).

Echte Selbstverleugnung hat mit dem Bewusstsein über die eigene Position im sozialen Gefüge zu tun und mit dem aktiven Verzicht darauf, diese Position für sich zu missbrauchen: »Geht so miteinander um, wie Christus es euch vorgelebt hat. Obwohl er Gott war, bestand er nicht auf seinen göttlichen Rechten. Er verzichtete auf alles; er nahm die niedrige Stellung eines Dieners an und wurde als Mensch geboren und als solcher erkannt« (Phil 2,5-7). Das bedeutet, dass Selbstverleugnung sich nicht am Tun oder an einer bestimmten Rolle ablesen lässt, sondern eine reflektierte Haltung ist. Sie ist in soziale Dynamiken eingebunden und hat verschiedene Schattierungen.

Selbstverleugnung als Unterordnung bedeutet, sich freiwillig selbst aufzugeben und die eigenen Rechte zurückzustellen im Dienst und in der Liebe für andere. Sie achtet den anderen höher als sich selbst und macht sich und das Eigene unsichtbar. Die anderen stehen über der eigenen Person, Gehorsam gegenüber Gottes Gerechtigkeit ist der Kernwert, Würde die Folge. Begnadigungen und Vergebung sind eine solche Form der Selbstverleugnung, aber auch viele »Hintergrunddienste«, die von Männern und Frauen ausgeübt werden.

Selbstverleugnung als Märtyrertum bedeutet, Ablehnung, Schmach und Schande bis hin zum Ausschluss aus der Gemeinschaft in Kauf zu nehmen, weil man für das als richtig Erkannte einsteht. Dabei wird die (eigene) Wahrheit höher geachtet als die eigene Person und auch als die anderen in der Gemeinschaft. Wahrheit ist der Kernwert, Beschämung die Folge. Das Bekenntnis zum Glauben trotz Verfolgung ist ein Beispiel dafür, freiwillige Armut oder Prophetie. Auch die Übernahme von Verantwortung und Leitungsentscheidungen können eine solche Form von Selbstverleugnung verlangen.

Jesu Sterben am Kreuz beinhaltet beides und vielleicht ist auch das ein Kennzeichen von echter Selbstverleugnung: dass sie Würde und Beschämung zugleich ist, dass sie sowohl Unterordnung bedeutet als auch, sich durchzusetzen, dass sie Gehorsam und Wahrheit in der Liebe vereint. Verhaltensweisen und ihre Folgen geben keinen Aufschluss darüber, ob jemand sich selbst verleugnet oder sich im Gegenteil selbst erhöht. Wegen der Vorstellung, dass Selbstverleugnung Beschämung zur Folge hat, kann man sich und andere sogar sehr gut täuschen: Wer für eine bestimmte Meinung Widerstand erntet, kann sich darauf zurückziehen, dass Verfolgung eben dazugehört, wenn man für die Wahrheit eintritt. Und wer davon ausgeht, dass Selbstverleugnung dadurch sichtbar wird, dass man auf die eigenen Rechte verzichtet, kann ziemlich stolz darauf werden, immer zurückzustecken. Unterordnung kann mehr dem Selbstschutz geschuldet sein, um nicht zur Zielscheibe von Ablehnung und Gewalt zu werden, als dass sie wirklich den anderen im Blick hat. Von diesem Punkt aus können wir jetzt noch einmal anders auf die Selbstverleugnung von Männern und Frauen in Familien und Gemeinden schauen. Wir haben unterschiedliche Formen gelernt, in denen sich Selbstverleugnung im Verhalten äußert bzw. zu äußern hat: als Zurückstecken und in Form der Frage nach den Bedürfnissen der anderen oder als Einstehen für das Erkannte trotz Widerstand. Das eine wird den Frauen und das andere den Männern zugeordnet und wird damit, wie gesagt, unter der Hand zu ihrer jeweiligen Form der geschlechtertypischen Selbstverwirklichung durch »Selbstverleugnung«.

Die Unterordnung, von der in der Bibel die Rede ist, ist aber ein Ausdruck von Nachfolge in ganz konkreten Situationen (zu denen auch die

Familie gehört) und nicht eine Rolle. Christinnen und Christen haben ihre jeweils unterschiedlichen Herausforderungen, warum ihnen Selbstverleugnung schwerfällt. Daran ist jedoch nicht etwa der Drang zur Selbstverwirklichung schuld, sondern die Versuchung der Selbsterhöhung, die auch durch zur Schau gestellte Selbstverleugnung passieren kann. Sie ist zerstörerisch für Gemeinschaft und Beziehung und bedeutet, die eigene Position für sich selbst auszunutzen, ohne Rücksicht auf andere.

Selbstverwirklichung als Selbstfürsorge bedeutet, für das Eigene einzustehen und eine angemessene Menge Raum einzunehmen. Sie beinhaltet die Entfaltung von Begabungen, Fähigkeiten, Interessen und dazu passenden Rollen. Dadurch ist Selbstverwirklichung auch ein Geschenk an andere: Sie ermöglicht Begegnung und Verbindung zwischen unverwechselbaren Persönlichkeiten, Ebenbildern Gottes. Nur so entsteht Gemeinschaft: durch Zuhören, durch Gleichberechtigung in Entscheidungen und im Einbringen ganz unterschiedlicher Perspektiven. So wird es möglich, miteinander Verantwortung zu übernehmen und uns nicht gegenseitig mit den Herausforderungen dazu alleinzulassen. So wird es möglich, gemeinsame Ziele zu verwirklichen: in Familie und Gemeinde. So wird es möglich, bestehende Stereotype zu Männern und Frauen, aber auch zu anderen, mit den in der Natur begründeten Unterschieden zu überwinden. So wird es möglich, Männer und Frauen als Männer und Frauen wahrzunehmen und ernst zu nehmen, um sie im nächsten Schritt in ihrer Rolle als Eltern zu unterstützen.

Praxisideen, um Gemeinschaft und Verständnis zwischen Männern und Frauen zu fördern:

- anerkennen, wenn Frauen einen Zusammenhang zwischen Zuschreibungen und Belastungen sehen
- Männer ermutigen, die Priorität bei Familie zu setzen
- Frauen ermutigen, ihre Begabungen zu leben und sich nicht nur zu verleugnen

- Predigten über Selbstverleugnung und Geschlechterstereotype
- Väter im eigenen Umfeld fragen: »Wer kümmert sich um deine Kinder, während du arbeitest?« oder: »Wie regelt ihr das mit der Care-Arbeit?«
- Strukturen der Mitarbeit aktiv so anpassen, dass Familienzugehörigkeit als Priorität respektiert wird, aber nicht aus Mitarbeit ausschließt
- gemischtgeschlechtliche Buchklubs zu Büchern über Männer und Frauen, Ehefrauen und Ehemännern (ähnlich wie bei Teens die Aktion »Jungs fragen Mädchen und Mädchen fragen Jungs«)
- die eigene Stimme für Gerechtigkeit und Gleichberechtigung einsetzen
- miteinander reden und schweigen
- Familienkonferenzen, bei denen explizit das Dorf eingeladen ist, um gemeinsam über Herausforderungen im Familienleben zu sprechen und dafür zu beten
- Männerkonferenzen, die von Frauen vorbereitet, geleitet und gehalten werden (Frauen als Referentinnen)
- Frauenkonferenzen, die von Männern vorbereitet, geleitet und gehalten werden (Männer als Referenten)

In Gemeinschaft leiten

Elternschaft ist anspruchsvoll und identitätsstiftend geworden. Die ausufernde Literatur und die Masse an Seminaren, Kongressen und Kursen zum Thema Leiterschaft zeigen, dass das auch für Leitung in Gemeinden und anderen Kontexten gilt. Gut zu leiten, gute Eltern zu sein – das ist nicht nur eine Option, es ist die Verantwortung, die mit diesen Rollen einhergeht. Gerade an Hauptamtliche und Mitglieder der Leitungsgremien werden hohe Ansprüche gestellt und die Entscheidung für Leiterschaft wird nicht leichtfertig getroffen. Die damit verbundene Macht ist etwas, das viele Leitende nicht wollen, weil das Risiko für den Missbrauch dieser Macht so groß ist, wie viele Fälle von Leitenden der letzten Jahre zeigen. Sie waren echte »Fälle«, weil die Leitenden vorher auf hohe Sockel gestellt waren. So wie Eltern wollen Leitende deshalb Augenhöhe und keine Hierarchien. Manchmal wird gerade deshalb das Bild von Gemeinde als Familie explizit abgelehnt, weil »Eltern-Status« und »Kinder-Rolle« unterschiedlich viel Einfluss bedeuten. [266] Diesem Machtgefälle entkommt man jedoch weder in der Familie noch in der Gemeinde vollständig. Eltern und Leitende entscheiden über die Rahmenbedingungen für Beteiligung und Aushandeln. Wie wird ein Entscheidungsprozess gestaltet? Wie viel Zeit darf er kosten?

Als Folge von veränderten Erziehungsstilen und Werten im Familienleben wandeln sich die Erwartungen an Leitende in Organisationen. Kinder werden zu Selbstständigkeit und Verantwortung erzogen statt zu fähigen Mitarbeitenden, die die Aufgabe ausfüllen, die man ihnen gibt. Sie wollen nicht nur inhaltlich, sondern auch bei der Prozessgestaltung mitreden. Leitende (in Gemeinde, aber auch Lehrerinnen und Lehrer, Fachkräfte und Ehrenamtlich in der Kinder- und Jugendarbeit etc.) müssen bei diesen hochkompetenten Individualisten auf Kooperation hinwirken, während von ihnen dienende Leiterschaft erwartet wird: Orientierung an Beziehung und an den Bedürfnissen der Mitglieder sowie Unterstützung dabei, die eigenen Ideen umzusetzen. Ja, veränderte Erziehungsideale wirken sich auf die Vorstellungen von Leiterschaft aus! Wie schaffen wir es als Gemeinschaft, dass mitarbeiten kann, wer mitarbeiten will? Wie tragen wir gemeinsam Verantwortung? Dass daraus Konflikte resultieren, ist kein Wunder, denn in Gemeinden treffen die verschiedenen Generationen mit ihrer jeweiligen Prägung und Geschichte aufeinander. Gerade die Vorstellungen dazu, wie man sich in Gemeinschaft verhält, wie man eine Rolle innerhalb einer Gemeinschaft einnimmt, haben sich sehr verändert. Kinder wissen das nicht, aber Erwachsene, die die Veränderungen in der Zeit beobachten konnten, schon. Sie sehen, dass Kindern und Jugendlichen heute Selbstverwirklichung beigebracht wird – und fragen sich vielleicht manchmal, wie das mit einem christlichen Verständnis von Unterordnung und Selbstverleugnung zusammengeht. Die Beharrlichkeit, mit der junge Menschen Änderungsvorschläge einbringen und sich durchsetzen wollen, passt nicht zum christlichen Wert der Demut, so scheint es. Wünsche und starkes Wollen waren nicht nur im Verhältnis zu den Eltern früher gefährlich (»Kinder, die was wollen …«), der eigene Wille galt als sündig und egoistisch. Wie anders gehen Eltern heute mit diesen Themen um – für sich selbst als Männer und Frauen, aber auch für ihre Kinder! Die gesellschaftlichen Veränderungen im Menschen- und Kinderbild haben sich auch in christlichen Familien ausgewirkt. Kinder gelten als unschuldig. Kleinkinder sind ihre Gefühle, ihr Handeln ist nicht gut oder böse. Ist das nun Zeitgeist und es bräuchte eine Rückkehr zu den Werten der Bibel? Eine Besinnung darauf, dass das Herz des Menschen von Jugend an böse ist und deshalb mehr Disziplin? Doch wenn wir dann in den Kontext dieses Verses schauen, dann entdecken wir, dass er ein Teil von Gottes Selbstgespräch nach der Sintflut ist. Gott sagt: »Auch wenn die Gedanken und Taten der Menschen von Kindheit an böse sind, will ich sie nie mehr verderben!« Gott kommt zu dem Schluss, dass er angesichts von Sünde gnädig sein will. Wir können ihm darin getrost folgen. Gerade für Eltern und Leitende bleibt aber dennoch die Frage: Wie gehe ich mit dem um, was als sehr eigenwillige Idee bei mir ankommt? Das wird grundsätzlich sehr auf die Situation ankommen und auf das Ziel, das ich in der Leitung und Begleitung des Kindes und Gemeindemitglieds verfolge. Orientierung bietet vielleicht der Vers: »Erziehe den Knaben seinem Weg gemäß« (Spr 22,6; Elberfelder Übersetzung). Die Frage nach Gut und Böse ist in der Beurteilung von Ideen und Handlungen selten hilfreich. Denn auch

Gott kommt zu dem Schluss, dass er angesichts von Sünde gnädig sein will. Wir können ihm darin getrost folgen.

die »beste« Idee kann »böse« enden. Viel relevanter ist die Begleitung beim Umgang mit dem Bösen, das jeder Mensch in sich selbst entdeckt und dem man in der Welt begegnet: mit dem Scheitern und der Schuld, die Menschen von klein auf erleben. Denn das bedeutet der Satz über den von Kindheit an bösen Menschen ja eigentlich, wenn wir genau hinschauen: Menschen machen schon von klein auf die Erfahrung, dass sie nicht tun, was sie tun wollen, dass ihre guten Absichten in Zerstörung enden, und auch, dass sie sich nicht wehren konnten, als sie mit Bösem konfrontiert wurden. Menschen und insbesondere Kinder brauchen Schutz vor dem Bösen. Aber sie brauchen auch einen Weg, wie sie mit ihrer Schuld und Scham umgehen können. Und das bedeutet: Sie brauchen Ermutigung und die Zumutung von Verantwortung für Scheitern und Fehler, zusammen mit dem Zuspruch, dass keine Schuld sie von Gottes Liebe trennen kann. In dem guten Bestreben vieler Eltern, ihre Kinder zu beteiligen, ist dieser Aspekt für den Weg zu Verantwortung oft wenig präsent. Der Schutzgedanke überwiegt. Das Ausprobieren soll ohne echtes Risiko passieren, im Glauben genauso wie im Leben allgemein. Auch in Gemeinde haben wir Sonderumwelten für Kinder geschaffen, getrennt von den Sphären der Erwachsenen. Kindern wird »altersgerechtes« Programm geboten, vom Säugling bis zum jungen Erwachsenen. Die Versuchung ist groß, auch für diejenigen »Sonderumwelten« zu schaffen, die »jung im Glauben« sind. Auch hier wird eine Unterscheidung gemacht, mit Paulus' Worten zwischen Milch und fester Nahrung, die man den einen geben kann und den anderen noch nicht. »Schwarzbrot« wird das eine genannt und den Erwachsenen gepredigt, während Kinder (die biologischen und die geistlichen) Basics und Geschichten hören. Doch war diese Trennung vermutlich nicht Paulus' Anliegen, denn zur Tischgemeinschaft gehörten alle gemeinsam. Vielleicht bekam jeder etwas anderes zu essen, so wie viele Familien das heute machen. Aber was für die Kinder als Grundlage wichtig ist, ist für die Erwachsenen nicht verkehrt. Im 1. Petrusbrief heißt es: »So wie ein Säugling nach Milch schreit, sollt ihr nach der reinen

Milch – dem Wort Gottes – verlangen, die ihr benötigt, um im Glauben zu wachsen« (1Petr 2,2). Durch das gemeinsame Essen werden Kinder langsam an andere Kost herangeführt. Es geht um einen Prozess vom Kind zum Erwachsenen. Geistlich wird er als Heiligung und Mündigkeit beschrieben (z. B. 1Kor 3,2 und Eph 4,14), für Kinder könnte man von Selbstbestimmung, Eigenverantwortung und Gemeinschaftsfähigkeit sprechen.[267] Angesichts des demografischen Wandels wird immer mehr die Frage sein, welchen Platz Kinder in Gemeinden haben. Es gibt gut gefüllte Kindergottesdienste, aber wesentlich häufiger anzutreffen sind kleine Gemeinden mit einigen wenigen Kindern. Es gibt beeindruckende Kinder-Landschaften in Gemeinden, aber die Regel sind Multifunktionsräume, in denen auch die Kinder sein können. Die anstehenden Veränderungen könnten Gemeinden als Anlass nehmen, um Kinder wie Jesus in die Mitte zu stellen. »Und wer ein solches Kind in meinem Namen aufnimmt, der nimmt mich auf«, sagt Jesus (Mt 18,5). Dann geht es darum, gemeinsam zu wohnen und miteinander zu leben – wie in Familien. Das Besondere an Kindern ist, dass sie Anlass und Motor für Veränderungsprozesse sind. Jede Generation stellt wieder neu die Maßstäbe für ein gutes Leben als Individuen und als Gemeinschaft auf den Prüfstand. Sie kommen in eine funktionierende Welt hinein, die sich dadurch neu ordnen muss. Das bedeutet bei Weitem keine Überhöhung der Kinder, sondern vor allem die Bereitschaft, sich infrage stellen zu lassen und beweglich zu bleiben, und zwar im Leben allgemein und im geistlichen Leben auf besondere Weise. Die Veränderungen, die durch Kinder in einer Gemeinschaft angestoßen werden, führen zunächst zu Veränderungen bei den Erwachsenen, die den Kindern in ihrem Leben Raum geben, sich ihnen zuwenden, sie ansehen und sich um sie kümmern. Und dann werden die Veränderungen zunehmend gemeinsam gestaltet. Dieser Prozess dauert. Kinder brauchen Jahre für die Entwicklung ihrer kognitiven und reflexiven Fähigkeiten. Gott lässt uns Zeit für Entwicklung, schließe ich daraus. Er ist geduldig, aber das bedeutet nicht, dass er abwartet, bis wir in die Pötte kommen, sondern dass er uns immer wieder neue Chancen gibt, wenn wir versagt haben. Eltern üben sich in diesen Fähigkeiten. Vielleicht sind sie dabei aktuell zu zögerlich. Aber das gilt auch für Leitende in Gemeinden und für unsere Gesellschaft insgesamt. Eltern und Leitende sorgen sich, dass die ihnen anvertrauten Menschen einen Schaden nehmen könnten, wenn sie nicht aufpassen. Und dann fragen wir uns als Gesellschaft irgendwann, warum junge Menschen so zögerlich Verantwortung übernehmen oder einfach gehen.

In Gemeinschaft zu leiten, bedeutet, Raum für Neues zu lassen. Durch ein Loslassen vonseiten der älteren Generationen und das Ermöglichen der Ideen der jüngeren Generationen wachsen wir alle – zwar auf unterschiedliche Weise, aber jeder und jede zu seiner und ihrer Zeit in den Dingen, die für uns dran sind.[268]

Die Hoffnung auf Zukunft liegt dabei nicht im »Bessermachen« oder der Betonung der Gegenwart, sondern im Vertrauen auf das Kreuz. Das ist eine krasse Botschaft, denn am Kreuz werden Leiden, Schmerz und Schuld, Scham und Scheitern, Machtmissbrauch und Angst als Dinge, die zur Menschlichkeit dazugehören, nicht ausgeklammert. Sie werden offensichtlich. Eigentlich unaushaltbar offensichtlich. Aber das Kreuz steht genau für das Aushalten dieser Menschlichkeit – aus Liebe. Was viele Familien heute zerreißt, wird am Kreuz zusammengehalten, ohne dass es versteckt oder relativiert werden müsste. Was für eine kraftvolle Botschaft. Gelingt es uns, sie in das Leben von Familien zu übertragen?

Diese Ideen und Stichworte können als Anregung dienen, um mit dem Verhältnis der Generationen untereinander zu spielen:

- Formate für Austausch zwischen Generationen, Sonntagsbegrüßung (Offensive Junger Christen) und andere Liturgien, in denen Kinder einen Part übernehmen
- Spielen parallel zum Singen erlauben
- Erwachsene gehen in Kinderräume, Kinder bleiben im Gottesdienst.

- Wie sehen eigentlich Multigenerationenräume aus?
- Tischgemeinschaft feiern
- Streitkultur etablieren
- Cycle-Breaking-Seminare, in denen Schuld und Scham zum Thema werden
- Erziehungsseminare für die ganze Gemeinde, nicht nur für Eltern (Großeltern, Tanten, Freunde)
- Versöhnungsgeschichten zwischen Generationen gestalten und erzählen.
- Bedingungslose Liebe ist ebenfalls ein Aspekt, den Gemeinden von Eltern/Familien zumindest als Anspruch lernen können. Erfüllen tut den keiner in Reinform.
- Kinder berücksichtigen – das ist eine Übungssache! Das heißt nicht, dass sie entscheiden, aber auch nicht, dass sie nur pseudomäßig befragt werden. Anerkennen, dass Erwachsene nicht alles besser wissen, sondern sich als gemeinsam Lernende begreifen.
- Gruppenphasen berücksichtigen; das hilft dabei, Individualisten zu einer Gemeinschaft zu formen.

Familie größer denken

Familie sein heißt, Gemeinschaft zu (er-)leben. Liebe. Nähe, Fürsorge. Das bedeutet: Familien sind mit sich selbst und ihrer Gemeinschaft untereinander beschäftigt. Sie brauchen die anderen (scheinbar) nicht: die Alten, die Kinderlosen, die Singles. Ihr Familie-Sein malt vor Augen, was Gemeinschaft bedeutet, aber sie sind selbst nur sporadisch ein Teil der Gemeinde-Gemeinschaft. Sie erscheinen aber ihrerseits als »die Gemeinde«, weil sie das Wir-Gefühl haben und leben, was Gemeinschaft in Gemeinde doch ausmachen soll. Die anderen, die nicht automatisch schon als Gemeinschaft zur Gemeinde gehören, müssen sich erst darum bemühen, solche Gemeinschaft miteinander herzustellen. Es hat den Anschein, als würde nur der Weg über die Familiengründung wirklich in die Gemeinschaft führen. So beschreibt das Ed Shaw, Pastor einer Gemeinde in Bristol: »Wir vermitteln unabsichtlich den Eindruck, als bestehe die Gemeinde aus biologischen Familien. Bevor du nicht Teil einer dieser konventionell strukturierten Gruppen bist, wirst du nie richtig dazugehören.«[269] Shaw, aus eigener Entscheidung ehe- und kinderlos, sagt von sich: »Ich will, ich brauche eine glückliche Familie – genau wie viele andere Menschen, die aus zahllosen anderen Gründen Singles sind.«[270] Sein Grund, Single zu sein, sind seine homosexuellen Empfindungen, die er nicht ausleben möchte. Er hat sich bewusst für ein Leben als Single entschieden, aber er weist darauf hin, dass diese Entscheidung keine Entscheidung gegen Gemeinschaft und Nähe wie in einer Familie ist! Gerade am Thema der Homosexualität und den Forderungen, die diesbezüglich manchmal an Menschen gestellt werden, wird deutlich, wie selbstverständlich Familienmitglieder das Thema Gemeinschaft nehmen und wie wenig offen der Blick für diejenigen ist, die nicht schon durch Familienzugehörigkeit innerhalb der Gemeinde dazugehören. Nicht nur sagt Shaw, dass er seine (für sich selbst biblisch begründete) Entscheidung ohne die Unterstützung durch seine Gemeindefamilie und die Einbindung in alltägliche Gemeinschaft nicht leben könnte, sondern er macht darauf aufmerksam, dass dieselben Herausforderungen ja auch für viele andere gelten, die ähnlich wie bei ihm durchaus mit großem Schmerz verbunden sind. Nicht nur freiwillige und unfreiwillige Singles – in allen Generationen wohlgemerkt – brauchen eine familiäre Gemeinschaft, in der sie generationen- und geschlechterübergreifend Nähe erfahren und einen Beitrag leisten können, sondern auch freiwillig und unfreiwillig Kinderlose, Eltern mit Sternenkindern und Großeltern, die weit weg von ihren Enkeln leben. Und letztlich betrifft das auch alle Familienformen, die nicht dem Ideal von Vater, Mutter, Kind entsprechen, die sich auch mit den gelingenden christlichen Kernfamilien vergleichen und das Gefühl haben, nicht wirklich zu der eigentlichen Gemeinschaft dazuzugehören. Dafür müssen nicht einmal bestimmte Lebensformen und -weisen als Ideal gepredigt werden. Die Strukturen und die Logik der meisten Gemeinden heute transportieren ganz subtil die Botschaft, dass man erst als Familienmitglied und/oder Mitarbeiterin bzw. Mitarbeiter »so richtig« dazugehört. Auch Gemeinden, die neu anfangen und versuchen, miteinander im Stil der Apostelgeschichte und der ersten christlichen Gemeinden Glauben zu leben, landen früher oder später in dieser Dynamik. »Wie haben die es damals gemacht«, fragt man sich, »Gemeinde mit ganz verschiedenen Menschen zu leben, eben mit ›Männern und Frauen, Juden und Griechen, Sklaven und Freien‹?«

Ich bin davon überzeugt, dass Familie eine Antwort darauf geben kann. Sprechen wir dabei für einen Moment aber vom Haushalt, um keine falschen Vorstellungen zu wecken. Es gibt eine Gelegenheit, bei der sich ein Haushalt als ganzer versammelt, und das ist das gemeinsame Essen. Die Versammlungen der ersten Christinnen und Christen als Gemeinde, als Haushalt Gottes, waren Begegnungen beim Essen. Zu diesem Essen gehörte auch die Predigt, gehörte das Abendmahl, gehörte das gemeinsame Singen von Liedern. Der Gottesdienst, in dem die Verschiedenen alle zusammenkamen, bildete das Zentrum ihrer Gemeinschaft: im Teilen von Zeugnissen, dem Wort Gottes und Brot und Wein. Den Rahmen für diese Gottesdienste bildeten gemeinsame Mahlzeiten. Wie ungewöhnlich müssen diese Zusammenkünfte gewesen sein! Geistliche, körperliche und seelische Nahrung für die ganz unterschiedlichen Menschen kamen zusammen.

Auch wenn Gottesdienste heute immer noch das Zentrum der Gemeinde bilden und der Ort sind, wo (zumindest theoretisch) die ganze Gemeinde zusammenkommt, folgen sie einer ganz anderen Logik: der einer Veranstaltung mit Besucherinnen und Besuchern. Trotz aller guten geistlich begründeten Prinzipien für die Gestaltung von Gottesdiensten sind sie von ihrer wahrgenommenen Struktur her vor allem Bühnenprogramme. Die hauptsächlichen Merkmale dafür sind die Unterscheidung zwischen denen, die den Gottesdienst vorbereiten und durchführen, und denen, die ihn antwortend mitfeiern (oder das Bühnenprogramm mehr oder weniger beteiligt »konsumieren«), und die Bedeutung von bestimmten Begabungen für die verschiedenen Elemente des Gottesdienstes. Das spricht dieser Form von Gottesdiensten in keinster Weise ihren Wert ab. Das geistliche Geschehen in jeder Form von Gottesdienst ist ein Wirken des Heiligen Geistes. Ich möchte hier aus der Perspektive unserer menschlichen Verantwortung her schauen, in welcher Weise wir Gottes Wirken Raum geben.

Je stärker Gottesdienste eine Bühne bedeuten und damit einen Unterschied zwischen Gebenden und Empfangenden machen, umso weniger Zugehörigkeit im Sinn von Teilhabe an der Mitgestaltung des Gottesdienstes entsteht für diejenigen, die diese Rolle nicht einnehmen können oder wollen. Dabei geht es neben der Unterscheidung zwischen Durchführenden und Teilnehmenden auch um Mitarbeit. Mangelnde Ressourcen an Zeit, Kraft oder auch Geld, an Sprachfähigkeit oder an diesen besonderen Gaben, die es für die Bühne (und die Ermöglichung der Bühne z. B. an der Technik) braucht, bedeuten dann, dass man »immer nur« Besucherin oder Besucher des Gottesdienstes sein kann. Das »Doing« liegt bei den anderen, vom Aufbau der Räume bis hin zum gesamten Ablauf, was dazu führt, dass man sich im Gottesdienst als Zuschauer und Zuhörer und nicht als Beteiligter erlebt. Das ist manchmal auch das erklärte Ziel, man möchte sich versorgen lassen – endlich einmal, wenigstens an diesem Ort. Das hat seine Berechtigung und ist nicht der Punkt, um den es aus einer strukturellen Betrachtungsweise geht. Ob Menschen sich versorgen lassen oder sich beteiligen, ist nicht nur eine Frage der Struktur. Strukturen fördern aber mehr oder weniger Beteiligung und Empfangen. Die Entscheidung für eine Struktur ist eine Entscheidung für das eine oder andere. Gottesdienste als Bühnenveranstaltung fördern eher das »Versorgt-Werden«. Das entspricht dem Verständnis von Gottesdienst als »Gott dient uns im

Gottesdienst und wir antworten darauf.« So gesehen ist jeder Gottesdienst durchaus ein gemeinsames »Doing«. Unterschiedliche Gottesdienstformen bieten für das Antworten sehr verschiedene Formate und Möglichkeiten. Der zentrale Unterschied zwischen einem familiären Essen, bei dem ein Gottesdienst gefeiert wird, und einem Gottesdienst als Bühnenprogramm ist, dass der Rahmen des Gottesdienstes unterschiedlich viel Raum und Bedeutung für die zwischenmenschliche Gemeinschaft gibt. Gemeinde als Leib Christi zu verstehen, in dem unterschiedliche Glieder verschiedene Begabungen haben, fördert vielleicht eher eine Gemeindestruktur, die sich auf diese Begabungen bezieht. Gemeinde von Familie bzw. vom Haushalt Gottes her zu denken, fördert vielleicht eher eine Gemeindestruktur, in der Gemeinschaft untereinander in den Fokus rückt. Beides hat seine Berechtigung, beides ehrt Gott, beides hat Chancen und Grenzen.

Gerade an dieser Stelle zeigt sich der Anknüpfungspunkt des Evangeliums: Gemeinschaft ist das, was Gott selbst ausmacht, es ist sein Thema. Er hat uns Menschen als Gemeinschaftswesen und mit dem Garten Eden einen perfekten Raum der Würde geschaffen. Darin konnte die Gemeinschaft wachsen, aber auch der Zweifel an der Beziehung. Die durch Misstrauen zerstörte Gemeinschaft wiederherzustellen, hat Gott alles gekostet. Auf ihm gründet sich unsere Gelassenheit, wenn wir in dieser Welt Gemeinschaft leben in dem Wissen, dass man in einer bösen Welt keinen perfekten Raum der Würde herstellen kann. Aber christliche Gemeinden könnten Räume sein und werden, in denen wir als Familienmitglieder in unserer Menschlichkeit willkommen sind, in denen wir Scham, Schuld und Angst zugeben können und die Zusicherung erhalten, dass wir auch mit Brüchen in der Gemeinschaft angenommen sind. Christliche Gemeinden könnten Räume der Würde sein mit einer Fehlerkultur, in der nicht Scham, sondern Beschämung das Problem ist. Dafür brauchen wir eine Rückkehr zu den Wurzeln der Gemeinde: Zeit miteinander rund um Gottes Tisch zu verbringen und voller Überzeugung von der Rettung durch Gott zu sprechen. Familienleben führt sehr sichtbar vor Augen, dass Rettung nötig ist: von Angst vor Versagen und vor der Unfähigkeit, einander vor allem zu schützen, von Vorurteilen und Idealisierungen, von Überforderung und vor allem von den vielfältigen Weisen, wie wir aneinander schuldig werden. Darin sind wir uns alle gleich. Und es gilt, diese Verbundenheit in der Menschlichkeit zwischen Familienmitgliedern und Menschen »ohne« Familie zu entdecken, zwischen Männern und Frauen, Erwachsenen und Kindern, statt die Unterschiede zwischen Menschen zu betonen. Familien haben sich auf den Weg gemacht, Gemeinschaft zu leben, indem sie Trennlinien überwinden, miteinander fürsorgliche Verantwortung übernehmen, einander zu Entwicklung und Aushandlung ermutigen und offen über die Herausforderungen und das Scheitern in Beziehungen sprechen.

Es zeigt sich aktuell: Gottesdienstformen, in denen Eltern und Kinder miteinander und mit anderen Erwachsenen in Kontakt kommen, bei denen Gemeinschaftserleben und gemeinsames Essen den Rahmen bilden, erleben starken Zulauf von Familien. Und sie werden wichtiger: »Es wird künftig darauf ankommen, Familien mehr Zeit und Raum zu geben und Gelegenheiten zu schaffen, bei denen sie sich als Familien erleben.«[271] Die Kirche-Kunterbunt-Initiativen mit Gottesdiensten für Familien sind dafür ein Beispiel, das nun auch mit solchen Formaten für Erwachsene experimentiert. Aber es gibt auch viele andere Angebote für Familien, für die das gilt. Sie müssen nicht notwendigerweise am Sonntagmorgen stattfinden, sondern laden an Samstagvormittagen oder Dienstagnachmittagen Familien ein. Den Unterschied macht der Rahmen, das Vorher und Nachher. Das hat auch damit zu tun, dass Kinder in diesen Angeboten Freiräume haben, die ihnen sonst oft nicht zugestanden werden.

Der gottesdienstliche Teil kann dabei durchaus so stattfinden, wie das in vielen Gemeinden üblich ist, und es spricht auch nichts gegen einen eigenen Kindergottesdienst – wenn daraus nicht die grundsätzliche Trennung von Kindern und Erwachsenen wird und der Übergang vom Kinderprogramm zu den Erwachsenen immer schwerer wird. Das Entscheidende für alle Übergänge sind Beziehungen. Eingewöhnungen in den Kindergottesdienst sind leichter, wenn bereits Beziehungen zu den Mitarbeitenden bestehen. Im Gottesdienst der Erwachsenen fühlen Menschen jeden Alters sich wohl, wenn sie mit ihrer Lebenssituation gesehen werden.

Das Potenzial dafür steigt, wenn rund um den Gottesdienst Gemeinschaft gepflegt wird. Vielleicht muss das für einige Zeit auch sehr gezielt gefördert werden, weil wir nicht mehr so sehr darin geübt sind, generationen- und geschlechterübergreifend im Kontakt zu sein. Das gezielte Teilnehmen von Älteren an den Veranstaltungen für Familien, um ihnen zu begegnen und Beziehung zu leben, würde das Netzwerk innerhalb der Gemeinde ebenfalls verstärken und sichtbarer werden lassen, wie gut viele Familienangebote angenommen werden. Verbundenheit entsteht über Verbindung zu Menschen, nicht (nur) zu Orten und Organisationen. Nicht Veranstaltungen führen zu dauerhafter Verbindlichkeit, sondern Beziehungen – vor allem solche, in denen Vertrauen langsam aufgebaut werden darf und nicht eingefordert wird.

Und wenn wir auf diese Weise mit Jesus in der Welt unterwegs sind, wenn wir Menschen nicht nur in unsere Räume (den Gottesdienst) einladen, sondern ihnen in »ihren« Räumen (wie Krabbelgruppen, auf Spielplätzen, beim Familienfrühstück) begegnen, dann folgen wir Jesus nach, der dorthin ging, wo die Menschen waren, und der deshalb tun konnte, was er tat, weil er Gott am Werk sah. Gemeinden könnten sich als Orte und Ausgangspunkte von familiärer Fürsorge erweisen, weil in ihnen das gemeinsame Leben gefeiert und durchlitten wird. Das könnte zu so etwas wie Glaube am Montag durch Ko-Präsenz[272] im Alltag führen. Den Glauben bezeugen, indem wir einander als Gemeindemitglieder praktisch unterstützen: in den Häusern der Familien, bei den Armen und Alten, bei pflegenden Eltern und pflegenden Kindern (minderjährigen und erwachsenen), bei Familien mit Säuglingen und Kleinkindern und bei Familien mit Teenagern. Mitten im Alltag, unaufdringlich und ohne zu bewerten. Allein die Anwesenheit von weiteren Menschen verändert die Dynamiken in Familien, erweitert den Horizont und bietet die Gelegenheit für Austausch und ein Korrektiv. Was diese Ko-Präsenz, ganz ohne Aufgabenbeschreibung und To-do-Liste, an entlastender Wirkung für Eltern und an Gemeinschaftserleben für alle Beteiligten hat, ist enorm.

Soziale Bindungen über die Kernfamilie hinaus sind im Aufwachsen von Kindern so wichtig. Als eine, die selbst keine Kinder hat und Ko-Präsenz in Familien feiert, sage ich: Wir sind gefragt! Gerade die ohne Kinder, gerade die älteren Generationen können für die Kinder in unseren Gemeinden und auch darüber hinaus in der Gesellschaft einen Unterschied machen. Statt zum Beispiel über das Ausmaß an Fremdbetreuung zu klagen, statt uns Sorgen zu machen wegen der Ganztagsschulen, könnten wir uns als Teil der Verantwortungsgemeinschaft für Kinder begreifen. Hinschauen, hinhören, nachfragen, präsent sein. Zeit miteinander verbringen. Ohne zu werten und ohne etwas tun zu wollen, aber bereit zum Anpacken. Bereit zu warten. Und nein, es braucht dafür nicht einmal unbedingt Kontinuität. Entscheidender ist die respektvolle und ehrlich interessierte Zuwendung. Die Ganztagsschulen, die Kitas, die Archen: Es gibt viele Gelegenheiten, etwas zu tun und dabei Nachfolge zu leben, die

a. die keine Gegenleistungen erwartet (nicht einmal ein Dankeschön).
b. die respektvoll Distanz wahrt und auf Signale für Nähe wartet.
c. die ermutigend ist.

So, als wären wir mit Jesus unterwegs in den Häusern der Menschen. Wie oft wäre wohl allein seine Gegenwart durch uns ermutigend, klärend, vielleicht auch zur Umkehr herausfordernd und heilend? Gemeinden könnten auf diese Weise mit Familien wachsen, könnten ihrerseits die Herausforderungen von Familien geistlich begleiten und ein Dorf für Familien sein. So könnten wir sogar in Beziehungen über uns hinauswachsen – als Familien und Gemeinden. Versorgung geschieht ganz wesentlich am Tisch und so können wir eine neue Geschichte über Familie und Gemeinde, anknüpfend an die alte Geschichte aus der Apostelgeschichte, erzählen: von Treffen hin und her in den Häusern, von Tischgemeinschaft im Glauben und im Alltag, von gemeinsamen Mahlzeiten als geistliches Geschehen und davon, profanes Leben zu teilen. Das würde der Kraft des Evangeliums entsprechen, das uns als Christinnen und Christen an den Tisch des Herrn einlädt. Der Heilige Geist ist derjenige, der die notwendigen Fähigkeiten für diese Tischgemeinschaft in uns bewirkt. Wir stellen sie nicht her und wir können sie entsprechend auch nicht voneinander einfordern. Gerade das lässt uns gnädig miteinander sein und unser aller Leben als Entwicklungsprozesse verstehen.

Sehen wir die Familien, denen durch die Belastungen der Lebensmut ganz abhandengekommen ist? Schaffen wir es, auf das individuelle Familienleben zu schauen und die dramatischen Herausforderungen anzuerkennen, ohne zu vergleichen und zu sagen: »Andere Familien schaffen das doch auch!« oder: »Wir haben das doch auch geschafft!«? Schauen wir hin? Hören wir zu? Wo begegnen wir eigentlich dem, was Familienleben ausmacht?

Wenn wir DAS nicht schaffen – und meistens tun wir das momentan nicht –, wird die Verantwortung für die Belastungen und Herausforderungen im Alltag weiter individualisiert, also den einzelnen Familien zugeschoben. Dabei sind es strukturelle gesellschaftliche Probleme, bei denen wir als Gesellschaft gefragt sind – also auch christliche Gemeinden als Organisationen. Wir sind gefragt, uns an die Seite derjenigen zu stellen, die wir meist nicht zu sehen bekommen. An die Seite derjenigen, von denen wir aber wissen könnten. An die Seite unserer Nachbarinnen und Nachbarn, Mitbürgerinnen und Mitbürger, die weniger privilegiert sind, als viele Menschen in christlichen Gemeinden es sind.

Menschen sehnen sich nach Familie, weil sie sich nach Gemeinschaft sehnen, und sie stellen fest, dass Familie allein überfordert ist. Und so suchen Familien nach »Dörfern« für sich und ihre Familienmitglieder, nach erweiterten Netzwerken der besonderen Art, die sie tragen und in denen sie andere mittragen können, in denen sie Zugehörigkeit zu einem größeren Ganzen erleben. In diesem Sinn ist Gemeinde als Familie die Hoffnung der Welt.

Und wenn Gemeinde keine Familie ist und sein möchte, dann könnte sie vielleicht ein Dorf aus und für Familien sein.

Gerade in dem Versprechen, beides miteinander verbinden zu können – Gemeinschaft und Individualität, Zugehörigkeit und Selbstverwirklichung – liegt die große Bedeutung von Familie. Die äußere Struktur ist in weiten Teilen zwar anders geworden, die inneren Werte werden aber mit aller Macht versucht zu realisieren: intensiver, reflexiver, gleichberechtigter, kindzentrierter, handlungsorientierter als zuvor. Sie allein und ideal verwirklichen zu wollen, führt zu Druck, Belastung und Erschöpfung sowie zu Bewertungen von innen und außen.

Habe ich (als Ich!) hier (in dieser Gemeinschaft!) Platz?

Es geht darum, Familie nicht zu idealisieren, sondern die Menschlichkeit im Zusammenleben als Familie im Blick zu behalten und sogar für unser Gemeinde-Sein zum Vorbild zu nehmen. Menschlichkeit ist gerade im Scheitern und in den ganz alltäglichen besonderen Lebenssituationen von Krankheit, Tod, Katastrophen und der Entwicklungstatsache aller Menschen zu finden und zu realisieren. In vielen Familien entdecke ich die Bereitschaft, diese Menschlichkeit im Zusammenleben zu akzeptieren – und gleichzeitig ein großes Hoffen darauf, dass es auch heiler, intakter gehen könnte. Gemeinschaftlicher. Mitten in der Individualität.

Praxisideen:

- Kartoffeln schälen, Socken stricken, schweigend beieinandersitzen, Essen vorbeibringen, Kinder fahren, zum Spaziergang abholen, gemeinsam einkaufen und einfach da sein, während in Familien das Leben wuselt

- Tischgemeinschaft pflegen mit verschiedenen Modellen von Selbstversorgung, Bring-and-Share-Buffet, eine Teilgruppe versorgt alle anderen, Service am Platz und so weiter
- Kirche Kunterbunt feiern: Familien und ihrem kreativen Chaos Raum geben
- andere Fresh Expressions of Church entwickeln: die zu euch und eurer Kirche, euren Menschen und denen in eurem Umfeld passen, ohne Scheu, dabei Dinge falsch zu machen und zu vernachlässigen
- Austauschpredigt mit allen Generationen: eine Woche lang auf einen Text vorbereiten mit Bildern und Liedern und Gedanken und was Gott sonst noch so schenkt
- prüfen, was wir in Gemeinden sein lassen können
- Zeit für Hausaufgabenhilfe und Haushalt
- Angebote in der Ganztagsschule durch Seniorinnen und Senioren
- in AGs in der Schule oder in den Kindergruppen-Angeboten wirksames Tun mit dem christlichen Glauben verbinden: Geschichten erzählen und miteinander einen Podcast konzipieren, die Social-Media-Arbeit verantworten, Events vorbereiten, Verwaltungs- und Vorbereitungsaufgaben gemeinsam durchführen: Lasst Kinder ein Teil sein, der Bedeutung hat!
- Lose Formen von Mitgliedschaft anerkennen. Nicht nach formaler Mitgliedschaft fragen, sondern nach Taten der Mitgliedschaft und diese gleichwertig anerkennen: Mitarbeit, Spenden, Diskussionsbereitschaft. Exklusivität nur bei Grundsatzentscheidungen. Das wird toleriert werden, wenn dabei die Stimmen aller gehört werden.
- Familiendynamiken in der Gemeinde berücksichtigen: Machtverhältnisse, Beziehungsnetzwerke wertschätzen, achten, benennen, aber auch reflektieren, darüber predigen und zeigen, wie das Evangelium daraus befreit (durchaus schmerz- und konflikthaft: Ich bin

gekommen, das Schwert zu bringen) und dazu befreit (ordnet euch einander unter)

Familien heute ringen darum, dass jedes Familienmitglied einen sicheren Platz in der Gemeinschaft hat – so, wie es ist. Das ist ein ambitioniertes Vorhaben. Es kostet Kraft und es genügt nie den eigenen und den von außen gestellten Ansprüchen.

Menschen strecken sich aus nach Gemeinschaft.

Die Sehnsucht nach Räumen, in denen ich sein kann, wie ich bin, in denen ich mich einbringen kann mit dem, was ich kann, in denen ich geschützt werde vor Gefahren und in denen ich erlebe, wie meine Werte geachtet werden, ist ungebrochen groß. Und es geht dabei nicht nur um Nehmen, sondern auch um Geben.

Menschen suchen und finden Gemeinschaft zuerst in der Familie.

Die große Hoffnung oder sogar Erwartung vieler Menschen ist, diese Art der Gemeinschaft in ihren Familien zu finden. Deshalb ist Familie der Ort, an dem am stärksten »Vorschuss« geleistet wird: Vorschuss an Vertrauen, an Vergebungsbereitschaft, aber auch an Hoffnung. Und nicht zuletzt deshalb gibt es in vielen Familien diese Art Gemeinschaft.

Menschen werden in ihren Familien auch enttäuscht.

Ob, wann, wie oft und wie lange solche Gemeinschaft erlebt wird, ist allerdings sehr, sehr unterschiedlich. Das Vorschussvertrauen zahlt sich nicht immer aus. Gewalt physischer und psychischer Art findet am häufigsten in der Familie und dem sozialen Nahumfeld statt. Aber wie heißt es? Die Hoffnung stirbt zuletzt – und so beginnen die meisten Menschen immer wieder neu mit Familie.

Die Hoffnung auf Gemeinschaft und das Ringen darum ist menschlich.

»Es ist nicht gut, dass der Mensch allein sei« (vgl. 1Mo 2,18). Das schließt nicht aus, dass Menschen sich in der Einsamkeit (auch) wohlfühlen. Es geht mehr um die existenzielle Angewiesenheit auf andere, um sich als Mensch zu erleben. Weil Familie (in unserem Anspruch an sie) bedingungslose Zugehörigkeit verspricht, kämpfen Menschen jeden Alters um ihre Familie. Wir sind für diese Zugehörigkeit zu ziemlich vielen Zugeständnissen bereit.

Menschen bringen sich verstärkt als Individuum in Gemeinschaften ein.

Sie zeigen sich mit ihren Wünschen und Interessen, ihren Werten und ihrer Persönlichkeit. Das ist kein »Test«, ob sie so willkommen sind, wie sie sind, sondern ein Ausdruck eines größeren Selbstbewusstseins und des Verständnisses von Gemeinschaft als »Doing«: Wir sind hier, also gestalten wir mit. Ist doch klar, oder? Verbindlichkeit ist mehr Verbundenheit als formale Struktur.

Die Grenze dessen, was wir für eine bestimmte Gemeinschaft in Kauf nehmen, hat sich verschoben.

Größere Unabhängigkeit erlaubt es Menschen, für ihre Individualität einzustehen und (zumindest theoretisch) ohne existenzielles Risiko Gemeinschaften zu verlassen. Schmerzhaft bleibt das trotzdem. Gemeinschaft stärken heißt: Schmerzen aushalten. Doch hat sich die Akzeptanz von schmerzhaften Erfahrungen in allen gesellschaftlichen Gruppen deutlich verringert. Wir halten nicht mehr aus, sondern machen einen Neuanfang.

Die verschobene Grenze verstärkt die Bedeutung von Gemeinschaft für Menschen und relativiert sie nicht.

Gemeinschaften, in denen Individualität und Gemeinschaft auf gute Weise zueinander in Spannung stehen, werden kostbarer, weil sie vor dem Hintergrund der Individualisierung anspruchsvoller, schmerzhafter und deshalb seltener werden. Es entsteht ein neues Verständnis dafür, was echte Gemeinschaft kostet, was sie fördert und was sie zerstört.

Gemeinschaft zu leben, ist ein Lernprozess, der Fürsorge, Gestaltungsmacht und Respekt vor Grenzen und Begrenzungen braucht.

Dass jede und jeder sagen kann: »Hier habe ich Platz!«, ist kein anzustrebender Status. Platz haben ist ein dynamisches Geschehen von mehr oder weniger. Es geht nicht um die Frage, OB ich Platz habe, sondern WIE ich meinen Raum einnehme und gemeinsame Räume gestalte. Dieses Ringen beschäftigt Familien und Gemeinden. Und vielleicht ändert sich mit den Geschichten, die wir darüber erzählen, auch die Wirklichkeit.

Verwendete Literatur:

Ed Shaw (2018):
Vertrautheit wagen! Gemeindebau hautnah. Und wie die Kirche sexuelle Vielfalt biblisch integrieren kann

Hey!

Was für eine Ehre, dass ich in diesem Buch einige meiner Gedanken zu Familie und Gemeinde mit dir teilen konnte! Ich habe eine Menge über Geschichte und Geschichten erzählt, in denen alte und neue Verständnisse von Gemeinschaft vorkommen und wie die Veränderungsprozesse in Familien damit zusammenhängen. Du hast parallel zum Lesen eine Menge reflektiert, hast vielleicht auch mit anderen diskutiert und dabei für dich selbst ein »neues« Verständnis für die Formen und die Bedeutung von Gemeinschaft entstehen lassen. Es ist selbstverständlich nicht wirklich »neu«, sondern vielmehr eine Fortsetzung von der Geschichte, die du bisher gehört und erzählt hast, eine Ergänzung und vielleicht eine Fokussierung auf bestimmte Aspekte.

Ich hoffe, die »Beobachtungen« zum Familienleben, die ich mit dir geteilt habe, haben dir Mut gemacht, mit Familien in deiner Umgebung ins Gespräch zu gehen. Vielleicht haben sie in dir auch den Wunsch ausgelöst, in und mit deiner Gemeinde das Thema Familie mindestens zeitweise in den Fokus zu rücken und zu schauen, was das für alle in der Gemeinde bedeutet. Das würde mich sehr freuen! Gerne unterstütze ich euch auch: mit Seminaren für die GANZE Familie, mit Vorträgen und Familiengottesdiensten oder auch durch Beratung und Begleitung zu Veränderungsprozessen. Vielleicht kann eine Lesung aus dem Buch ein Anstoß sein für erste Diskussionen oder ein vertiefender Vortrag manche Frage bearbeiten, die aus dem Buch entstanden ist.

Ich freue mich in jedem Fall über E-Mails und Anrufe – oder einen Brief, egal ob mit Kritik oder Rückfragen, Einladungen oder Feedback:

stephanie.haug@familienbegleiten.de

Und für deine und eure weitere Auseinandersetzung mit dem Zusammenhang von Familie und Gemeinde wünsche ich dir und euch Gottes Segen!

Es würde uns guttun, Gemeinde von Familie her neu zu erzählen.

Ich habe einen Traum...

Es ist der Traum davon, berufen zu sein.
Nicht berufen zu großen Taten,
sondern zu den ganz kleinen Dingen des Alltags,
die wir unter dem Namen »Beziehungen« zusammenfassen.

Ich träume von Gemeinden, die wie Familien danach streben,
»caring communities« zu sein:
interessierte, zugewandte, fürsorgliche und versorgende
Gemeinschaften,
Menschen aus unterschiedlichen Lebensphasen und -situationen,
die sich einander zugehörig erleben
und Räume dafür schaffen,
dass jede und jeder die eigene Persönlichkeit entfalten
und seinen oder ihren ganz eigenen Beitrag
für die Gemeinschaft
entdecken und leben kann.

Gemeinschaften, die
versöhnt leben
– mit Gott und miteinander –
und dazu einladen,
teilzuhaben.

DANKE…

- … an Steffi Pfalzer: Du hast mir zugetraut, dieses Buch zu schreiben und meinen Prozess dazu ausgehalten und wertschätzend begleitet! Danke!
- … an meine SchreibbegleitungsGruppe. Eure Fragen und Anmerkungen, das Diskutieren mit euch und die Verantwortung euch gegenüber haben mich motiviert und ermutigt! Ihr habt wesentlich (!!!) zum Buch beigetragen.
- … an Hannah: Deine Freundschaft, der fachliche Austausch mit dir, deine wertschätzende Kritik zu meinen Texten und dass ich zu deiner Familie gehören darf, bedeuten mir so viel! Das gilt auch für Mia, Jenni, ÄL und Hanna.
- … an alle Erstleserinnen und Erstleser der verschiedenen Texte. Danke für eure ehrliche Kritik und alle Ermutigung!
- … an Anna: Du hast mehrmals Urlaub in das Buch investiert – muchas gracias!
- … an Wilhelm Faix: Danke für Ihre Ermutigung und die konstruktiven Ergänzungen aus Ihrem erfahrenen Blick zur Gemeindelandschaft und dem Thema Familie – Gemeinde in der Mischung aus pädagogischer und theologischer Perspektive!
- … an Carola L'hoest: Danke für deine bedingungslose Ermutigung und Unterstützung, deine wertschätzende Kritik und für deinen Brief als Vorwort! Er hat mich zu Tränen gerührt.
- … an meinen Hauskreis, der das Buchprojekt im Gebet getragen hat.
- … an meine Familie: Ich bin sehr dankbar für euch! Ohne euch wäre ich nicht die, die ich heute bin.

– … und vor allem an meinen Mann, Martin: für alles! Du hast mein Buch gelesen, obwohl du nicht gerne liest, du hast mir den Rücken freigehalten, für mich gekocht, meine zwischenzeitliche Verzweiflung ausgehalten und mich immer wieder ermutigt. Ich bewundere und liebe dich.

»Nicht uns, HERR, nicht uns, sondern dir steht Ehre zu für deine Gnade und Treue!«
Psalm 115,1

Literaturverzeichnis

Andresen, Sabine (2000): »Das Jahrhundert des Kindes« als Vergewisserung. Ellen Keys Echo im pädagogischen Diskurs der Moderne. ZSE: Zeitschrift für Soziologie der Erziehung und Sozialisation 20 (2000) 1, S. 22–38.

Andresen, Sabine / Hurrelmann, Klaus (2010): Kindheit. Weinheim: Beltz.

Bartholomä, Philip (2023): Kirchliche Innovation allein wird das Ruder nicht herumreißen. Zuerst erschienen im Willow Creek Magazin 04/23. https://www.willowcreek.de/index.php?id=1495, zuletzt abgerufen am 23.03.2025.

Bils, Sandra / Töpfer, Gudrun (2024): Exnovation und Innovation. Synergie von Anfang und Ende in Veränderungen. Stuttgart: Schäffer-Poeschel.

BMFSFJ (2021): Eltern sein in Deutschland. Ansprüche, Anforderungen und Angebote bei wachsender Vielfalt. Bericht der Sachverständigenkommission des Neunten Familienberichts. Berlin.

BMFSFJ (2023): Kinder, Haushalt, Pflege – wer kümmert sich? Ein Dossier zur gesellschaftlichen Dimension einer privaten Frage. Berlin.

BMFSFJ (2024): Familienreport 2024. Berlin.

BMFSFJ (2025): Zehnter Familienbericht. Unterstützung allein- und getrennterziehender Eltern und ihrer Kinder – Bestandsaufnahme und Handlungsempfehlungen. Berlin.

Böcker, Julia (2022): Der Wandel der Anerkennung von Fehl- und Totgeburt als Geburt eines Kindes. https://link.springer.com/10.1007/s11614-022-00470-7, zuletzt abgerufen am 23.03.2025.

Breunig, Bernadette / Schweiger, Gottfried / Walser, Angelika (Hrsg.) (2024): Familie im Wandel. Sozialwissenschaftliche, ethische und rechtliche Perspektiven. https://doi.org/10.1007/978-3-662-68056-8, zuletzt abgerufen am 23.03.2025

– Matthes, Eva (2024): Geschichte der Familie – mit einem Fokus auf ihre Erziehungsfunktion. S. 17–36.

– Thiessen, Barbara (2024): Die reflexive Familie: Das Konzept Un/Doing Family vor dem Hintergrund eines empirischen Blicks auf Familienleben heute. S. 37–56.

Cammarata, Patricia (2023): Raus aus der Mental Load Falle: Wie gerechte Arbeitsteilung in der Familie gelingt. Weinheim, Basel: Beltz Verlag, 7. Auflage.

Destatis (2024): Sozialbericht 2024. Bonn: Bundeszentrale für politische Bildung.

Ecarius, Jutta / Schierbaum, Anja (Hrsg.) (2007/2022): Handbuch Familie. Wiesbaden: Springer VS.

Band I: Gesellschaft, Familienbeziehungen und differentielle Felder.

– Klie, Thomas / Kühn, Jakob: Familie und Religion, S. 177–194.
– Maiwald, Kai-Olaf: Liebe und Anerkennung in der Familie, S. 631–650.
– Schneider, Norbert F. / Diabaté, Sabine: Familienleitbilder, S. 307–324.
– Schönberger, Christine: Familie und Gesundheit, S. 589–610.
– Walper, Sabine / Amberg, Stefanie / Langmeyer, Alexandra N.: Familie und Trennung, S. 549–568.

Band II: Erziehung, Bildung und pädagogische Arbeitsfelder.

– Borst, Ulrike: Familie in Beratung und Therapie, S. 599–620.
– Friebertshäuser, Barbara / Sackofsky, Ute: Mutterschaft und Familie, S. 105.
– Mühling, Tanja: Vaterschaft und Familie, S. 119–136.
– Bauer, Peter / Wiezorek, Christine: Familienleitbilder in der Sozialpädagogik, S. 621–640.

Eibach, Joachim / Schmidt-Voges, Inken (Hrsg.) (2015): Das Haus in der Geschichte Europas. Ein Handbuch. Oldenburg: De Gruyter.

– Eibach, Joachim: Das Haus in der Moderne, S. 19–39.
– Habenstein, Astrid: Das Haus in den Wissensordnungen der griechisch-römischen Antike, S. 649–666.
– Klein, Birgit E.: Reale und ideelle Häuser im Judentum, S. 337–354.
– Kuhn, Thomas K.: Das »Haus« im Protestantismus: Historisch-theologische Perspektiven, S. 725–742.

- Lanzinger, Margareth: Einführung: Soziale und ökonomische Konstellationen, S. 297–302.

El-Mafaalani, Aladin (2023): Das Integrationsparadox. Köln: Verlag Kiepenheuer & Witsch, 3. Auflage.

El-Mafaalani, Aladin / Kurtenbach, Sebastian / Strohmeier, Klaus Peter (2025): Kinder. Minderheit ohne Schutz. Aufwachsen in der alternden Gesellschaft. Köln: Kiepenheuer & Witsch.
- El-Mafaalani, Aladin / Kurtenbach, Sebastian / Strohmeier, Klaus Peter: Vorwort und Schieflagen in der alternden Gesellschaft, S. 7–28.
- Strohmeier, Klaus Peter: Kinder sind Außenseiter der modernen Gesellschaft, S. 29–64.
- Strohmeier, Klaus Peter: Was brauchen Kinder?, S. 117–146.

Evangelische Landeskirche in Baden (2019): Studie Familienbildung. Projektbericht.

Faix, Tobias et al. (2017): Aufwachsen in einer christlichen Familie.

Faix, Wilhelm (2022): Gemeinde kommt von gemeinsam. Neukirchen-Vluyn: Neukirchener.

Gerlach, Irene (2017): Einleitung: Wandel von Elternschaft als Herausforderung für familienpolitische Akteure und Eltern. In: Gerlach, Irene: Elternschaft: Zwischen Autonomie und Unterstützung. Wiesbaden: Springer VS.

Gestrich, Andreas (2004): Ehe, Familie, Kinder im Pietismus. Der »gezähmte Teufel«. In: Lehmann, Hartmut (Hrsg.): Geschichte des Pietismus. Band 4: Glaubenswelt und Lebenswelten. Göttingen.

Heinicke, Jana (2022): Aus dem Bauch heraus. Wir müssen über Mutterschaft sprechen. München: Wilhelm Goldmann Verlag.

Hermann, Dieter (2017): Geschlecht und Gewalt. Eine Frage der Werte. Ruperto Carola 2017, S. 42–49. http://heiup.uni-heidelberg.de/journals/index.php/rupertocarola/article/view/23675), zuletzt abgerufen am 23.03.2025

Holzem, Andreas / Weber, Ines (2008): Ehe – Familie – Verwandtschaft. Eine Geschichte der Vergesellschaftung in Religion und sozialer Lebenswelt. Einführung. In: Holzem, Andreas (Hrsg.): Ehe – Familie – Verwandtschaft: Vergesellschaftung in Religion und sozialer Lebenswelt. Paderborn, München: Schöningh.

Joiner, Reggie (2012): Lebe Orange! Gemeinde und Familie – gemeinsam stark. Aßlar: Gerth Medien GmbH.

Jurczyk, Karin (2020): UnDoing Family: Zentrale konzeptuelle Annahmen, Feinjustierungen und Erweiterungen. In: Jurczyk, Karin unter Mitarbeit von Thomas Meysen: Doing und Undoing Family. Konzeptionelle und empirische Entwicklungen. Weinheim: Beltz Juventa.

Klesse, Jacqueline / Wutzler, Michael (2021): Kindorientierte Eheschließung revisited: Wie beziehen sich Paare in Deutschland bei ihrer Eheschließung auf Kinder? Österreichische Zeitschrift für Soziologie, 46(3), S. 279–299.

Krautwald, Barbara (2021): Bürgerliche Frauenbilder im 19. Jahrhundert: Die Zeitschrift »Der Bazar« als Verhandlungsforum weiblichen Selbstverständnisses. Bielefeld: transcript Verlag.

Künkler, Tobias / Faix, Tobias (2017): Zwischen Furcht und Freiheit. Das Dilemma der christlichen Erziehung. Witten: SCM-Verlag GmbH & Co. KG.

MacDonald, Gordon (2007): Ich will meine Gemeinde zurück. Wenn mein geistliches Zuhause mir fremd wird. Witten: SCM Brockhaus.

Mandelkow, Lars (2020): Der Bullerbü-Komplex und die Kunst, es gut sein zu lassen. Witten/Holzgerlingen: SCM R. Brockhaus in der SCM Verlagsgruppe.

Marks, Stephan (2019): Die Würde des Menschen ist verletzlich. Ostfildern: Patmos, 2. Auflage.

Possinger, Johanna / Alber, Jannika / Pohlers, Michael / Rauen, Daniela (2023): Familien gefragt. Impulse für eine familienorientierte Kirche. Göttingen: Vandenhoeck & Ruprecht.

Reimer, Johannes / Faix, Wilhelm (2017): Familie. Zukunft der Kirche. Marburg: Francke.

Rosa, Hartmut (2018): Resonanz: Eine Soziologie der Weltbeziehung. Berlin: Suhrkamp.

Schier, Michaela / Jurczyk, Karin (2008): Familie als Herstellungsleistung in Zeiten der Entgrenzung. In: Familienforschung. Sozialwissenschaftlicher Fachinformationsdienst soFid 2008/1, S. 9–18.

Shell Jugendstudie (2024): »Pragmatisch zwischen Verdrossenheit und gelebter Vielfalt« Zusammenfassung. https://www.shell.de/ueber-uns/initiativen/shell-jugendstudie-2024.html.

Stiefel, Elisabeth (2008): Mein Herr Käthe: Katharina von Boras Leben an der Seite Luthers.

Vecera, Sarah (2024): Was ist eigentlich Familie? In: Böck, Anna (2024): gemeinsam geborgen. Gedanken aus dem Abenteuer Familie. Neukirchen-Vluyn: Neukirchener.

Internetlinks (alle zuletzt abgerufen am 16.05.2025)

Antenne Bayern (o. J.): Laut kündigen – ein neuer Job-Trend. Online unter: https://www.antenne.de/experten-tipps/job/laut-kuendigen-ein-neuer-job-trend

BKA – Bundeskriminalamt (2024): Straftaten gegen Frauen und Mädchen steigen in allen Bereichen. Pressemitteilung vom 19.11.2024. Online unter: https://www.bka.de/DE/Presse/Listenseite_Pressemitteilungen/2024/Presse2024/241119_PM_BLB_Straftaten_gegen_Frauen.html

BMFSFJ – Bundesministerium für Familie, Senioren, Frauen und Jugend (2023): Ungewollte Kinderlosigkeit. Online unter: https://www.bmfsfj.de/bmfsfj/themen/familie/schwangerschaft-und-kinderwunsch/ungewollte-kinderlosigkeit

BMFSFJ – Bundesministerium für Familie, Senioren, Frauen und Jugend (2023): Hilfe und Unterstützung bei ungewollter Kinderlosigkeit. Online unter: https://www.bmfsfj.de/bmfsfj/themen/familie/schwangerschaft-und-kinderwunsch/ungewollte-kinderlosigkeit/hilfe-und-unterstuetzung-bei-ungewollter-kinderlosigkeit-76012

BMFSFJ – Bundesministerium für Familie, Senioren, Frauen und Jugend (2025): Änderung des Mutterschutzgesetzes hat Bundesrat passiert. Online unter: https://www.bmfsfj.de/bmfsfj/aktuelles/alle-meldungen/aenderung-des-mutterschutzgesetzes-hat-bundesrat-passiert-255072

Deutsche Depressionshilfe (o. J.): Depression in der Schwangerschaft und nach der Geburt. Online unter: https://www.deutsche-depressionshilfe.de/depression-infos-und-hilfe/depression-in-verschiedenen-facetten/in-der-schwangerschaft-und-nach-der-geburt

Elternmorphose (o. J.): Erziehung ist Gewalt! – Warum es keine Graduierungen gibt. Online unter: https://elternmorphose.de/erziehung-ist-gewalt-warum-es-keine-graduierungen-gibt/

HelloBetter (2024): Pressemitteilung vom 12. Mai 2024. Online unter: https://hellobetter.de/presse/2024-05-12/

Infosperber (2024): USA – Schwanger und mit einem Bein im Gefängnis. Online unter: https://www.infosperber.ch/freiheit-recht/usa-schwanger-und-mit-einem-bein-im-gefaengnis/

Instagram / littlegraceph (2024): Beitrag vom 16. August 2024. Online unter: https://www.instagram.com/littlegraceph/

Kurier (2019): Autos bis Smartphones – 7 Dinge von Männern für Männer. Onlinde unter: https://kurier.at/leben/autos-bis-smartphones-7-dinge-von-maennern-fuer-maenner/400464067

Oxford Internet Institute (2023): No evidence screen time is negative for children's cognitive development and well-being – Oxford Study. Online unter: https://www.oii.ox.ac.uk/news-events/no-evidence-screen-time-is-negative-for-childrens-cognitive-development-and-well-being-oxford-study/

Spektrum.de (2022): Sternenkinder – Wie Fehlgeburten die Psyche belasten. Online unter: https://www.spektrum.de/news/sternenkinder-wie-fehlgeburten-die-psyche-belasten/2032840

Statista (o. J.): Als besonders wichtig erachtete Aspekte im Leben. Online unter: https://de.statista.com/statistik/daten/studie/170820/umfrage/als-besonders-wichtig-erachtete-aspekte-im-leben/

ZDF (2021): Stadtplanung – Frauen im Verkehr benachteiligt. Online unter: https://www.zdf.de/nachrichten/panorama/stadtplanung-frauen-verkehr-100.html

Anmerkungen

1 Gordon MacDonald (2008): Ich will meine Gemeinde zurück!

2 Barbara Thiessen (2024): Die reflexive Familie, S. 43 f.

3 Reggie Joiner (2012): Lebe Orange! Gemeinde und Familie – gemeinsam stark, S. 27 f.

4 Interview mit Dr. Philipp Bartholomä auf https://www.willowcreek.de/index.php?id=1495, zuletzt abgerufen am 04. 03. 2025.

5 vgl. Johanna Possinger, Jannika Alber, Michael Pohlers, Daniela Rauen (2023): Familien gefragt. Impulse für eine familienorientierte Kirche, S. 94.

6 Possinger et al. (2023), S. 95f

7 Possinger et al. (2023), S. 92.

8 vgl. die vier Grundformen von Scham nach Stephan Marks (2019): Die Würde des Menschen ist verletzlich. Was uns fehlt und wie wir es wiederfinden, S. 48–58.

9 Michaela Schier, Karin Jurczyk (2008): Familie als Herstellungsleistung in Zeiten der Entgrenzung, S. 10.

10 vgl. für weitere Bilder und Bibelstellen Wilhelm Faix (2022): Gemeinde kommt von gemeinsam. Mit Teamarbeit Gemeinde bauen, S. 46 ff.

11 Der Soziologe Aladin El-Mafaalani illustriert das anhand der verschiedenen Generationen von Migrantinnen und Migranten (vgl. Aladin El-Mafaalani (2023): Das Integrationsparadox. Warum gelungene Integration zu mehr Konflikten führt, S. 81).

12 vgl. El-Mafaalani (2023), S. 81.

13 Marks (2019), S. 30–32, 46, 63.

14 https://www.antenne.de/experten-tipps/job/laut-kuendigen-ein-neuer-job-trend, zuletzt abgerufen am 04. 03. 2025.

15 Marks (2019), S. 32 f. und 49.

16 Sarah Vecera (2024): Was ist eigentlich Familie?

17 Philip Bartholomä (2023) im Interview, https://www.willowcreek.de/index.php?id=1495, zuletzt abgerufen am 04. 03. 2025

18 Sandra Bils, Gudrun Töpfer (2024): Exnovation und Innovation. Synergie von Anfang und Ende in Veränderungen.

19 Wilhelm Faix (2022): Gemeinde kommt von gemeinsam, S. 22.

20 Karin Jurczyk (2020): UnDoing Family: Zentrale konzeptuelle Annahmen, Feinjustierungen und Erweiterungen, S. 30.

21 Barbara Krautwald (2021): Bürgerliche Frauenbilder im 19. Jahrhundert: Die Zeitschrift »Der Bazar« als Verhandlungsforum weiblichen Selbstverständnisses, S. 13.

22 Thomas Klie, Jakob Kühn (2022): Familie und Religion, S. 179.

23 Krautwald (2021), S. 73.

24 vgl. Thomas K. Kuhn (2015): Das ›Haus‹ im Protestantismus: Historisch-theologische Perspektiven, S. 727.

25 Astrid Habenstein (2015): Das Haus in den Wissensordnungen der griechisch-römischen Antike, S. 650.

26 Birgit E. Klein (2015): Reale und ideelle Häuser im Judentum, S. 337.

27 vgl. Kuhn (2015), S. 728.

28 Krautwald (2021), S. 72 f.

29 Das gilt zum einen deshalb, weil Sklaverei im globalen Norden zumindest offiziell verpönt und verboten ist. Diese Ächtung sollte uns aber nicht darüber hinwegtäuschen, dass es moderne Formen von Sklaverei gibt.

30 Klie, Kühn (2022), S. 179.

31 vgl. Kuhn (2015), S. 734.

32 So der Titel eines Buches über Katharina von Bora nach der Anrede, die Luther in Briefen an seine Frau nutzte. Elisabeth Stiefel (2008): Mein Herr Käthe: Katharina von Boras Leben an der Seite Luthers, S. 6.

33 Kuhn (2015), S. 733.

34 Es ist aus Familienperspektive sogar noch interessanter, weil Levi als einer von Jakobs Söhnen nicht zu den 12 Stämmen gezählt wird, dafür aber Ephraim und Manasse, Josefs Söhne (vgl. 4Mo 1,10).

35 Johannes Reimer, Wilhelm Faix (2017): Familie. Zukunft der Kirche, S. 63.

36 Kuhn (2015), S. 735.

37 https://de.statista.com/statistik/daten/studie/170820/umfrage/als-besonders-wichtig-erachtete-aspekte-im-leben/, zuletzt abgerufen am 04. 03. 2025.

38 Shell Jugendstudie (2024): »Pragmatisch zwischen Verdrossenheit und gelebter Vielfalt«, Zusammenfassung, S. 20.

39 BMFSFJ (2024): Familienreport 2024, S. 70: Die Scheidungsrate benennt, wie viele Ehen »innerhalb von 25 Jahren geschieden würden, wenn das Scheidungsverhalten aus dem Jahr 2022 konstant bliebe«.

40 BMFSFJ (2024), S. 70.

41 BMFSFJ (2024), S. 70.

42 BMFSFJ (2024), S. 69.

43 Schier, Jurczyk (2008), S. 10.

44 BMFSFJ (2024), S. 70.

45 BMFSFJ (2024), S. 69.

46 Klesse/Wutzler (2021), S. 281.

47 BMFSFJ (2025): Zehnter Familienbericht. Unterstützung allein- und getrennterziehender Eltern und ihrer Kinder – Bestandsaufnahme und Handlungsempfehlungen, S. 105.

48 Klesse/Wutzler (2021), S. 286 f.

49 BMFSFJ (2024), S. 67.

50 Christine Schönberger (2022): Familie und Gesundheit, S. 595.

51 BMFSFJ (2024), S. 36, mit großen Unterschieden zwischen Ost- und Westdeutschland: 71 % Familienhaushalte in Westdeutschland und 54 % in Ostdeutschland sind Haushalte mit Ehepaaren, S. 37.

52 BMFSFJ (2024), S. 74.

53 BMFSFJ (2024), S. 36. Das betrifft 10,8 % aller Kinder. Vgl. auch S. 74 – hier ebenfalls große Unterschiede zwischen Ost- (21 %) und Westdeutschland (10 %), S. 37.

54 Sabine Walper/Stefanie Amberg/Alexandra N. Langmeyer (2022): Familie und Trennung, S. 550.

55 BMFSFJ (2024), S. 48.

56 BMFSFJ (2025), S. 87 – das betrifft 2,5 Mio. bzw. 17 % aller Kinder.

57 BMFSFJ (2025), S. 89.

58 BMFSFJ (2025), S. 102.

59 vgl. BMFSFJ (2025), S. 102.

60 BMFSFJ (2024), S. 41.

61 Allerdings sind heute Familienformen denkbar und legitim, die bisher nirgends möglich waren – z. B. Regenbogenfamilien.

62 BMFSFJ (2025), Forderung auf S. 103, die Familienformen aus Kinderperspektive zu erfassen.

63 Jurczyk (2020), S. 28.

64 BMFSFJ (2024), S. 36 – unterscheidet zwischen 11,9 Mio. Familienhaushalten und 8,5 Mio. Familienhaushalten mit minderjährigen Kindern.

65 Schier/Jurczyk (2008), S. 10.

66 Peter Bauer/Christine Wiezorek (2022): Familienleitbilder in der Sozialpädagogik, S. 631; oder auch Thiessen (2024), S. 39.

67 vgl. Joachim Eibach (2015): Das Haus in der Moderne, S. 32.

68 Thiessen (2024), S. 38: Die Autorin spricht vom »Größenmythos« der Großfamilie, dem »Harmoniemythos« des friedlichen Zusammenlebens und dem »Konstanzmythos«, dass Familie als Gefühlsgemeinschaft eine Naturkonstante sei.

69 Quellen für die Beschreibungen und die Trennlinien: Krautwald (2021), S. 69 f., 73 ff., 80, 87 f., 109 f.; Kuhn (2015), S. 726 f.; Eibach (2015), S. 22–32; und Eva Matthes (2024): Geschichte der Familie – mit einem Fokus auf ihre Erziehungsfunktion, S. 18–22.

70 Kuhn (2015), S. 726.

71 Kai-Olaf Maiwald (2022): Liebe und Anerkennung in der Familie, S. 633.

72 Krautwald (2021), S. 70.

73 vgl. Margareth Lanzinger (2015): Einführung: Soziale und ökonomische Konstellationen, S. 300 f.

74 Eibach (2015), S. 22.

75 Maiwald (2022), S. 633.

76 Eibach (2015), S. 22.

77 Ohne Zweifel ist das bürgerliche Familienideal auch dazu missbraucht worden, Frauen und Kinder zu unterdrücken – ihnen »Gefängnisse« statt Schutzräume zu bauen.

78 Eibach (2015), S. 27.

79 Norbert F. Schneider/Sabine Diabaté (2022): Familienleitbilder, S. 309.

80 Für viele ist der Regenbogen ein Kennzeichen der Bewegungen rund um Lesben, Schwule, Bi- und Transsexuelle, Queere, Inter- und Asexuelle sowie andere Formen von Sexualität (LGBTQIA+). Er ist aber seit Noah ein Symbol für Frieden, Versöhnung und das Versprechen, Leben in all seiner Unvollkommenheit nicht zu zerstören.

81 Ich beziehe mich hier sehr bewusst auf zwei Geschlechter und die als natürlich begründeten Traditionslinien zu ihnen aus dem bürgerlichen Familienbild bis heute.

82 Auf Seite 157 findest du eine Hilfestellung, um die Emotionen zu reflektieren, die beim Lesen vielleicht in dir wach werden.

83 Thiessen (2024), S. 45.

84 Eine eindrückliche Beschreibung liefern Jana Heinicke (2022): Aus dem Bauch heraus, S. 196 ff. und Patricia Cammarata (2020): Raus aus der Mental Load Falle: Wie gerechte Arbeitsteilung in der Familie gelingt, S. 29.

85 Eibach (2015), S. 24.

86 Ein Trend in den sozialen Medien, bei dem Influencerinnen sich in der traditionellen Rolle als Hausfrau und Mutter inszenieren und damit Geld verdienen.

87 Krautwald (2021), S. 73.

88 Krautwald (2021), S. 111.

89 Krautwald (2021), S. 90.

90 Irene Gerlach (2017): Einleitung: Wandel von Elternschaft als Herausforderung für familienpolitische Akteure und Eltern, S. 14.

91 Barbara Friebertshäuser/Ute Sackofsky (2022): Mutterschaft und Familie, S. 105.

92 Frauen bewegen sich statistisch gesehen anders in Städten fort als Männer, das wird aber weniger berücksichtigt (vgl. https://www.zdf.de/nachrichten/panorama/stadtplanung-frauen-verkehr-100.html).

93 Crashtest-Dummys der Automobilindustrie sind überwiegend männlich, und Handys werden für die Hände von Männern genormt (vgl. https://kurier.at/leben/autosbis-smartphones-7-dinge-von-maennern-fuer-maenner/400464067).

94 https://www.derstandard.de/story/3000000174301/der-lange-weg-zu-einer-gendersensiblen-medizin

95 BMFSFJ (2023): Kinder, Haushalt, Pflege – wer kümmert sich?, S. 8; oder Possinger (2024), S. 94.

96 Heinicke (2022), S. 60.

97 vgl. Heinicke (2022), S. 180 ff.

98 Heinicke (2022), S. 138.

99 vgl. Heinicke (2022), S. 171 und https://www.deutsche-depressionshilfe.de/depressioninfos-und-hilfe/depression-in-verschiedenen-facetten/in-der-schwangerschaft-und-nach-der-geburt

100 Heinicke (2022), S. 156.

101 Sabine Andresen (2000): »Das Jahrhundert des Kindes« als Vergewisserung. Ellen Keys Echo im pädagogischen Diskurs der Moderne, S. 31 f.

102 Andresen (2000), S. 27.

103 vgl. Marks (2019), S. 51.

104 Possinger (2024), S. 97.

105 Gerlach (2017), S. 12.

106 Ulrike Borst (2022): Familie in Beratung und Therapie, S. 608.

107 Patricia Cammarata (2020): Raus aus der Mental Load Falle: Wie gerechte Arbeitsteilung in der Familie gelingt, S. 16.

108 Cammarata (2020), S. 15–19.

109 Eibach (2015), S. 24.

110 Cammarata (2020), S. 21.

111 Ein gutes Tool, um über die Gender Care Gap und die Aufteilung von Aufgaben in der eigenen Beziehung zu sprechen, ist der Mental Load Test: https://equalcareday.org/mental-load/#test

112 BMFSFJ (2024), S. 116 f.

113 BMFSFJ (2024), S. 115.

114 BMFSFJ (2023), S. 13.

115 BMFSFJ (2023) zitiert Calahorrano et al. (2019), S. 18.

116 Cammarata (2020), S. 34.

117 Marks (2019), S. 39.

118 Schneider/Diabaté (2022), S. 316.

119 BMFSFJ (2024), S. 99, vgl. Shell 2024, S. 25.

120 Tanja Mühling (2022): Vaterschaft und Familie, S. 123.

121 BMFSFJ (2024), S. 111 ff.

122 Possinger (2024), S. 95.

123 Mühling (2022), S. 125.

124 Mühling (2022), S. 128.

125 BMFSFJ (2024), S. 117.

126 BMFSFJ (2024), S. 116.

127 Mühling (2022), S. 128.

128 Heinicke (2022), S. 31.

129 Immer wieder wichtig zu erwähnen: der große Unterschied zwischen ost- und westdeutschen Bundesländern!

130 Alleinerziehende Mütter: 21 % in westdeutschen Bundesländern, 47 % in ostdeutschen Bundesländern. BMFSFJ (2025), S. 123.

131 Stress von Müttern, die in Vollzeit arbeiten, bei 73 % im Vergleich zu Vätern in Vollzeit bei 55 %, BMFSFJ (2024), S. 114.
132 BMFSFJ (2024), S. 99.
133 Possinger (2024), S. 96.
134 Cammarata (2020), S. 13.
135 BMFSFJ (2024), S. 116.
136 vgl. Possinger (2024), S. 96.
137 BMFSFJ (2024), S. 118.
138 Gerlach (2017), S. 13.
139 Gerlach (2017), S. 12 f.
140 BMFSFJ (2024), S. 115.
141 Heinicke (2022), S. 197.
142 Cammarata (2020), S. 16.
143 Possinger (2024), S. 94.
144 Weaponized Incompetence gibt es auch bei Frauen, dann aber eher in Bezug auf als typisch männlich angesehene Tätigkeiten, zum Beispiel beim Thema Finanzen und Technik.
145 BMFSFJ (2023), S. 36.
146 Mühling (2022), S. 128 f.
147 Mühling (2022), S. 128.
148 BMFSFJ (2024), S. 118.
149 BMFSFJ (2024), S. 118.
150 Marks (2019), S. 55.
151 Possinger (2024), S. 100.
152 BMFSFJ (2025), S. 127.
153 Destatis (2024): Sozialbericht 2024, S. 299 und BMFSFJ (2025), S. 123.
154 Destatis (2024), S. 54 f.
155 Friebertshäuser/Sackofsky (2022), S. 111.
156 Destatis (2024), S. 299.
157 Frauen meist 12 Monate, Männer 2 Monate, BMFSFJ (2023), S. 31.
158 BMFSFJ (2023), S. 11.
159 Friebertshäuser/Sackofsky (2022), S. 111.
160 Wie wir gesehen haben, liegt die Verantwortung für den Familienalltag und die entsprechende fürsorglich-denkende Sozialisation noch immer vor allem bei Frauen.
161 Jurczyk (2020), S. 29.
162 Jurczyk (2020), S. 30.
163 Jurczyk (2020), S. 27 f.
164 Thiessen (2024), S. 50.
165 Jurczyk (2020), S. 29.

166 Eibach (2015), S. 33.
167 Klaus Peter Strohmeier (2025): Kinder sind Außenseiter der modernen Gesellschaft, S. 37.
168 Strohmeier (2025), S. 52.
169 Aladin El-Mafaalani/Sebastian Kurtenbach/Klaus Peter Strohmeier (2025): Schieflagen in der alternden Gesellschaft, S. 24.
170 Possinger (2024), S. 97.
171 Strohmeier (2025), S. 31.
172 So wird es bezeichnet, wenn neuronale Strukturen im Gehirn anders sind als typischerweise erwartet…
173 https://www.tagesschau.de/inland/kitaplaetze-mangel-analyse-100.html
174 El-Mafaalani et al. (2025), S. 23.
175 BMFSFJ (2021): Eltern sein Deutschland. Bericht der Sachverständigenkommission des Neunten Familienberichts, S. 149.
176 BMFSFJ (2021), S. 150 und 172.
177 BMFSFJ (2024), S. 92.
178 Destatis (2024), S. 198.
179 BMFSFJ (2024), S. 91.
180 Destatis (2024), S. 61.
181 BMFSFJ (2024), S. 97.
182 BMFSFJ (2024), S. 93 und 96.
183 BMFSFJ (2021), S. 164.
184 Strohmeier (2025), S. 47 und 60.
185 Possinger (2024), S. 101.
186 Marks (2019), S. 36.
187 Evangelische Landeskirche in Baden (2019): Studie Familienbildung, Projektbericht, S. 77.
188 Strohmeier (2025), S. 52.
189 Die Zahlen bis hier: Destatis (2024), S. 309 f.
190 Dazu gehören auch politische Entscheidungen bezüglich der Bewilligung von Fördermaßnahmen.
191 Gerlach (2017), S. 10.
192 Marks (2019), S. 32.
193 Marks (2019), S. 87.
194 Das gezielte Irritieren und Infragestellen von eigentlich adäquaten Wahrnehmungen mit dem Ziel, die Wirklichkeit zu verschleiern…
195 Possinger (2024), S. 99.
196 Dieter Hermann (2017): Geschlecht und Gewalt. Eine Frage der Werte, S. 45 f.
197 Marks (2019), S. 55.
198 Marks (2019), S. 39.

199 https://www.bmfsfj.de/bmfsfj/themen/familie/schwangerschaft-und-kinderwunsch/ungewollte-kinderlosigkeit (abgerufen am 20.12.2024)

200 https://www.spektrum.de/news/sternenkinder-wie-fehlgeburten-die-psyche-belasten/2032840 (abgerufen am 20.12.2024)

201 Als Sternenkinder werden Früh- und Totgeburten bezeichnet.

202 Julia Böcker (2022): Der Wandel der Anerkennung von Fehl- und Totgeburt als Geburt eines Kindes, S. 65.

203 Böcker (2022), S. 66.

204 https://www.bmfsfj.de/bmfsfj/aktuelles/alle-meldungen/aenderung-des-mutterschutzgesetzes-hat-bundesrat-passiert-255072 (abgerufen am 24.03.2025)

205 https://www.infosperber.ch/freiheit-recht/usa-schwanger-und-mit-einem-bein-im-gefaengnis/(abgerufen am 24.03.2025)

206 vgl. Hartmut Rosa (2018): Resonanz. Eine Soziologie der Weltbeziehung, S. 342.

207 vgl. Heinicke (2022), S. 31.

208 Schneider/Diabaté (2022), S. 317.

209 Strohmeier (2025), S. 33.

210 Eibach (2015), S. 28.

211 vgl. Thiessen (2024), S. 50.

212 Kuhn (2015), S. 738.

213 Lars Mandelkow (2020): Der Bullerbü-Komplex und die Kunst, es gut sein zu lassen, S. 13.

214 El-Mafaalani et al. (2025), S. 11.

215 Der Forschung nach ausschlaggebend für die Veränderung der Geburtenrate ist nicht Kinderlosigkeit, sondern die Verringerung der Anzahl von Kindern …

216 Schneider/Diabaté (2022), S. 317.

217 Mandelkow (2020), S. 41.

218 vgl. Mandelkow (2020), S. 41.

219 So lautet der Titel eines Podcasts, dessen Folgen laut Website der Betreiberinnen (Stand März 2025) knapp 6 Millionen Mal gestreamt wurden.

220 Evangelische Landeskirche in Baden (2019), S. 5.

221 Possinger (2024), S. 98.

222 Andresen (2000), S. 30 f.

223 BMFSFJ (2021), S. 158.

224 »Jeder junge Mensch hat das Recht auf Erziehung zu einer selbstbestimmten, eigenverantwortlichen und gemeinschaftsfähigen Persönlichkeit.« (§ 1, SGB VIII)

225 Nach der Arbeit von Katharina Rutschky und Alice Miller dazu, vgl. Marks (2019), S. 77 und Rutschky (1977) bzw. Miller (1980).

226 Marks (2019), S. 78.

227 Andreas Holzem/Ines Weber (2008): Ehe – Familie – Verwandtschaft. Eine Geschichte der Vergesellschaftung in Religion und sozialer Lebenswelt. Einführung, S. 28.

228 Andreas Gestrich (2004): Ehe, Familie, Kinder im Pietismus. Der »gezähmte Teufel«, S. 513 f.

229 vgl. Tobias Künkler/Tobias Faix (2017): Zwischen Furcht und Freiheit. Das Dilemma der christlichen Erziehung, S. 163 und Faix et al. (2017): Aufwachsen in einer christlichen Familie, S. 30.

230 Borst (2022), S. 609.

231 vgl. Schier/Jurczyk (2008), S. 10.

232 Borst (2022), S. 608.

233 Borst (2022), S. 609.

234 Daraus resultierten in der Folge die Haltungen, die heute als Adultismus … und Ableismus … bezeichnet werden.

235 Andresen (2000), S. 28.

236 Andresen (2000), S. 26.

237 Sabine Andresen/Klaus Hurrelmann (2010): Kindheit, S. 84.

238 vgl. Andresen (2000), S. 29.

239 Aida S. de Rodriguez: Erziehung ist Gewalt! https://elternmorphose.de/erziehung-ist-gewalt-warum-es-keine-graduierungen-gibt/(abgerufen am 24.03.2025)

240 Andresen (2000), S. 29.

241 vgl. Schneider/Diabaté (2022), S. 319.

242 Klaus Peter Strohmeier (2025): Was brauchen Kinder?, S. 143.

243 Strohmeier (2025), S. 119.

244 Strohmeier (2025), S. 134 f.

245 vgl. Strohmeier (2025), S. 36 ff.

246 vgl. Strohmeier (2025), S. 62.

247 El-Mafaalani et al., S. 20.

248 El-Mafaalani et al. (2025), S. 7.

249 Strohmeier (2025), S. 119.

250 Strohmeier (2025), S. 129; Hinweis: In Kanada beeinflusst die Verbundenheit mit Erwachsenen am stärksten das Wohlbefinden von Kindern.

251 Possinger (2024), S. 96.

252 Evangelische Landeskirche in Baden (2019), S. 78.

253 vgl. Strohmeier (2025), S. 31.

254 https://www.oii.ox.ac.uk/news-events/no-evidence-screen-time-is-negative-for-childrens-cognitive-development-and-well-being-oxford-study/

255 BMFSFJ (2024), S. 74.

256 BMFSFJ (2024), S. 60.

257 Borst (2022), S. 609.

258 BMFSFJ (2021), S. 150.

259 BMFSFJ (2024), S. 36.

260 El-Mafaalani et al. (2025), S. 25.

261 Marks (2019), S. 50.

262 Thiessen (2024), S. 48.

263 https://www.instagram.com/littlegraceph, Beitrag vom 16. August 2024

264 Strohmeier (2025), S. 141.

265 vgl. z. B. Kuhn (2015), S. 727.

266 »Auf Augenhöhe – ein Commitment«, Gnadauer Gemeinschaftsverband (2023), S. 10.

267 So definiert das SGB VIII das Ziel von Erziehung, auf das Kinder ein Recht haben.

268 Carolas Brief als Vorwort ist ein beredtes Beispiel für das, was ich meine. Danke dafür!

269 Ed Shaw (2018): Vertrautheit wagen! Gemeindebau hautnah. Und wie die Kirche sexuelle Vielfalt biblisch integrieren kann, S. 57.

270 Shaw (2018), S. 54.

271 Strohmeier (2025), S. 144.

272 Eibach (2015), S. 32.